玩赚自媒体

建号、引流、变现到IP打造

胡 凯——著

中国铁道出版社有限公司
CHINA RAILWAY PUBLISHING HOUSE CO., LTD.

内 容 简 介

本书由抖音百万大号操盘手、文章全网点击量过亿的自媒体专家胡凯老师，根据多年的自媒体行业经验，将自媒体教程，按照新手入门、内容运营、平台运营、推广变现4大板块，精辟提炼，编成本书，分享给读者。

作者在本书中分享了自媒体文案写作与变现背后的技巧，主要讲解了自媒体各大流量平台的运营，如大鱼号、企鹅号、百家号、微信公众号、头条号、抖音号等，特别是如何引流吸粉、变现赢利等内容，帮助想要进入自媒体行业的新人快速成为营销高手，真正让普通人轻松实现月入过万的梦想。

本书结构清晰、内容专业、案例丰富、实用性强，适用于对自媒体感兴趣的入门者以及在自媒体的经营道路上遇到问题的经营者，还可以用作自媒体相关的培训教材。

图书在版编目（CIP）数据

玩赚自媒体：建号、引流、变现到IP打造/胡凯著. —北京：中国铁道出版社有限公司，2020.1（2023.1重印）

ISBN 978-7-113-26440-6

Ⅰ.①玩… Ⅱ.①胡… Ⅲ.①传播媒介-网络营销 Ⅳ.①G206.2

中国版本图书馆CIP数据核字（2019）第263106号

书　　名：玩赚自媒体：建号、引流、变现到IP打造
作　　者：胡 凯

责任编辑：张亚慧　编辑部电话：（010）51873035　邮箱：lampard@vip.163.com
封面设计：宿 萌
责任印制：赵星辰

出版发行：中国铁道出版社有限公司（100054，北京市西城区右安门西街8号）
印　　刷：三河市兴达印务有限公司
版　　次：2020年1月第1版　2023年1月第5次印刷
开　　本：700mm×1 000mm　1/16　印张：17.75　字数：272千
书　　号：ISBN 978-7-113-26440-6
定　　价：59.00元

　　读者是否发现这样一个现象？在十年前论坛贴吧流行时，任何一个人随便发一条帖子，都会有很多人浏览，但是在今天，再怎么发帖子，也没有多少人看了。

　　为什么会出现这样的情况？最根本的原因是信息过载。

　　随着网速越来越快，互联网上的信息在急剧地增加，每天出现在人们眼中的信息内容太多，人们根本没有更多的时间和精力再去浏览论坛贴吧。

　　今日头条这种内容推荐式资讯平台的出现，可以说是一场信息革命，是一个不可抗拒的时代趋势：过去信息太少，需要人们主动去寻找信息。现在信息过载，各大平台都在运用算法帮助信息匹配给有需要的用户。从人找信息，到信息找人。想要抓住这个时代的红利，必须理解这个非常重要的趋势。

　　常见的自媒体平台，如今日头条的头条号、百度的百家号、天天快报的企鹅号、UC浏览器的大鱼号等，都是在迎合这个趋势，都在帮助用户匹配他们需要的信息，并将信息推送给他们。这个趋势，造就了如今的自媒体时代，特别是对于新人来说是非常公平的。

　　任何一个新人，入驻这些自媒体平台后，无论有没有粉丝，只要发布内容，就可以得到平台的推荐，就有获得数十万甚至上百万浏览量的机会。在以前，这是根本无法想象的。并且自媒体平台推荐给用户的都是对内容感兴趣的精准用户，这一点对传统的营销来说，也是具有颠覆性意义的。

　　做自媒体营销，运营者只要在自媒体平台发布内容，平台就会帮助运营者寻找客户，不需要自己辛苦去寻找。无论是普通人，还是公司、企业，都可以通过自媒体找到非常多的发展机会。

　　近两年，笔者接触过大量的自媒体从业者，有非常多的人进入自媒体领域掘金，并且取得了非常好的成绩，但也有很多人并没有赚到钱。究其原因，是多数人只是听说自媒体好赚钱，就盲目地开始做自媒体，并没有系统的自媒体知识体系作为支撑，自媒体之路进行得异常艰难。

鉴于此，本书是笔者根据自己 5 年多的自媒体实操经验创作的，立足于自媒体运营的核心底层逻辑，系统地梳理了自媒体运营思路和玩法，从零基础的自媒体定位开始，分别讲解了自媒体的内容生产方法、做爆款内容的方法、涨粉方法和赚钱技巧，希望能对想从事自媒体运营变现的个人和企业提供有效的指导和帮助。

如今的自媒体平台，变现渠道已经非常丰富，以今日头条为例，就有头条广告、自营广告、付费专栏、头条圈子、青云计划、直播打赏、内容电商、软文合作等变现方式，运营者只要用心去做，就能获得可观的收益。

用输出倒逼输入，是最快的成长方式。

自媒体值得每个人去用心运营，当一个人专注一件事的时候，其个人能力、专业度以及对行业的认知都会得到飞速的提升。

这是一个人人都是自媒体的时代，未来已来，将至已至。

本书由胡凯著，具体参与编写的人员还有谭焱等人，在此一并表示感谢。由于作者知识水平有限，书中难免有错误和疏漏之处，恳请广大读者批评、指正，联系微信：157075539。

编 者

2019 年 11 月

| 目 录 |
CONTENTS

第1章

做自媒体需要知道什么

随着互联网的不断发展和进步，越来越多的人开始对互联网产生极大的兴趣，尤其是这两年，自媒体不断发展壮大，更是让很多人看到了创业的商机。

本章主要介绍自媒体相关的基础内容，为后面的学习奠定良好的基础。

要点展示：

➤ 认识自媒体

➤ 了解自媒体

➤ 开启自媒体

1.1 认识自媒体

2018 年是自媒体年，也是内容创业的风口，它让一批批没有资金、没有技术、没有经验、没有背景的草根成功实现了逆袭，少则月入一万元以上，多则十万元以上。

笔者也是在这个充满机会的自媒体时代成功逆袭的。曾经笔者也是上班族，一个月拿着一两千元的工资。2012 年年初接触自媒体，便着手做了一个微信公众号，凭借自己的努力，不到一年的时间就有了近 20 万名粉丝，然后笔者将其卖掉，获得了人生中的第一桶金——20 万元。

从 2013 年起，笔者开始研究各自媒体平台的赚钱技巧，每天待在电脑前 16 小时以上，皇天不负有心人，经过长时间的努力学习，终于实现了年入百万元的目标。

从 2016 年开始，笔者在自媒体运营上实现了规模化，并成立公司，通过创建"凯哥自媒体赚钱训练营"，给正处于迷茫期的自媒体新人解决困惑。3 年以来，凯哥自媒体训练营培养了数千名自媒体赚钱高手，很多人通过自媒体从一窍不通的小白实现了月入一万元、五万元甚至十万元的逆袭。

1.1.1 自媒体是什么，谁可以做自媒体

随着互联网的不断发展和进步，越来越多的人开始对互联网产生极大的兴趣，尤其是这两年，自媒体的不断发展壮大，更是让很多人看到了创业的商机，也让很多原本很普通的人开始了自己的创业之旅，并在短时间内实现了自我价值的极大飞跃。

自媒体平台上涌现出了一大批草根网红，他们不但收获了大量的粉丝，而且通过自媒体平台赚取了大量的收益。像人们所熟知的西北小强、农人小哥、李子柒等，都是通过自媒体平台完成了从月入三千元到年入百万元的巨

大转变。

说了这么多，那么究竟什么是自媒体？自媒体平台有哪些？人们该怎么通过自媒体来赚钱？具体该如何来操作呢？

什么是自媒体？通俗来讲，自媒体就是个人媒体，是区别于传统媒体的一种新兴的形式。也就是说，只要愿意，人人都可以成为媒体。自媒体的"自"，一方面代表的是人人都可以发声，都可以借助互联网平台发表自己的言论和观点。另一方面代表自媒体人拥有更大的话语空间和自主权。这些都是传统媒体时代不可想象的。

笔者在这里不去讲那些高深的理论，利用百度简单搜索一下就能知道，自媒体这个概念其实是相对于传统的媒体来说的。那么什么是传统媒体？人们熟悉的电视台、CCTV、各种报纸杂志等，这些都属于传统媒体。相对传统媒体而言，自媒体更加亲民，更加具有个性化的特点。对普通人而言，通过自媒体更容易赚钱，更容易逆袭。这些优势吸引了一波又一波的自媒体人，并且使其为之疯狂。

如果说传统媒体是一个高冷的"白富美"，那么自媒体就是一个温柔可人的邻家小妹，它没有传统媒体的高门槛、高标准和权威性，取而代之的是一种大众化、平民化、个性化的全新面貌。

说得再简单通俗一点：人们平时在今日头条上看到的文章、视频，在朋友圈看到的别人转发的文章，在快手上看到的视频、直播，以及在喜马拉雅上听到的音频节目等，就是由无数的自媒体人创作出来的。上述提到的今日头条、快手、喜马拉雅等，人们称之为自媒体平台。

那么，自媒体有什么特点呢？

1. 门槛低，运作方便

一个人、一台计算机或一部手机就可以是一个自媒体，甚至能成为一个非常优秀的自媒体。

2. 形式多样化

自媒体内容的形式有很多种，如图文、视频、音频、图片、直播、问答等。无论人们擅长什么，在这里总能找到展现其价值的平台。

不仅自媒体平台形式多样化，现在的自媒体平台也有很多，比如人们常见的今日头条、百度百家、阿里巴巴的大鱼号、趣头条、企鹅的腾讯开放平台等，这些都被称为有收益的自媒体平台。也就是说，作者只要在这些平台上发布内容，就可以直接拿到平台给的广告费分成。

什么样的人适合做自媒体呢？或许在大众的印象中，只有长得很帅或很漂亮，口才特别好，文笔特别好，非常能写文章的人才能做自媒体，但事实并不是这样的！自媒体的特点是大众化、个性化，只要能跟别人正常聊天，就可以入驻这些自媒体平台成为自媒体人。

如果一个人有某一方面的特长绝活、兴趣爱好，更是可以以自己的爱好为出发点，利用自媒体平台来展现自己的才华，并赚取收益，实现名利双收！甚至，有些小伙伴会问："你说的这些我都没有，可我就是想通过自媒体来赚钱，可以吗？"当然可以！

在凯哥自媒体的学员里，有老板、医生、厨师、老师、情感导师、发型师、宠物店老板等，他们来自各行各业，从事自己的本职工作，但他们依然通过自己的努力，在自媒体平台上分享心得、经验，吸引众多粉丝，同时赚取平台的大量广告收益分成，并且都做得非常出色。

同时，凯哥自媒体的学员中也有一些不太清楚自己特长的学员，比如宝妈、大学生，还有一些年龄偏大的学员，比如一些 70 后，也在报名加入凯哥自媒体学习。起初，他们并不清楚自媒体能给自己带来什么，但经过系统学习，他们同样能够在自媒体行业做得风生水起。

很多刚踏入自媒体行业的新人刚开始完全不了解自媒体是什么，通过学习自媒体，仅仅靠在今日头条、手机百度这些平台上发布视频或者文章，就拿到了不菲的广告分成。除了广告分成之外，更重要的是，他们通过学习和练习，还提升了自媒体的运营能力，积累了大量的粉丝。有了粉丝，未来便有了无限的可能。

那么，自媒体难学吗？其实真的不难，认真读完这本书，读者也可以快速入门，甚至能超过 80% 的自媒体新人。

1.1.2　利用自媒体怎么赚钱，未来前景怎么样

利用自媒体怎么赚钱，钱从哪儿来？

先介绍一个最简单的赚钱方法，人人都能操作，即在自媒体平台上输出内容，比如发表文章、发视频，然后获得平台给予的广告分成。读者如果想了解得更加详细，就要了解这几个概念：广告主、平台、创作者和用户。

（1）广告主：指花钱在自媒体平台上投放广告的商家（平时人们看今日头条，会发现文章下面有广告）。

（2）平台：指自媒体平台，后面主要以今日头条（类似的平台有手机百度、天天快报、UC 浏览器等）来讲解，所以这里就是指今日头条。

（3）创作者：指在平台上写文章、发视频的作者，也称为自媒体人。

（4）用户：指用今日头条看文章、看视频的人。

那么这些人之间存在什么样的联系呢？在这里笔者要告诉大家：今日头条这个平台拥有非常多的用户，商家为了宣传自己的品牌或者产品，会在今日头条上面做付费广告。

那么广告如何让用户看到呢？当然是借助创作者的内容来展现，比如把广告放在文章或者视频的末尾，用户是冲着某个内容才进来看的，而不是为了来看广告。所以在这个过程中，今日头条会把一部分的广告费分给创作者，鼓励创作者多创作出一些优质的内容来吸引用户，用户看得多了，广告费也就高了。

如图 1-1 所示，为广告主、平台和创作者三方关系。

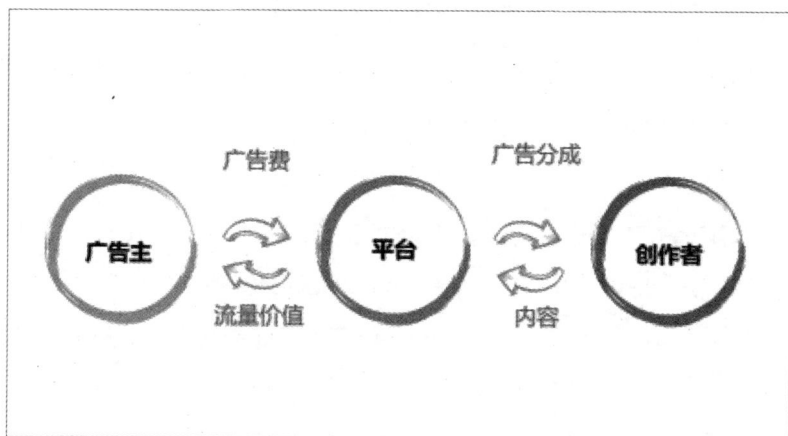

图 1-1　广告主、平台和创作者三方关系

　　了解了广告主、平台和创作者三者的关系后，也就明白了利用自媒体如何赚钱，以及这个钱到底是从哪儿来的。

　　笔者把这种赚钱的方法叫作平台广告分成，它是目前自媒体人最重要的赚钱方法，也是最简单、最直接的。当然，除了这种方法以外，还有很多其他的方法。

　　（1）软文广告：发布软文。

　　（2）内容电商：通过在文章中插入商品，用户购买商品之后，平台会给创作者一定比例的佣金。

　　（3）引流变现：通过自媒体平台引流到微信 /QQ，然后卖产品、卖服务等。

　　（4）打造个人 IP 品牌：利用自媒体输出价值，打造个人 IP 品牌，吸引粉丝。

　　上述几种方法也是自媒体人常用的赚钱方法，每个人都可以根据自己的实际情况选择不同的赚钱方法。笔者建议刚接触自媒体的小伙伴们，可以先以赚取平台广告收益为切入点。不要小看平台广告分成，它是目前自媒体人最重要的一种赚钱途径，只要用心去做，每天兼职几个小时，月入过万是非常容易的。

1.1.3　为什么要做自媒体，它有什么优势

　　自媒体作为近几年人们讨论的热门话题，变得越来越大众化，那么做自媒体行业究竟有哪些优势呢？下面进行具体的分析。

1. 曝光量大

　　一个自媒体人可以通过自媒体平台的曝光，一下子就有几万甚至几十万的粉丝，比如人们熟知的口红一哥李佳琦，他通过直播带货出现在大众视野中，从一个柜台彩妆师变成了网络主播。目前，李佳琦在淘宝、抖音、微博、美拍等各大平台获得了大量粉丝，到现在抖音已经拥有了 3000 多万名粉丝，这就是自媒体曝光量大的体现，如图 1-2 所示为抖音平台李佳琦的账号及视频。

图 1-2　抖音平台李佳琦的账号及视频

2. 能够赢利

一旦自媒体人受到大众关注，就会有企业找你来合作，而自媒体人可以通过给企业发广告软文来获利。除此之外，自媒体人也可以利用自己的影响力进行粉丝商业变现，自媒体能够获得高盈利的特点也是很多人追随它的原因。

3. 打造个人 IP

个人 IP 的打造不是靠发图文或者动态就能形成的，比如 papi 酱在大火之前也不能打造个人 IP，一旦火了，就可以打造自己的个人 IP。因为个人 IP 必须是有粉丝量、有影响力的自媒体才可以打造的。如图 1-3 所示，papi 酱的微博粉丝已高达 3100 多万人。

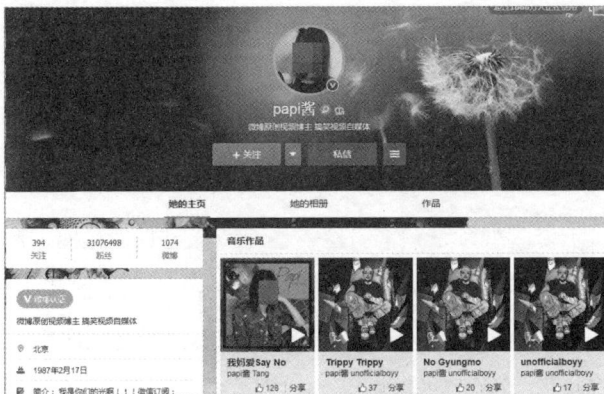

图 1-3　papi 酱的微博

4．权重特别高

权重是通过各个平台的平台指数来反映的，如原创度、健康度以及与粉丝的互动程度等，这些都升高之后，权重就会越来越高。权重还有另一个解释，比如人们以前在论坛上发一个帖子就不一定能展示出来，没有人在下面顶帖就很容易石沉大海。所以论坛的权重相对来说比较低，而在自媒体平台发表的文章比较完整，无论是通过标题，还是通过内容来增加吸引力，都有更多的机会被用户关注。

1.2 了解自媒体

认识了自媒体，下面来了解自媒体。1.1 节讲到创作者可以通过平台拿到广告分成，而在拿广告分成之前，创作者需要在每个平台都有一个属于自己的账号，所以应先进行账号的注册。在注册账号之前，还要弄清楚如下两个问题。

1.2.1 哪些平台可以赚钱

新人进入自媒体行业，选择哪些平台最合适？哪些平台是有收益的？哪些平台收益比较稳定呢？常见的自媒体平台有很多，根据定位不同，大致可以分为如下几大类型。

（1）综合资讯类：头条号、百家号、企鹅号、大鱼号、网易号、趣头条、新浪看点、快传号、搜狐号、一点资讯等。其中，前面 6 个平台收益很不错，尤其是前 4 个，收益非常稳定。

（2）短视频类：快手、美拍、秒拍、火山小视频、抖音、b 站等。可以通过上传短视频来积累粉丝，也可以通过开通直播平台来赚取收益。

（3）音频类：喜马拉雅 FM、蜻蜓 FM、企鹅 FM、荔枝 FM 等。在这些音频类的平台上，创作者可以上传自己的音频作品，为自己打造个人品牌，吸引粉丝，引流销售等。

另外，还有一个是人们最常见的：微信公众号。

上述提到的只是一部分平台，除此之外，自媒体平台还有很多，但大部分自媒体人初期是一个人做，很难将战线铺满多个平台，而且不同的平台侧重点也不一样。所以，在初期笔者建议大家：必须要有所取舍！选择几个收益比较好的平台或者能发挥自己特长的平台，重点运营。

对于新手，这里笔者推荐运营的平台有：头条号、百家号、企鹅号、大鱼号、趣头条、网易号、新浪看点，这些平台都有广告分成，账号开通收益后，创作者在上面发文章或者视频，都会获得相应的收益。

在运营这几个平台时，可以一篇文章多平台同时发布，比如创作者写了一篇文章，可以把文章先发布到头条号，然后在短时间内把这篇文章发布到百家号、企鹅号等平台。这样发平台是允许的，但是要注意在尽可能短的时间内把文章发布到各个平台。如果间隔太长时间，就有可能被别人抄袭、复制过去，而自己再发布的时候，平台就会提示重复，这样就会影响自己的收益。

这种方法非常省时省力，还可以帮助创作者赚取多份收益。这种方法也叫多平台分发，它对自媒体新手赚取收益而言是一个非常不错的方法。掌握了这种方法，创作者根本无须担心平台太多一个人无法操作的问题。

当然，还有一个非常重要的自媒体平台，即微信公众号。虽然微信公众号运营前期不会有收益，但如果创作者的内容有特色、有价值，那么，经过长期积累，创作者的公众号会越来越值钱。所以，如果创作者能输出有价值的内容，微信公众号也是一个非常好的平台。

1.2.2 各大平台有什么不同特点

弄清楚哪些平台可以赚钱之后，再来看看各大平台有什么不同的特点。随着内容分发平台的火爆，非常多的资讯类平台如雨后春笋般冒了出来，除了头条号、百家号、企鹅号、大鱼号这四大主流平台外，还有非常多的自媒体资讯类平台，如快传号、一点号、搜狐号、搜狗号、网易号、新浪看点、趣头条、东方号等。

"凯哥，应该先做哪个平台？凯哥，哪个自媒体平台收益高？凯哥，新

出的 ×× 平台有收益吗？"面对如此多的平台，很多新人给笔者反馈说想做自媒体，却完全无从下手。别说是新人，就是已经做了自媒体一两年的老手，也很难完全弄明白这些平台到底有什么区别，因为平台太多。

上述提到的这些平台，基本上有广告分成，是自媒体新手比较关心的。也就是说，只要在这些平台发布文章或者视频，平台就会根据创作者的内容、阅读量等数据，给创作者一定的广告补贴。

任何一个平台都要经历如下阶段：从初期的需要大量内容填充的草莽阶段（搬运），再到后来不缺内容的成长期（伪原创），最后到只筛选优质内容的成熟期（原创）。

对于重点做哪个平台，就需要创作者了解平台目前所处的阶段。想要做好自媒体，必须弄明白这件事。有不少人抱怨头条号数据差，收益比较低，其实头条的流量并没有少，只是头条平台已经发展成熟，不缺内容，大部分流量分配给了比较优质的作者和内容。

在付费会员学习群里面，笔者会要求大家做多平台分发，因为多个平台分发是未来的趋势。如果目的是赚收益，哪个平台给钱多重心就放哪里；如果是做引流营销，那么哪里人多就去哪里。

看似简单的道理，很多人却不理解。玩自媒体，如何才能立于不败之地？下面具体分析大鱼号、腾讯企鹅号、百家号、微信公众号、今日头条等几个热门自媒体平台的特点。

1. 大鱼号

大鱼号是阿里巴巴的产品，发布的内容主要通过 UC 浏览器展示，男性用户较多。大鱼号目前要求账号开通原创功能后，才能开通广告收益。

大鱼号整体阅读量没有如下几个平台大，但大鱼号每个月都有 3000 元至 10000 元的奖金，并且创作者比较容易拿到。

2. 腾讯企鹅号

企鹅号是腾讯的产品，流量也很不错，数据、推荐机制各方面也比较稳定，做得越久，推荐量、阅读量越高，收益越好，但单价相对较低。

3. 百家号

百家号是百度的产品，它的优点非常明显，即单价高。一万阅读量会有好几十元的收入，所以出爆文的时候，收益会非常高。由于收益比较高，百家号从过新手期到转正，相对于其他平台的门槛也会高一些。

4. 微信公众号

微信公众号也是自媒体人非常重要的一个根据地，但它与其他自媒体平台不太一样。上述几个平台，包括头条号、百家号、企鹅号等，都属于智能内容分发平台，创作者在上面发文表章后，平台会把文章推荐给用户，让用户看到。

微信公众号里的文章是不会自动传播的，需要先有自己的粉丝，之后才能去阅读、转发，所以对于没有粉丝的新人来说，想要做好微信公众号非常难。但是，微信公众号的粉丝黏性更大，价值更高，所以如果创作者有好的内容，可以发在微信公众号上面，慢慢去传播，积累粉丝。

5. 头条号

今日头条现在是智能分发平台的老大，用户最多，流量最大，推荐机制成熟，收益稳定，创作者对其旗下的火山小视频、抖音、悟空问答、微头条等都可以去运营。目前，头条号取消了新手期，只要注册成功，发文就可以获得广告收益。头条号的广告收益相对比较低，但容易出爆文，新人容易获得成就感和认同感。

1.3 开启自媒体

在这个自媒体风靡的时代，做自媒体成为一个很好的选择，有不少人都想快速地上手做自媒体，因此本节内容主要阐述新手如何开启自媒体之旅。

1.3.1 分分钟搞定各平台账号注册

弄清楚了各大平台的特点和适合自己的领域之后，平台注册当然是开启自媒体的第一步，各大平台的注册流程和技巧也有所不同，下面进行详细讲解。

1. 百家号注册流程

步骤 01 打开浏览器，搜索百家号，或直接输入：http://baijiahao.baidu. com，打开之后就会看到如图 1-4 所示的注册页面，点击"注册"按钮。

图 1-4　百家号注册页面

步骤 02 操作完成后，可以看到图 1-5 所示的页面，填写相关信息之后，点击"注册"按钮。

图 1-5　填写相关信息页面

步骤 03 选择账号类型，如图 1-6 所示。在这里，一般选择个人类型，点击"选择"按钮，就会进入下一步。

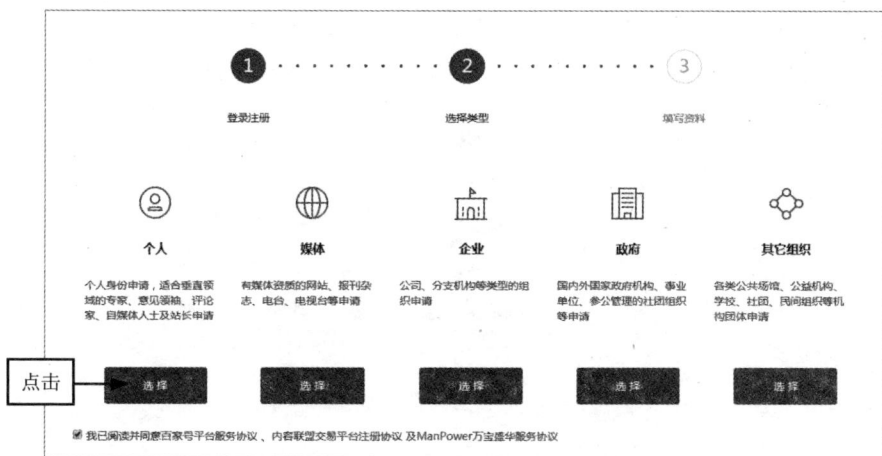

图 1-6　选择账号类型页面

步骤 04　账号的详细信息填写，如图 1-7 所示。选择好领域之后，输入百家号名称以及签名。注意：签名一定要与自己的领域相匹配，对领域也一定要慎重选择，确定好领域之后，一般情况下后期是不允许修改的。

图 1-7　详细信息填写页面

步骤 05　账号认证。所有信息填完之后，还有最后一步进行认证。如果创作者有头条号、微博或者公众号，可以点击进行认证，证明自己在别的平台是作者。如果没有，不用认证也是可以的。

　　所有信息都填写完成之后，还需要注册者去手机客户端进行实名认证，如图 1-8 所示。实名认证通过之后，这个百家号的账号才算真正的注册完成。

<table>
<tr><td colspan="2">身份认证</td></tr>
<tr><td colspan="2">✓</td></tr>
<tr><td colspan="2">完成身份认证</td></tr>
<tr><td colspan="2">可在PC端查看认证结果</td></tr>
<tr><td>真实姓名</td><td></td></tr>
<tr><td>身份证号</td><td></td></tr>
<tr><td>刷脸认证</td><td>已认证</td></tr>
<tr><td colspan="2">关闭</td></tr>
</table>

图 1-8　身份认证页面

2. 头条号注册流程

步骤 01　打开百度，可以直接搜索"头条号"，或者直接输入网址：http://mp.toutiao.com，打开就会看到头条号的注册页面。如图 1-9 所示为头条号注册页面。接下来，点击"注册"按钮，正式开始进行今日头条账号的注册。

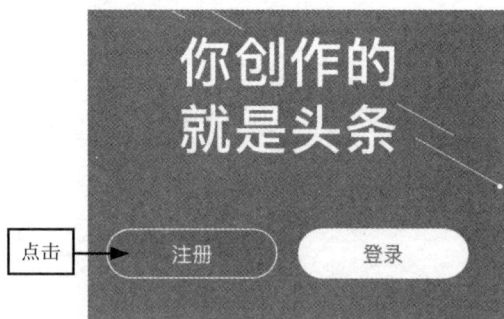

你创作的
就是头条

点击　注册　登录

图 1-9　头条号注册页面

步骤 02　输入手机号码，点击"获取验证码"按钮，把手机收到的验证码输入进去之后，点击"注册"按钮，如图 1-10 所示，即可进入下一步的操作。

步骤 03 选择账号类型，如图 1-11 所示。根据个人的情况来选择账号类型，点击"选择"按钮，一般情况下是选择个人。

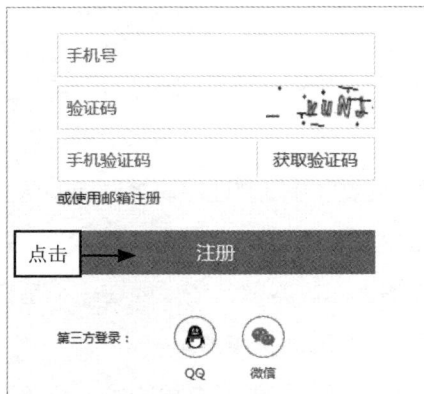

图 1-10 输入手机号页面

图 1-11 选择账号类型页面

步骤 04 填写相关信息，所有前面带红色小点的信息全部填写完成后，点击"提交"按钮即可完成注册，如图 1-12 所示。值得注意的是，在填写头条号名称和简介时，一定不要携带广告，名称和简介要保持定位一致。现在，头条号简化了注册流程，使注册简单多了。

图 1-12 填写头条号名称和简介页面

　　创作者后期如果想把赚到的收益提现，就需要先去进行实名认证，这时需要创作者在手机上下载安装一个今日头条的 App。

　　接着会提示创作者，上传相关的身份证件，通常要求上传身份证的正反面。最后一步是进行人脸识别，需要创作者对着手机说出系统给出的数字，并录制成 3~6 秒的一个小视频，上传之后等待系统审核。这些步骤完成之后，即可开始创作者的今日头条创作之路。

　　细心的读者可能会发现，注册的时候，头条号并没有让注册者选择领域。这是因为目前头条号取消了注册领域的限制，系统会自动根据创作者的内容来判断其是哪一个领域的作者。因此创作者发布内容时，还是要在一个垂直的领域发布，这样有利于系统认为其是某一领域的优质作者。

　　上述就是注册者在今日头条的注册流程以及在注册的过程中需要注意的地方。除此之外，企鹅号、大鱼号的注册方法也都是类似的，操作非常简单。为避免重复，笔者就不一一讲解了。

　　还有其他的一些有收益的平台，也可以进行注册操作，方法也很简单，多平台分发即可。常见的有收益的自媒体平台网址大全如下。

　　头条号：http://mp.toutiao.com；

　　百家号：http://baijiahao.baidu.com；

　　大鱼号：https://mp.dayu.com；

　　企鹅号：https://om.qq.com；

　　趣头条：https://mp.qutoutiao.net；

　　一点号：https://mp.yidianzixun.com；

　　网易号：http://mp.163.com；

　　新浪看点：http://mp.sina.com.cn/；

　　搜狐号：https://mp.sohu.com；

　　快传号：http://kuaichuan.360.cn；

　　爱奇艺号：http://mp.iqiyi.com；

　　搜狐视频：https://tv.sohu.com/。

1.3.2 如何快速度过新手期

注册好账号之后，就要正式开启创作者的自媒体赚钱之路。创作者需要先度过平台设置的新手期。提到这个新手期，很多读者可能不理解："我信任这个平台才入驻的，为什么要设立一个新手期？"而且很多读者用很长时间都过不了新手期，账号无法转正，根本无法开始赚钱。

笔者在这里解释一下，什么叫作新手期。对于今日头条、企鹅号、百家号等基于算法推荐的智能平台来说，对所有用户完全开放，风险是非常高的。可以想象一下，一些低质、负面，甚至反动类的信息，如果在平台上得到了大量的传播，那么这样的结果，对那些优质作者来说是极其不公平的。同时对平台上的广大用户来说，也是极其不负责任的。

因此，秉持着对用户负责、对自媒体人负责的态度，平台设立了一个新手期，目的是来检验创作者是否具有创作优质内容的能力，其内容是否能给用户带来价值，这也是平台设立新手期的最大原因。

那么有没有什么办法可以快速地度过新手期呢？其实，了解了平台设立新手期的原因之后，就不难知道快速度过新手期的方法。从上述过程中得知，头条号目前取消了新手期，只需注册成功，即可获得广告收益。

同时，笔者也要提醒大家：虽然头条号目前已经取消了新手期，但是对于刚注册的新账号来说，还是要按照这套过新手期的方法来执行，前期需要把账号的权重养起来，后面的操作才会更加轻松。

笔者以目前收益最好、过新手期要求最严格的百家号来举例说明。想要快速度过新手期，重点在于如下 3 个方面。

（1）坚持原创。对于这一点不需要说得太多，新手期就是平台检验创作者实力的时候，因此，这时不要去做一些搬运或者抄录，一定要坚持原创。

（2）保证垂直度。所谓垂直度，就是创作者写的东西或者发布的视频，要与其注册时的定位或者选择的领域保持一致，不要三心二意，想到什么就做什么。

（3）字数配图。前期的文章，尽量保持在 1000 字以上，前期尽量不要太短，因为新手期要向平台证明创作者的创作能力。准备图片 3~6 张，均匀地分布在文章里面。图片清晰，不要有广告、水印等。自媒体平台不需要花哨的排版，但是要注意多分段落，善用小标题，让读者阅读起来比较轻松。

在新手期，创作者按照这些要求，脚踏实地地操作，当其百家号指数达到 500，转为正式用户之后，就可以开始正式赚取收益。

1.3.3　4 个工具轻松提升效益和收益

很多人做了一段时间的自媒体后，就会开始抱怨：每天忙忙碌碌，总觉得自己付出了很多，却依然没有进步。如果问他："今天都干了什么？"他也回答不上来，只是感觉非常忙。这种现象，读者是不是也很熟悉？

大部分人应该有过这种经历。整天瞎忙却感觉没有收获，这是因为缺少思考，没有时间做规划。经常有人给笔者反馈："每天写文章非常辛苦，写一篇文章需要好几个小时，看别人一篇文章半小时内就可以搞定，自己就是写不快，不知道该如何提升。"写作慢，没有时间写，最关键是没有找到适合自己的方法。

读者是不是也有类似的问题呢？人和动物最大的区别就是，人懂得思考，会使用工具。而使用工具的能力，决定了一个人能否从一个普通人进阶为行业精英。

创作者如何利用工具提高逻辑思考能力，更高效地进行自媒体创作呢？下面分享几个提高日常工作效率的工具。创作者如果之前没有规划，盲目无头绪地运营自媒体，那么有了这些工具，效率至少可以提升 10 倍。

1. 滴答清单

滴答清单是一个可以帮创作者规划任务和管理时间的工具。很多人感觉自己忙忙碌碌，却没有收获，原因就是没有目标和计划。建立待办事项列表，管理好时间，可最大化提高工作效率。

以自媒体运营来说，对于创作者每天发布几篇文章，阅读多少同领域的内容，搜集多少素材，都可以建立一个计划任务，以结果来督促行动，在完成任务的同时，也会让创作者更有成就感。

2. 思维导图

常用的思维导图工具有百度脑图和 Xmind。百度脑图是网页版，数据同步保存，使用比较方便；Xmind 功能多，样式比较丰富。

思维导图可以帮创作者梳理逻辑框架、整理思路，帮创作者把复杂的东西变得简单化。比如，利用碎片化时间通过思维导图整理出文章的框架，然后抽出整块的时间填充内容，一篇文章很容易就完成了，这样就不会出现写文章慢的问题。

3. 印象笔记

积累素材，构建知识体系，建立第二大脑。同类的工具还有有道云笔记。创作者平时在阅读浏览时，会发现很多有用的内容，这时如果仅仅看看就过去了，那么在 24 小时内基本会遗忘得干干净净。

把平时看到的好文章、好内容收集起来放到笔记里，分门别类，打上标签，定期梳理归类，就可以逐步构建属于自己的知识体系。有了这样的素材积累习惯，就可以从根本上解决创作效率低的问题。当创作者不知道该写什么的时候，从素材库里随便拉出一个选题，就可以开始高效创作。

4. 讯飞输入法

语音输入，把声音直接转化为文字，可以大幅度提高创作者的输入效率。用键盘打字，肯定没有说话的速度快，如果创作者的打字速度特别慢，笔者强烈建议使用语音输入，非常方便。刚开始可能会有些不习惯，适应后肯定会爱上这种感觉。

使用语音输入有如下两个方法：

（1）利用碎片化时间，直接通过手机录音说出内容，保存在手机的文档或者备忘录中，然后抽时间整理出来。

（2）手机语音输入，计算机同步输出文字。讯飞有一个强大的功能，即讯飞麦克风，怎么用呢？使用计算机下载安装讯飞输入法；使用手机下载安装讯飞麦克风。

这样，便可实现用手机说话，计算机同步输出文字的效果。如果创作者的思路顺畅，3 ~ 5 分钟即可完成一篇文章的创作。

上述就是笔者分享的工具，它们都能对创作者的工作能力和工作效率的提高有所帮助。特别是不断积累自己的素材库这件事，一定要做，并且要整理、思考，不断完善自己的知识体系。只有经过思考过的东西才属于自己，只有真正了解自己想要什么，才能知道自己该干什么。

第 2 章
了解自媒体的赚钱技巧

在认识了自媒体之后，还要了解自媒体能给人们带来什么，即如何利用自媒体赚钱以及赚钱的方法与技巧。本章主要介绍自媒体人应该如何选择定位，把握自己未来的方向，以及收获更多利益的方法。

要点展示：

➤ 如何选择定位，开启自媒体赚钱之旅
➤ 3个思考方向，轻松实现快速涨粉
➤ 做自媒体如何快速实现财务自由
➤ 如何利用自媒体赚钱

2.1　如何选择定位，开启自媒体赚钱之旅

良好的开头是成功的一半，但如何开头并不容易，也就是人们常说的万事开头难。那么新人想做好自媒体，想通过自媒体赢利变现，如何走出第一步呢？

你知道现在主流的自媒体平台都有哪些吗？

你知道这些自媒体平台的大概机制是什么吗？

如何才能在这些自媒体平台上获取大的流量呢？

如果创作者想进入自媒体这个行业，通过自媒体领域掘金，那么上述问题就是其必须要考虑的。首先要了解清楚现有信息的分发机制，如图 2-1 所示。

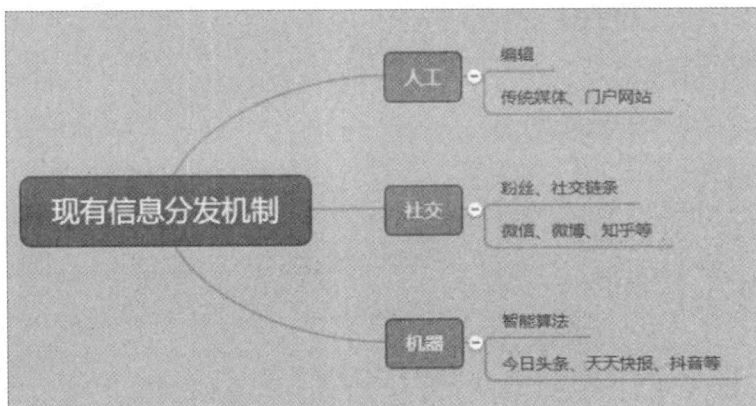

图 2-1　信息的分发机制

为什么说自媒体是一个趋势？因为传统的信息分发机制靠人工手动分发的方法已经完全落后了，现在的信息传播主要靠粉丝、社交链和机器算法推荐。特别需要创作者明白的是，机器算法分发机制可以根据用户的喜好进行内容的精准人群推送。在这样一个趋势下，创作者不需要有太大的粉丝基数，也可以快速上手，任何一个普通人都可以做出阅读量 10 万 + 甚至 100 万 + 的文章或者视频。

在这样一个有着良好前景的大环境下，创作者如何开始做自媒体呢？首先要做的就是定位，这也是做自媒体的重中之重。笔者将自媒体的定位分成3个板块，即商业模式定位、用户定位和领域及内容定位。

2.1.1　商业模式定位

商业模式通俗来讲就是赚钱的方向。确定过领域之后，就要考虑未来在这个领域如何赚钱。大部分人做自媒体的最终目的是赚钱，无论是做自媒体创业，还是因为兴趣爱好决定做自媒体，都应该把赚钱放在首位。因为创作者只有看到了收入，才有动力在这条路上持续走下去。

当创作者不知道未来如何变现时，可以收集一些同领域的账号，来分析、判断别人的赚钱方式。看看这些账号是靠平台广告补贴，还是有后端的变现模式；是经常推广内容，还是通过销售服务来变现。

清楚别人的变现模式后，创作者就会对自己的领域有一个更深刻的认知，也会对自己的未来走向有一个很好地把控。除此之外，还有一种情况，就是创作者现在已经有了现成的产品，如何通过自媒体来引流变现呢？可以参考如下两个方向的建议：

（1）直接展示创作者的产品和产品功效，来吸引这类产品的精准用户的关注。

（2）分析、判断的产品用户是哪类人群，然后针对该类人群输出其感兴趣的内容，在后端销售产品。

比如创作者是做原产地水果直销的，那么其目标群体定位一般是宝妈，因为宝妈的购买力强。所以，分享一些育儿小知识来吸引宝妈，再靠后端的水果销售变现也是一个很好的思路。

2.1.2　用户定位

企业在运营和营销的过程中，用户定位也是至关重要的一环。创作者只有了解了自己的目标读者，才能根据这些读者的需求，制造出相应的内容，达到最好的营销效果。目标读者定位主要做如下两件事：

第一件事是了解自己的目标读者是谁；

第二件事是了解这些目标群体的主要特征。

企业如果能够做好这两件事，那么对后面的产品定位和平台定位都是大有好处的。通常对目标群体特征的分析，主要从两方面入手，如图 2-2 所示。

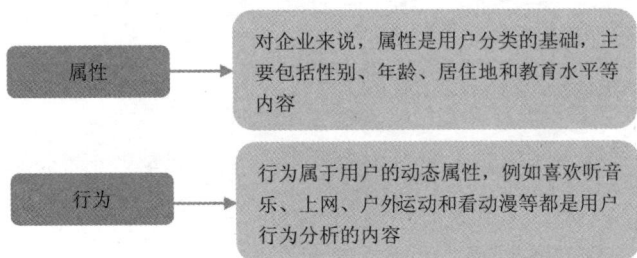

属性 → 对企业来说，属性是用户分类的基础，主要包括性别、年龄、居住地和教育水平等内容

行为 → 行为属于用户的动态属性，例如喜欢听音乐、上网、户外运动和看动漫等都是用户行为分析的内容

图 2-2　对目标群体特征的分析要从两方面入手

一个优秀的自媒体运营者，还需要对目标用户进行简单的群体特征分析，如图 2-3 所示，群体特征分析主要从以下几个特性着手。

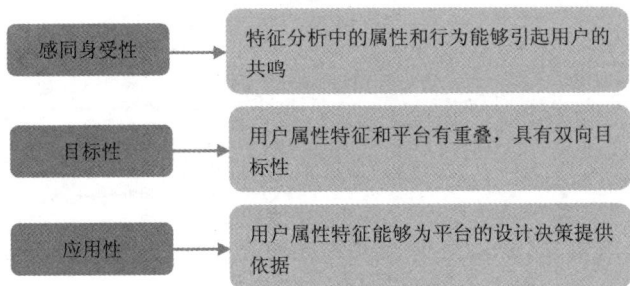

感同身受性 → 特征分析中的属性和行为能够引起用户的共鸣

目标性 → 用户属性特征和平台有重叠，具有双向目标性

应用性 → 用户属性特征能够为平台的设计决策提供依据

图 2-3　群体特征分析的几个特性

介绍完了目标群体特征分析的内容，下面介绍目标读者定位的流程。通常来说，对目标读者的定位需要经过如图 2-4 所示的 3 个步骤。

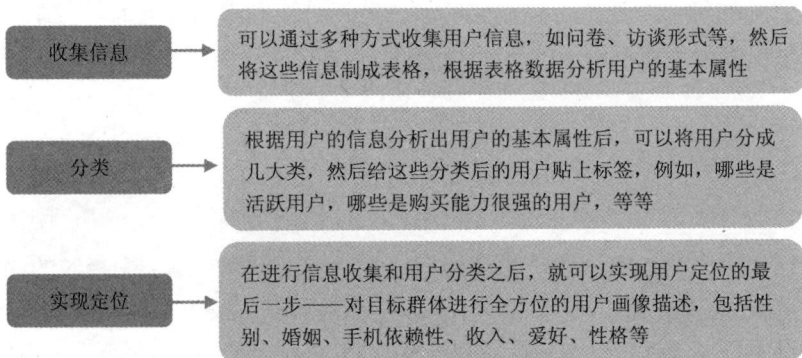

收集信息 → 可以通过多种方式收集用户信息，如问卷、访谈形式等，然后将这些信息制成表格，根据表格数据分析用户的基本属性

分类 → 根据用户的信息分析出用户的基本属性后，可以将用户分成几大类，然后给这些分类后的用户贴上标签，例如，哪些是活跃用户，哪些是购买能力很强的用户，等等

实现定位 → 在进行信息收集和用户分类之后，就可以实现用户定位的最后一步——对目标群体进行全方位的用户画像描述，包括性别、婚姻、手机依赖性、收入、爱好、性格等

图 2-4　对目标读者的定位需要经过 3 个步骤

2.1.3　领域及内容定位

账号领域定位比较好理解，也就是说创作者以后准备从事哪个方向，在哪个领域输出内容。比如情感领域、汽车领域、育儿领域、教育领域等，选择了领域之后，创作者就需要不断地输出这个领域的内容，需要持续地创作，不断地学习这个领域的新知识，总结已有的知识，真正变成这个领域的专家。

那么领域定位有什么技巧呢？笔者建议优先选择自己的专业领域，利用专业知识，针对比较熟悉的领域，这样做起来才会得心应手。其次选择自己兴趣所在的领域，因为兴趣是最好的老师，兴趣能支持不断地学习，不断地在这个领域内探索。

有人可能会说："我没有感兴趣的内容，什么也不擅长，是不是就不能做自媒体了呢？"如果创作者刚开始实在不知道选什么领域，那么笔者建议创作者在今日头条 App 上看一下，将每个领域都浏览一下，看看别人大致写了什么内容，然后选出一两个自己相对比较喜欢看的内容方向，再做出自己的选择。

对于自媒体内容的领域，通俗一点的解释就是，自媒体人写的是哪一方面的内容，而很多自媒体人因为不清楚领域的问题，在写文章时就会出现跨领域的现象。本节主要介绍领域的定位以及如何做好领域垂直度，让自媒体人轻松进入内容的领域定位，不再彷徨。

1. 如何定位自己的领域

不少自媒体人不知道该如何选择自己写作的领域，其实要选择一个领域并不难，只需要遵循 3 点：第一，自己喜欢的领域；第二，自己擅长的领域，第三，市场前景好的领域。能够满足这 3 个因素的领域，就是一个好的领域。下面分别对这 3 个因素展开论述，如图 2-5 所示。

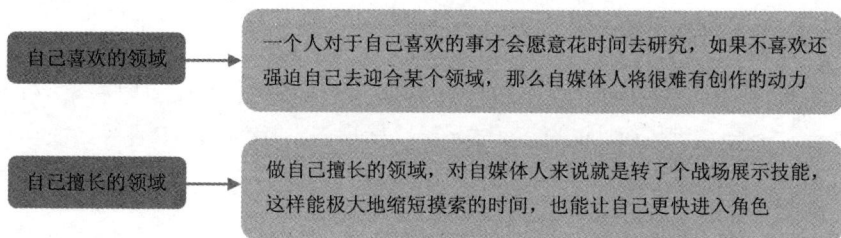

| 自己喜欢的领域 | → | 一个人对于自己喜欢的事才会愿意花时间去研究，如果不喜欢还强迫自己去迎合某个领域，那么自媒体人将很难有创作的动力 |
| 自己擅长的领域 | → | 做自己擅长的领域，对自媒体人来说就是转了个战场展示技能，这样能极大地缩短摸索的时间，也能让自己更快进入角色 |

图 2-5　自媒体人定位写作领域的 3 个因素

市场前景好的领域 → 即现在大部分用户比较关注和喜欢的内容，如果正好与自媒体人擅长以及喜欢的领域匹配，则完全可以从这个领域去创作

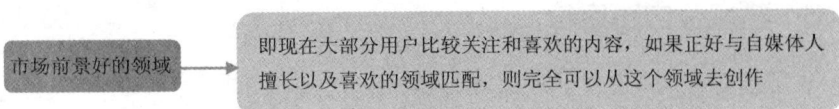

图 2-5　自媒体人定位写作领域的 3 个因素（续）

现在大多数人喜欢的领域类型有 3 种：一种是技能提升的，一种是开阔眼界的，还有一种是满足情感需求的，也就是正能量和情感的。自媒体人选择的领域满足其中一种即可。有人说自己没有擅长的，也没有喜欢的领域，是不是就没有办法了呢？当然不是。如果创作者没有喜欢的，也没有擅长的，就从如下领域中筛选，总能选到一个适合自己的：

第一，涉及利益的领域比较容易被大众关注，这个领域可以从 4 个方面切入，即理财类、创业类、房产类和职场类；

第二，母婴育儿和教育的领域关注量也是比较可观的，因为只要是关于孩子的内容，父母就会特别关心；

第三，关于社会生活的领域，在满足了物质生活之后，一般人们会想提高生活品质。一些情感类、美食类、时尚穿搭、明星八卦、运动健身等都是这些想提高生活品质的人会主动关注的内容。下面具体讲解 3 个选择定位的方法。

（1）以兴趣定位

现在自媒体人可以做的领域有很多，大致有 40 个，这还是大的类别，如果从大的类别再细分下去就会有更多，比如科技领域，就分为智能硬件和创业投资，还有互联网。

所以，能延展的领域范围有很多。大部分人选择做自媒体，刚开始的时候并不知道该怎么定位，都想找一个容易出爆文的领域，殊不知，你能发现的领域在 4 年之前刚出自媒体的时候早被其他人领先了，所以创作者唯一能够做的就是自己有了解并且感兴趣的领域。除此之外，别无他法。

以职场领域为例，如果自媒体人对这个领域很有兴趣，而自己本身也是从事人力资源、行政等职业的，面试人员比较多，或者在职场中的经验很丰富，又或者是做职场培训的导师，就非常适合选择这个领域。

（2）以专业定位

以专业定位自己的领域对自媒体人来说也是很重要的，因为有的自媒体人会觉得自己专业的领域受众小，很难做成功，所以看别人领域的内容有了一些成绩就想去做，但其实换个角度思考，专业领域受众小的自媒体人，竞争也同样小，而且其对自己所从事的专业领域会比较了解。

如果一味地去模仿和复制别人的成功，放弃自己专业的领域，那么做起来反而会比较困难，因为对于不熟悉的领域自媒体人要从头开始学，在学习的过程中，时间浪费了，还不一定能学到精髓，而在这个时代，时间是最宝贵的。

另外，在创作者并不熟悉的领域去做，是没有任何积累的，要完全从零开始，中间所花的时间比那些有积累的自媒体人要多上几倍，在时间上就落后很多。因此创作者最好还是以专业来定位自己的领域，做起来要更容易一些。

比如公众号"吴晓波频道"的运营者就是一位财经作家，所以作者所有的文章都是财经方面的，这样更能精准引流，如图 2-6 所示为公众号"吴晓波频道"的文章展示页面。

图 2-6　按照专业定位的公众号

值得一提的是，自媒体人选择一个领域之后，必须要通过不断地学习让自己保持专业度，如果只有兴趣而专业程度不够，那么是没办法赢得粉丝信任的。

（3）按照主流定位

按照主流定位并不是完全迎合大众的喜好，看大众喜欢什么内容就去做什么内容，主流定位是在自媒体人的喜好和专业的基础上，将大众关注的热点融进自己的领域内容，从而使内容得到更多的关注。

自媒体中的主流定位就像现实生活中的 GPS 定位一样，能让粉丝找到自己需要的自媒体。物以类聚，主流定位会给创作者做一个分类和推广，有了这种分类推广以后更方便自媒体人在圈子中寻求伙伴，一起交流成长，或者共同经营，向团队化方向发展。

按照主流定位领域是自带流量的，做这种内容很容易写出爆文，但是也有缺点。如果自媒体人不擅长捕捉主流热点，就很难保证持续的爆文内容输出，所以选择做主流领域，就一定要边运营边关注热点。

2. 如何成为某领域专家

创作者弄明白自己的内容定位之后，就要去学会做这个领域的专家。专家，指在学术、技艺等方面有专门技能或专业知识全面的人；特别精通某一学科或某项技艺的有较高造诣的专业人士。

在职场中经常会有突发情况，小白往往措手不及，而专家则会处变不惊，从容地解决每一个问题。公司无论规模大小，都非常需要专家，他们不管是在战略上，还是在处理问题方面，都可以做到镇定自若并且迅速地作出决定，因为他们在某个领域拥有系统的知识。

在自媒体平台也一样，权威专家不仅可以获得流量加持，轻松就可以获得大量的拥护者，而且账号权重、单价都会高出许多，随便一篇文章就可以获得高额收益。

在未来的智能时代，大量的体力劳动者会被取代，也就是说，有很多人将会面临失业的问题。只有成为某一领域的权威专家，才能生存下去。下面从 3 个方面具体讲解成为自媒体领域专家的方法。

（1）获取知识

人生没有捷径，想要快速成为领域专家，还是要脚踏实地，一步步来。在陌生的领域想要成为专家，首先就需要大量的知识填充。

学习知识。通常情况下，每个领域内都有大量的专业书籍，创作者在对这个领域不熟悉的时候，就需要系统地学习专业知识，掌握基础的知识结构。

消化知识。在学习的过程中，遇到问题是在所难免的，创作者可以每天把不懂的问题总结下来，通过在线学习，把重点、难点攻克。熟练地掌握知识之后，才能在自媒体平台输出内容时更加有条理。

（2）构建知识体系

构建知识体系可以帮创作者更系统地掌握知识，现在的信息如此之多，有效地筛选出信息的好坏，才能让创作者更快地建立知识体系。

其实，知识是需要管理的，只有定期归纳分类，创作者的学习才会变得更加有条理，思维导图就是一个很好的方法。先列出一个问题，再根据问题寻找解决的方法，拓展阅读和学习。

构建知识结构就像搭建乐高城市一样，有一个大的框架，再根据每一个小的知识点拓展相关的内容，把这个小的知识点汇集在一起就是一个大的知识结构。每个人掌握的知识不同，演化出来的结构也是不同的。

（3）实践操作

读万卷书，行万里路。只掌握知识不去实践，还是等于没用。实践不仅可以加深人们对知识的理解，还可以检验知识的准确性，并且知识本身是不存在价值的，人们只有在实践的过程中才能发现它最大的价值。

一个人检验自己有没有掌握知识最好的方法就是用自己的理解把答案叙述出来，如果能够清晰完整地讲清楚，就说明其已经掌握了知识。

创作者就可以把自己掌握的知识在自媒体平台上表达出来，这样创作者既可以检验自己，又可以为平台提供优质内容，还可以获得收益，可谓一举三得。不过，创作者真正想要在某一个领域成为专家，还需要日复一日地练习。

2.2 3 个思考方向，轻松实现快速涨粉

自媒体时代，涨粉成为每个自媒体作者普遍关心的问题。自媒体平台虽然流量大、推荐量多，但收益却不是很理想。如果想要月入过万元，最好的

办法就是涨粉，毕竟粉丝收益还是不错的。

经常有人会遇到这样的问题："为什么我的粉丝几十万，阅读量、播放量和收益还是只有一点点呢？"要不就是"为什么我的粉丝十几万了，还是只有几块或几十块钱的收益？"下面进行具体分析。

2.2.1　为什么粉丝很多收益却很少

一般遇到这样的情况，笔者就会让其反思如下两个问题：

（1）你的变现方式选对了吗？

（2）你获取的是精准粉丝吗？

很多人只有几万粉丝却能变现几十万元，有的人有几十万粉丝却只能变现几十块钱，这就是变现方式、变现能力的问题。变现能力强的作者，会利用每一个技能，每一个资源，竭尽所能将其转化成金钱。

也有很多作者为了获得更多的粉丝，就去跟别人互粉、刷粉。其互粉来的粉丝对作者的内容不感兴趣，而其发布的内容也吸引不了粉丝阅读，长此以往，平台就会认为作者的输出能力有问题，很可能就会降低其推荐量。

有些作者通过内容吸引来的精准粉丝，本来就对内容感兴趣，黏度非常高，因此作者随随便便发一篇文章，阅读量都会很不错。

2.2.2　粉丝为什么要关注你

创作者需要知道获取粉丝的原理。粉丝关注创作者的心路历程是什么？因为创作者的内容有价值，是读者正好需要的，读者对创作者接下来的内容就会有所期待，害怕失去创作者的内容，就会关注其账号。

也许读者今天很疲惫，刚好看了一个好笑的段子，顿时感到心情愉悦，就关注了作者。也许读者今天有一个问题不知道怎么解决，刚好看了一篇讲这个问题的文章，学到了技能，也便会关注作者。

2.2.3　如何快速涨粉

日常运营中该如何操作呢？下面介绍 3 个方法。

1. 爆文涨粉

爆文涨粉,是大多数自媒体作者使用的方法,毕竟涨粉效果是非常可观的。一般来说,分享干货知识、技能技巧类的细分领域涨粉速度就会快一点。

爆文讲究天时地利人和,不是说爆就能爆的,但只要创作的内容对读者有用,能够突出自己的特色,文章的阅读量就不会太差。

2. 微头条

微头条属于今日头条的一个分支,但微头条是没有收益的,就像微信朋友圈一样。与朋友圈不一样的是,微头条的内容不仅自己的粉丝可以看得到,还可以让更多的人看到。所以只要运营好微头条,吸引的粉丝也是非常精准的。

值得注意的是,一定要发与自己领域相关的内容,字数也不能太多。想想看,即使是发朋友圈,作者也不会发长篇大论,几十字或者一两百字,再配上一张合适的图片即可。

3. 悟空问答

悟空问答和知乎差不多,都是回答问题的渠道,不过悟空问答在自媒体平台是有收益的,只要根据平台规则开通即可。回答的问题也要与自己领域相符,多回答一些关注的人多的问题,更利于创作者曝光自己。只要回答问题时做到条理清晰,能够帮助读者,尽量详细一点,字数多一点,自然就会有读者关注。

如果创作者的粉丝很多,但是收益却很少,就要考虑其粉丝是否精准。在获得新粉丝的同时,也不能忽略老粉丝,维护好粉丝,不断地增加粉丝的黏度,不仅有利于增加粉丝量,更有利于后期变现。

2.3　做自媒体如何快速实现财务自由

在自媒体时代,人人都是创造者,每个人都可以通过自媒体平台发声。同时不少人已经通过自媒体平台赚得盆满钵满,不仅如此,现在越来越多的公司也开始通过自媒体推广自己的产品、品牌等。

虽然自媒体的门槛很低，但是没有经验的创作者想要运营好一个自媒体账号，还是需要掌握一定的方法。新手如何才能做好自媒体运营并通过自媒体赚钱，实现财务自由？主要有如下 3 个方面。

2.3.1　专注优质内容

自媒体运营的核心就是创造价值，在这里不需要多么华丽的语句，也不需要多么优美的辞藻，只要创造的内容使读者有收获即可。要想通过专注做优质的内容来吸引读者，需要做到如下两个方面。

1．创作有价值的内容

读者为什么会关注创作者？其中最关键的因素就是，他们信任创作者，认同其所创作的内容，并且期待其接下来创作的内容。也就是说，只有创作出对读者有意义的内容，才能更好地促进读者关注。

比如创作者是情感领域的作者，就写相处技巧、送礼物技巧等，只要读者认为创作者的内容对他是真实有用的，他就会点赞、收藏或转发，这样一来，还怕没有阅读量吗？

2．产生共鸣

能让读者产生共鸣，是引导读者关注的重要方式。很多时候，读者情绪一旦被感染，不看内容只看一个标题、一张图片，就可以引起巨大的传播效果。

创作者在写文章时，不经意间也会带入很多自己的感受和情绪，也许创作者是愉悦的，也许创作者是愤怒的，用恰当的情绪去表达自己的看法，让文章富有感染力，读者读起来才会感同身受。

2.3.2　留住粉丝

对自媒体作者来说，粉丝就是最关键的受众群体。但是很多自媒体作者只知道吸引粉丝，却不注重粉丝的留存问题，这样一来，花费大量精力辛辛苦苦涨来的粉丝却留不住，不就等于白费功夫了吗？那么如何留住粉丝，提高粉丝黏性，达到赚钱的目的呢？笔者认为不妨试试如下两种方法。

1. 持续输出

很多人做自媒体就是图个新鲜，发文章也是三天打鱼两天晒网，新鲜劲儿过了就不管了。这样一来，粉丝就会认为创作者没有价值，不能持续输出内容，慢慢地就流失了。想要留住粉丝，不仅要保证稳定的更新频率，还要保证文章的质量。粉丝关注创作者就是因为其能输出对粉丝有用的内容，如果创作者每天发布的内容都是"水文"，对粉丝毫无意义，就会导致粉丝流失。

2. 活动跟进

想要和粉丝建立长久且牢固的联系，只靠保证内容质量并不能维持，如果粉丝认为创作者只是一个冰冷的机器人，那么粉丝的好奇心会下降，疲劳感也会逐渐增加。所以创作者还需要和他们产生相应的互动，而活动就是最好的增加粉丝黏性的方法。做活动最好的方法就是抽奖，但是只用一种方法，用多了也会让人疲倦。这里推荐几个方法，比如留言入选精品送礼物、积分签到、社群部落等。

2.3.3 借势推广

仅仅做好上述两点是远远不够的，创作者想要提升自己的知名度，获得更多流量，达到实现财务自由的目的，还要学会推广自己。自媒体平台就是一个零成本且流量巨大的推广平台。

首先要明确的是，创作者要推广的目标是什么，很多读者可能因为其发布的美食内容而关注创作者，但是后来创作者一直发布有关体育方面的内容，就会造成严重的粉丝流失。

有好的内容，还要做到始终如一，这样推广出来的效果才会更好。创作者可以利用自媒体平台，一稿多发，注册的平台多了，知名度就会随之提升。做自媒体不能一蹴而就，需要长期坚持，才能达到质变的效果。我们都知道铁杵磨成针的故事，只要不断重复地去做某件事情，就会有所改变和收获。

2.4　如何利用自媒体赚钱

众所周知，自媒体收益方式很简单：只要注册自媒体平台账号，发布文章和视频，自媒体平台就会给广告收益分成。这种收益模式的操作简单，能让自媒体快速出现在大众视野。

近几年来，由于各个自媒体平台都缺少内容，需要有人不断创作内容来填充平台的内容库，每个平台都给出了相当可观的广告收益分成。受金钱的刺激，无数人加入了自媒体掘金的队伍，从个人到团队，从搬运到伪原创，都赚得不亦乐乎。

然而，从 2019 年开始，企鹅号取消独家，百家号限流降低单价，大鱼号刷脸，一系列针对批量生产垃圾内容的政策，让靠撸平台的收益的团队接连倒下。

很多人问笔者："自媒体到底还能不能玩？"如果现在做自媒体，那么对于搬运就不要再想了。做好自己的定位，朝一个领域不断学习、输出，仍然有非常大的机会。

对个人来说，用心写文章或者做视频，仅靠平台的收益补贴，就可以保持衣食无忧；如果能打开思路，利用好各个平台的电商和知识付费功能，那么仍然可以获得非常可观的收入。但对公司、团队来说，如果还全靠平台收益来赢利，则可能让公司随时关张大吉，因为具有原创能力的员工是无法规模化复制的。

2.4.1　利用自媒体持续赚钱的两个方向

为什么很多人无法坚持做一件事？答案是因为赚不到钱。因此，如果想把自媒体当作一项事业来做，就必须要先赚钱。只有钱才是支撑创作者前进的最好动力。一定不要不好意思赚钱。不赚钱，创作者必定会因为无法坚持而失败。自媒体如何快速变现盈利呢？有如下两大方向可选择。

1. 电商

传统商家、店铺最稀缺的就是流量。做自媒体，创作者每天都在想办法制造爆文，最不缺的就是流量。

两者一对接，是不是就可以产生非常大的价值？那么如何才能使自媒体的流量收益最大化呢？可以选择商家需要的类目，重点运营和产品用户群比较近的领域。

2. 知识付费

知识付费是自媒体人的一个超级大红利。在如今这个知识也可以卖钱的时代，知识付费赚钱真的太简单了。只要创作者有一套相对比较系统的知识，就可以用文字、声音或者视频的形式来销售，并且只需付出一份劳动，即可持续产生收益，说是躺赚一点也不夸张。

想要做知识付费，可以用导流微信成交，利用千聊、荔枝微课或者知识星球这样的平台，也可以利用头条的付费专栏功能。现在门槛非常低，只要头条号开通原创，就可以申请开通付费专栏。头条的付费专栏做得非常成功。另外，抖音已经打通了头条的知识付费专栏，发布抖音视频也可以直接插入付费专栏，前景非常好。

为什么说做自媒体要有电商和知识付费的思维呢？从这些巨头的动作就可以预见：百家号前一段时间批量开通了商品功能，并且开始测试知识付费功能。平台都在布局的方向，创作者跟着平台的思路走，准没错。

那么，做电商、知识付费，创作者应该选择哪个领域呢？关于这个问题的答案，与前文所说的领域及内容定位差不多。如果能选择自己职业或者兴趣相关的方向则是最好的，如果既没有相关职业也没有喜欢的方向，就选择离钱近的领域。那么哪些领域离钱近呢？根据人的欲望，可以按如下内容来排序。

成功类欲望最强：

财经理财，满足赚钱欲——可卖理财的课程，赚理财产品佣金；

创业管理，满足成功欲——可卖商业课程、赚钱工具、创业项目；

职场招聘，满足求职欲——可卖应聘、职场晋升的课程，简历修改。

育儿类欲望其次：

母婴，满足为人父母欲——可卖亲子课程，母婴产品；

文教，满足望子成龙欲——可卖 K12 学生的线上课程与线下课程。

生活类欲望再次：

情感励志，满足恋爱欲——可卖情感课程、服务（脱单、婚恋、挽回、维持等）；

女性时尚，满足变美欲——可卖护肤品、美妆、形象课程等；

运动健康，满足健美欲——可卖减肥、保健品、减肥保健课程；

餐饮美食，满足好吃欲——可卖美食与减肥保健课程、美食相关产品；

如此选择，在这些领域深耕一段时间，搭配自媒体运营技巧，想不赚钱都难。

2.4.2 利用自媒体运作方法，引流做产品赚钱

打造好自己的个人品牌，这是长线自媒体中威力最大的，也是自媒体的核心，最后会给创作者带来终身收益。但此模式适合互联网从业者，对传统企业主、有媒体工作经验者（如某行业媒体编辑）、新媒体从业者等人群来说，门槛相对略高。

自 2000 年以来，随着互联网的普及，传统媒体就一直在走下坡路，尤其是近几年智能手机的普及，使信息的传播更加快捷，传统的报纸、杂志、电视、广播更失去了其优势。而自媒体凭借其高效的传播，个性化的内容，丰富的表达形式获得了快速的爆发式发展。

当前自媒体和传统媒体，一个是高歌猛进、无比繁荣，一个是艰难挣扎、每况愈下。市场中所有的商业机会都产生在时代变革的时候。

现在正处在自媒体和传统媒体交替的时候，市场有大量的机会，尤其是垂直领域。下面举几个例子。

（1）餐饮老板内参：《天津日报》于 2014 年 9 月 23 日曾经报道过，一个叫"餐饮老板内参"的微信公众号，在运营不到一年的时间内，就仅仅靠着 6 万多名粉丝获得了天使投资，它的市场估值达到数千万元，而它也成为国内第一个融资成功的垂直类自媒体。

（2）王老虎寻鲜记：王老虎，本名王勇，是搜狐新闻客户端自媒体"王老虎寻鲜记"的创办者，他策划的"搜鲜记"活动获得加多宝 500 万元的冠名权，取得了圆满的成功。

（3）郑州楼市：由几个互联网人士创建的一个微信公众号。创始人之前

没有从事过房产领域媒体工作，可是其借助自媒体和传统媒体变革的时代机遇，迅速崛起，一举结束了传统媒体时代房产市场歌舞升平的局面，靠着公正和客观的文章，赢得了大量中高端人群的关注，在"郑州楼市"成功的基础上随后又进入投资等领域。"郑州楼市"仅靠组织团购房产一项，每年收入便达数千万元。

（4）飞碟说：《飞碟说》由原创视频自媒体——飞碟视界传媒科技（上海）有限公司出品，是一档以社会热点为话题，用有趣的方式，对各种热点知识进行视频化科普解说的动画脱口秀节目。因为其风格诙谐而一路走红。作为业界良心，创造亿级流量神话，成为公认的网络视频百科精品。《飞碟说》的初心，是让知识变得"性感"，即简单，有趣，有态度。通过降低知识的门槛，以诙谐搞笑的动画形态，带用户轻松涨知识。该节目第二季全网播放流量超过 7.5 亿，其前景估值也是十分可观。

在旅游、汽车、美食、化妆等众多领域中，垂直行业自媒体不胜枚举，有很多运营不足两年便估值数亿元，区区几个人的运营团队，每年营收几千万元，这就是新媒体平台的威力。还有诸如"十点读书""玩车教授""有车以后""功夫财经"等自媒体账号，短短两三年时间，现在估值都是数亿元级别。

在众多的垂直行业类微信公众号中，一条广告动辄报价几万元、几十万元，甚至过百万元，而且要排队，还要挑选客户，不符合自身定位的广告一概不接，由此即可见达成后收益。此外，有了行业话语权后，创作者会得到很多合作机会，创作者可以举办行业活动，还可以销售相关产品，举办各种行业培训，总之前途光明，利润大。做得优秀，自然还会有资本的垂青，让估值迅速暴涨。

2.4.3 9个步骤，将自己打造成自媒体明星赚钱

打造个人品牌，把自己打造成自媒体明星，实现名利双收。这种模式适合在某个领域有特长或有绝活者，如传统企业主、音乐老师、摄影爱好者、旅行爱好者、健身教练、律师、保险专家等。

现在身价高达几亿元的新一代新兴中产阶级（主要指 80、90、00 后）

正在崛起，他们不再为生存而焦虑，而是开始全力追求美好的生活。如果说上一代消费者内心的焦虑是担心无法完成任务，那么这一代新兴的中产阶级担心错过美好人生。

因为"担心无法完成任务"，所以上一代消费者拼命赚钱，无论买什么东西都要给自己一个理由（比如偶尔坐一次好车，便安慰自己是为了见客户）。而新一代中产阶级则更多把人生当作一个过程，他们约一辆好车，去学习摄影，或者请个健身教练，听一次演唱会，毫不隐晦地说都是为了让自己快乐一下。

每个人的人生结果都是一样的，但过程是不同的，追求人生的精彩过程是这一代中产阶级的写照。在这种大背景下，社会就有了对有绝活者（自明星）的巨大市场需求。新兴的中产阶级需要体验很多东西，比如红酒、健身、古典音乐、舞蹈、品茶、读书等，这都需要有人带领，需要人帮自己做选择。

另外，随着手机网络的普及，自媒体开始兴起，微信、QQ 空间、今日头条、百度百家、搜狐自媒体、大鱼号、网易号等一系列自媒体平台的崛起，给个人展示自己的才华与个性提供了极其便捷的途径，而且成本几乎为零。

请记住一句话：绝大多数人忽视了自己的价值，你认为最普通不过的，在别人的眼里就可能是高深莫测的。

比如一个做净水机的企业老板，他对净水机的种类、构造、优劣、功效如数家珍，可是对普通的消费者来说，面对众多的品牌就会一脸茫然不知道该怎么选择，如果这个企业老板通过自媒体把自己的知识展示出来，把自己打造成一个净水机方面的专家，那么他推荐的净水机，粉丝能不买账吗？

又如一名摄影爱好者，精通各种摄影技巧，还获得过一些奖项，如果他经常通过自媒体平台把自己的作品展示出来，并经常分享各种摄影技巧，组织一些采风活动，那么一定会有很多粉丝希望他开培训课并跟着他学摄影。

另外，门槛低、投入小是自媒体的最大特点。作为一个有绝活的人，做自媒体最大的成本是时间成本，其需要花费时间把自己的绝活变成文字、图片或者以视频等形式展示出来，进而获取粉丝的关注。

至于财力方面，只需一台能连上网的计算机和一部智能手机即可。所以做自媒体的成本是极低的，人人都可以做。了解了把自己打造成自媒体明星的好处之后，下面讲解实施的流程。

第一步：自身定位

要把自己打造成一个领域中的专家和明星，定位非常重要。定位做好后，就要执行下去，不能再随意更改，自身定位有如下几个注意事项。

（1）切合实际：定位一定要切合自身实际情况，抓住自己的绝活特长，切勿好高骛远，否则后期就会陷入进退两难的境地。

比如一名优秀的吉他演奏人员，他把自己打造成吉他专家就可以了，没有必要非说自己是音乐家，否则不能达到相应高度的价值分享，会被粉丝淘汰。

（2）做好市场分析：大数据时代，无论做什么事情都要看数据，不能拍脑门就决定，要清楚地分析自己的目标粉丝在哪里，他们需要什么样的信息，他们有什么样的习性，他们有什么样的需求，以及他们有什么样的痛点。

在这方面，百度指数是一个很好的工具，要充分利用起来。请记住，创作者所做的一切都是为营销推广服务。自媒体的营销就是吸引粉丝，并且让粉丝记住创作者。

每一个知名品牌最终在消费者的心目中都只是一个形容词，比如提起香飘飘奶茶，人们想到的是温暖；提到神州专车，人们想到的是安全舒适；提到顺丰快递，人们想到的是快。做自媒体也一样，创作者最终传递给粉丝的也是一个词，××是吉他专家，××是摄影专家，××是红酒专家，等等。

市场分析的目的就是创作者把自己定位到特长领域中粉丝最感兴趣的那个点上。举一个简单的例子。你是一位水果种植专家，培育出了天然、绿色、无公害又营养丰富的优质水果，你做自媒体，目的是促进自己产品的销售，那么你给自己的定位就应该是教人们如何挑选好吃的、优质的、绿色的水果，而不是教人们如何种出来好吃的水果。如何种植好吃的水果，受众仅是果农。

第二步：选择平台

现在自媒体平台比较多，在平台选择上，笔者的建议是"全面撒网，重点捞鱼"，一般来说，微信公众号是必做的，因为公众号的流量是可积累的，但是腾讯对鼓励转发等营销行为打击比较严重，因此大多数自媒体人选择的是从外部引流。

公众号与其他自媒体平台最大的区别：其他平台的流量都是平台的，而微信公众号的粉丝是自己的，是自己的专属流量池。目前流量比较大的平台有今日头条、百度百家、搜狐自媒体、大鱼号、企鹅号等。

第三步：输出价值

输出价值，简单说就是分享展示。如果创作者精通红酒知识，就每天分享一些红酒知识；如果创作者擅长汽车专业，就每天分享汽车知识、驾驶经验、选车经验、保养经验等；如果创作者是一名吉他高手，就每天推荐优质曲子，分享学习方法等。展现方法可以是图片、文字、视频、音乐、语音等，没有任何限制，选择适合自己的方法即可。

第四步：网络推广

输出了价值，接下来就要大力进行推广，无论线上线下均可，推广方法不在于多，而在于精，找到一个适合自己的方法强力地执行才是推广的王道。

有了定位，只有创作者自己知道是不可取的，创作者需要迅速占住这个位置。可以想一下，平时想要了解一个公司或者一个人，人们的第一反应是什么？当然是利用百度等搜索引擎搜索其相关信息。如果什么都搜不到，那么人们对这个公司或者人的印象肯定会大打折扣。但是如果能搜到很多相关的文章、作品，以及媒体的报道，成就记录等视频或者图片，那么人们对其信任会立即增强。

做网络推广分为如下 3 个步骤。

（1）占领搜索。最简单的方法就是多申请几个博客，以及各个网站的专栏、百家号等，把自己的文章同步发上去。如果条件允许，就请人写一些访谈录等，付费发到各大新闻网站，效果更好。

（2）图片和视频是比文字更直接的背书工具。如果用户能搜到大量创作者和名人的合影，创作者就可以给人更靠谱的感觉。

（3）占领人心。完成了占领搜索，让新来的粉丝关注创作者，了解创作者。有了初步的基础信任，这还远远不够，创作者还需要快速占领人心，快速给粉丝以信任自己的理由。可以利用出书、接受采访、名人推荐、蹭名气等方法实现目的。

第五步，占领市场

占领市场的方法主要是成交，一切营销的目的都是成交，只有成交了才有利润，才能变现。成交是一个复杂的过程，互联网营销上的成交，有一个核心方法：一定让客户用最简单的动作完成付款过程。

每让客户多执行一个动作，成交的可能性就会降低 50%，传统的 PC 互联网时代，网站往往需要填写复杂的注册表单，详细的个人资料，其实这么做，把很大一部分客户阻挡掉了。

后来发展成用 QQ、微博、微信登录的功能，就非常方便了。现在的移动互联网时代，微信是一个从吸粉，到养熟（通过一对一聊天，朋友圈展示，公众号内容），到成交支付，到裂变的封闭闭环生态，用微信直接登录并收款，是一个最简单的成交方式，千万不要再让客户去转银行卡。一个自媒体时代的产品，必须包含 3 个类别：鱼饵产品、建立信任产品和赚钱产品。

自媒体时代，发动用户传播是最好的广告方式。要让用户帮创作者传播，当然创作者需要给出相应的好处，切实分析好用户的痛点，对症下药，才是裂变传播的王道。

第六步：收获粉丝

只要做好了推广，接下来就会陆续收获很多粉丝（可以是微信公众号关注者、微信个人好友、QQ 好友等），这些粉丝之所以关注创作者，是被创作者输出的价值所吸引，那么接下来创作者就要持续输出价值来维护其粉丝，同时和粉丝保持必要的互动，如留言回复、建粉丝群、组织线下活动等。

第七步：培养信任

新吸引来的粉丝，对创作者的了解还比较少，自然对创作者的信任度也比较低，如果此时匆忙变现，则容易使粉丝产生反感情绪，甚至不再关注创作者，这一阶段创作者的重要任务就是培养粉丝的信任。互动是提高粉丝黏度、激活粉丝热情的必要手段。

互动包括很多方面，如及时回复粉丝留言，给粉丝发放一些小礼物，建立粉丝群使其有归属感，举办一些线下活动促进粉丝感情，等等。俗话说"网上聊十年，不如线下见一面"。整个过程中，持续输出价值是必不可少的环节。

粉丝经济不同于传统的公司业务，自品牌打造的过程中，90％ 的时间做价值输出，做互动养熟，10％ 的时间做成交。切不可像传统的微商那样，整天刷朋友圈广告。

人们总是喜欢跟比自己强的人做朋友，崇拜比自己强的人。没有人喜欢跟一个只会卖货的人做朋友。在心理学中，有一个损失厌恶的概念，也就是说，一个人丢失一百元钱的痛苦远大于捡到一百元钱的喜悦。人们对于一个卖货的人的态度，会在潜意识里认为他是来赚自己的钱的，所以从内心里会有抵触提防情绪。所以在培养信任、在养熟粉丝的过程中，切不可操之过急。

第八步：获取收益

有了一定的粉丝量，并且经过一段时间的信任培养后，创作者就成为粉丝眼中这个领域的专家，成为受粉丝尊重和崇拜的明星。有了信任，变现就是顺理成章的事情。变现有非常多的渠道，如收广告费、销售产品、组织活动、做培训等。

第九步：产生裂变

自媒体是建立在社交基础之上的，所以它具有社交属性，基于社交媒体的用户口碑传播是最有威力的推广途径。不能让用户主动传播的传播，都不是好传播。只要创作者巧妙利用人性弱点，在输出价值的同时巧妙设置"诱饵"，粉丝就会主动传播其产品，进一步吸引很多新粉丝加入。创作者再次进入信任培养周期，从而进入良性循环。

最后，自媒体明星年入百万千万甚至过亿的大有人在，如鬼脚七、Ayawawa 等众多草根摇身一变就成了耀眼的自媒体明星。如果要问达成后的效果，则要看创作者的行业和执行力，如果执行力强则很快就可以超过他们。如果执行力不行，结果就会大打折扣。当然，自品牌打造是一个系列的过程，需要长期坚持，不懈努力。

第3章

10W+ 的文案都是这样做成的

对自媒体运营而言，其主体运营还是文案的内容生成，即如何打造差异化内容，进而赢得用户关注的过程。本章从标题、内容、开头结尾、正文布局等方面提供了许多方法，希望能帮助读者写出引人注目的爆文。

要点展示：

➤ 7 个类型，打造 10W+ 爆款标题

➤ 5 个要点，掌握内容编辑技巧

➤ 6 种方法，打造精彩开头和结尾

➤ 9 种正文布局形式，有序引导阅读

➤ 4 个技巧，实现自媒体运营升级

3.1　7 个类型，打造 10W+ 爆款标题

在撰写文章之前，作者首先应明白其主题内容，并以此拟定标题，从而让标题与内容能够紧密相连。

无论撰写的主题内容是什么，最终目的还是吸引用户去阅读、评论和转载，从而带来文章外链，所以撰写一个有吸引力的标题是很有必要的。下面从 7 个方面详细分析如何打造吸睛标题。

3.1.1　加入关键词，增强代入感

创作者在写自媒体文章标题时，可在标题中加入一些特定的关键词。如一些常用的热词——"惊人的""注意""请看""通知""最后""终于""这种""这里有"和"你是 / 能否"等，这样会使文章的曝光率和阅读量达到一个意想不到的效果。

以"你是 / 能否"来说，它们同属于疑问句式，在标题中出现代表了对读者的提问，这一类标题更加注重与读者的互动。其中，"你是否"这一关键词的意思就是"你是不是怎样？"是对读者现状的一种展示。这样的文章标题出现在读者面前时，读者会下意识把文章标题当中的问题代入自己身上，进而开始反思。

比如，当读者看见"你是否也不爱吃早餐？"这一文章标题时，就会下意识想想自己是不是也不爱吃早餐，进而想到吃与不吃的后果会是怎样的，然后就会阅读文章一探究竟。这一类型的标题还有很多，如图 3-1 所示。

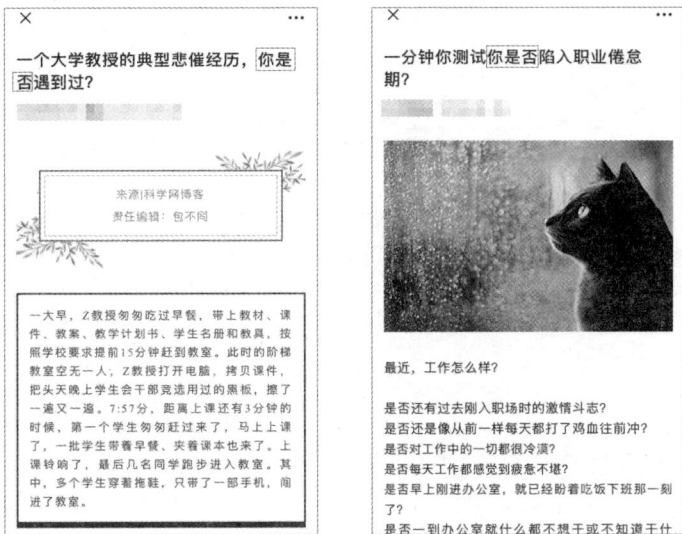

图 3-1　标题中加入"你是否"的自媒体文章案例

3.1.2　借势型标题，传播速度倍增

在撰写自媒体文章标题的时候适当借用热点、名人、流行趋势等能够提高文章的传播速度。所以，创作者在写文章标题时要学会"借势"。下面将从标题如何借势的思路出发，重点介绍 8 种打造自媒体爆款标题的方法，如图 3-2 所示。

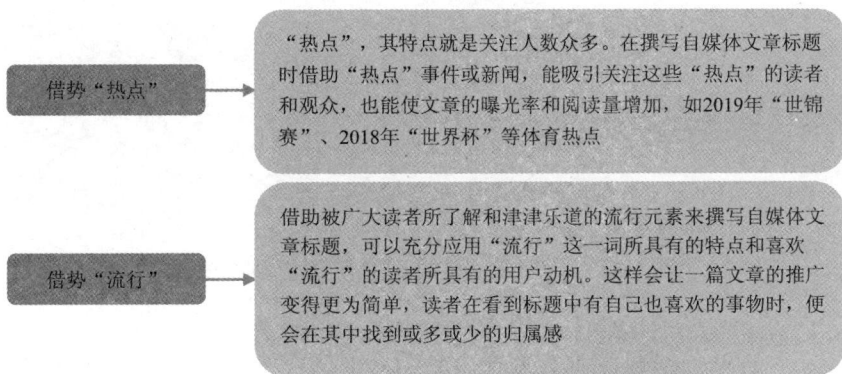

借势"热点"　　"热点"，其特点就是关注人数众多。在撰写自媒体文章标题时借助"热点"事件或新闻，能够吸引关注这些"热点"的读者和观众，也能使文章的曝光率和阅读量增加，如2019年"世锦赛"、2018年"世界杯"等体育热点

借势"流行"　　借助被广大读者所了解和津津乐道的流行元素来撰写自媒体文章标题，可以充分应用"流行"这一词所具有的特点和喜欢"流行"的读者所具有的用户动机。这样会让一篇文章的推广变得更为简单，读者在看到标题中有自己也喜欢的事物时，便会在其中找到或多或少的归属感

图 3-2　借势型标题的撰写方法介绍

借势"名人"	在自媒体文章标题中借助"名人"的势头，可以大大加强文章标题的权威性，人们会觉得这种标题下面所写的内容一定是"有道理"的。对于这样的文章标题，读者特别是该"名人"的忠实粉丝，往往更愿意点击查看
借势"牛人"	"牛人"大都身怀绝技，或是在某领域已经做出傲人成绩。所以当一篇文章的标题当中出现了"牛人"一词，读者便会想要看看，通常会点击查看这个"牛人"到底哪里"牛"，是如何变"牛"的
整合热点相关资料	创作者撰写的对"热点"进行归纳和整合的自媒体文案，免去了读者自己去整合的过程，而且其整合出来的内容并不一定是每个读者仅凭"热点"就能够想到的。所以这一类自媒体文案标题对读者来说，非常有吸引力，如标题《〈我的前半生〉告诉女人的16件事》
大品牌用方案借势	在文案的标题上面做文章，就像大品牌借助方案为自己造势一样，创作者在自媒体文章的标题当中也可以用方案为自己的文章造势，如人所熟知的阿里巴巴集团联合各大电商平台进行的"双11购物狂欢节"营销方案就可用在自媒体文章标题中
情绪做出正确姿态	大部分人很容易被某一种情绪所带动，如借助"奥运会"的势头所撰写的有关"奥运精神"的文章，就很容易调动读者或观众的情绪。因此，在撰写文案标题时，要学会借助某一热门事件或者人们十分关注的事情，从情绪上调动读者的阅读积极性，就能很大程度上吸引观众的注意力和眼球
专业图片要点概况	在文章标题中，借助某一个人们关注或乐于讨论的话题或者事物，加入如"一张图告诉你""一张图帮你读懂"一类的话语，做一个专业性的归纳和概括。这样不仅让读者知道内容是以图片的方式呈现出来的，还能知道图片的内容大致是什么，也会让读者乐于点击文章查看

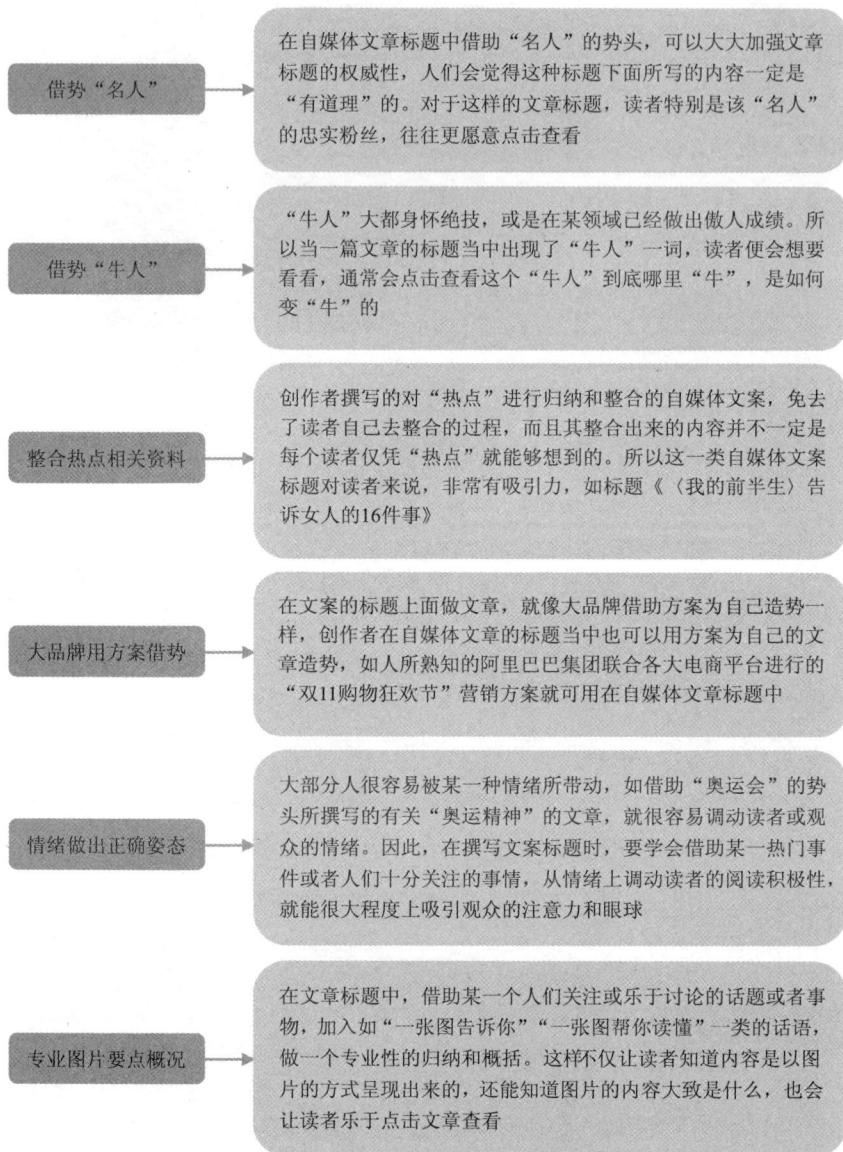

图 3-2　借势型标题的撰写方法介绍（续）

3.1.3　灵活使用数字，增强冲击力

创作者在学习自媒体文章标题的撰写时，学会如何用醒目的数字吸引和冲击读者的视觉，能为一篇文章的阅读量打下良好的基础。

具体来说，表示数量的场合有很多，如有表示人、钱、物多少的数字，也有在数字后加上"年""月""日""小时"等表示时间的数字，以及在数字后加上"倍""%"等表示程度的数字，等等。

无论是何种使用数字的场景，都能传达出真实而又十分准确的信息。把它运用到标题撰写中，会让这一篇自媒体文章更具说服力，也更能让读者信服。而且，读者在阅读一篇文章的时候，一般希望不费太多心力就能简单清楚地看懂文章。此时将数字放入标题当中，读者就能很好地理解文章要表达的主旨。

数字型标题也很容易打造，因为它是一种概括性的标题，创作者只要做到 3 点就可以轻松撰写出来，即从文章内容中提炼出数字标题；通过数字对比，设置冲突和悬念；按照文章的逻辑结构撰写数字标题。

图 3-3 所示为在标题中加入了数字的文章案例。

图 3-3 数字型标题的文章案例

3.1.4 用好修辞手法，吸引住目光

自媒体文章标题的撰写要注重其语言的恰当运用。只有语言运用得当，才能吸引读者的目光。特别是有些语言表达方式的运用，如比喻、拟人、对偶、谐音、引用典故等，能让文章标题大放光彩，吸引更多用户阅读和关注。

当然，在语言运用方面下功夫，提升自媒体文章标题的可读性和内涵，并不是随意设置的，而是要注意一定的方法。例如，在引用典故方面，就要注意应该选择合适的典故，不能生搬硬套，有时还可以在引用方式上作文章，在稍微修改的情况下灵活引用。当然，其他的语言运用方法也是如此，文章撰写者应多加留意。

3.1.5　利用疑问句，激起好奇心

提问型标题就是撰写标题时采用询问某一问题的形式，常见的最简单的答案是"是"或"不是"，但也有很多其他回答。它所包含的种类有很多，所以在日常生活中用得十分普遍。在自媒体文章的标题撰写上，采用疑问句式的标题效果也很好，主要表现在如下两个方面：

一方面，提问所涉及的话题大都和读者联系密切，使得标题和读者的关系更近，所以读者愿意去阅读文章内容。

另一方面，问题本身就能够引起读者的注意。用提问型标题激起读者的好奇心，从而引导读者查看全文。

从读者的心理层面来说，看到提问型标题，一些读者会抱着查看自身问题的心态点击这一类标题，还有一些读者会抱着学习或者新奇的心态点击文章。不管是哪一类型的读者，在看到这种提问型标题时，都会对文章内容产生兴趣。提问型标题案例如图 3-4 所示。

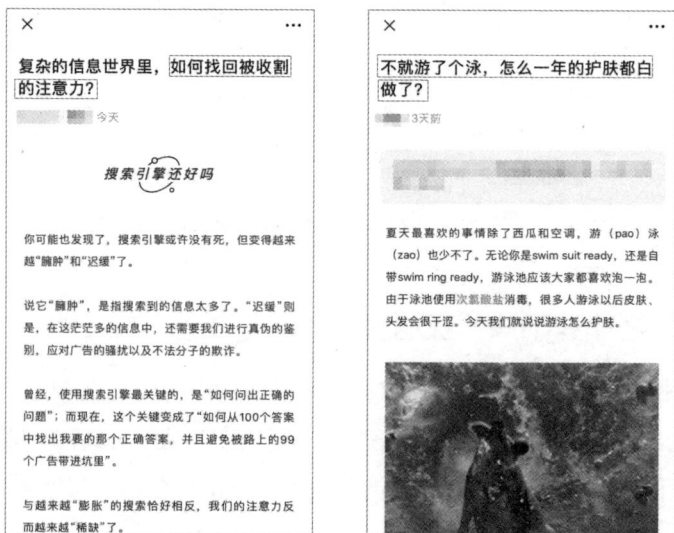

图 3-4　提问型标题案例

3.1.6　告知型标题，明确传递信息

自媒体文章的标题应能够明确地告诉读者要点，提醒读者去看，这样才能让读者阅读文章。当然，撰写者要告知读者的要点包括很多方面的内容，如福利、危害、建议等。

（1）如图 3-5 所示为"告知危害型"文章标题案例。它常以发人深省的内容、严肃深沉的语调给读者以强烈的心理暗示，尤其是告知危害型的新闻标题，因为具有提醒、警示和震慑作用而被很多自媒体文章撰写者所追捧和模仿。

（2）如图 3-6 所示为"告知建议型"文章标题案例。这一类标题就是撰写者在标题中向读者传递一种做某事应该采取的方法的建议，这种标题能让读者一目了然地知道文章中的主体内容，并且以传递知识为噱头，吸引读者的注意力。

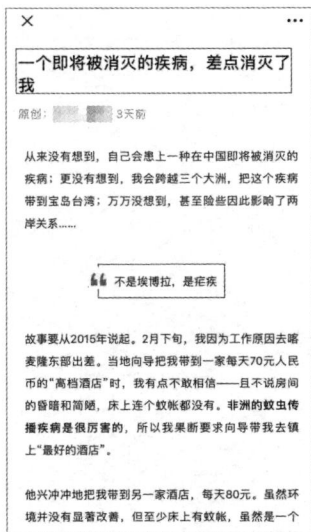

图 3-5　"告知危害型"文章标题案例　　图 3-6　"告知建议型"文章标题案例

3.1.7　避开误区，塑造完美标题

在学习自媒体文章标题撰写时，创作者还应注意不要走入误区，一旦标题出现失误，就会对文章的阅读量造成不可小觑的影响。下面将从文章标题

容易出现的误区出发，重点介绍 6 种误区，如图 3-7 所示。

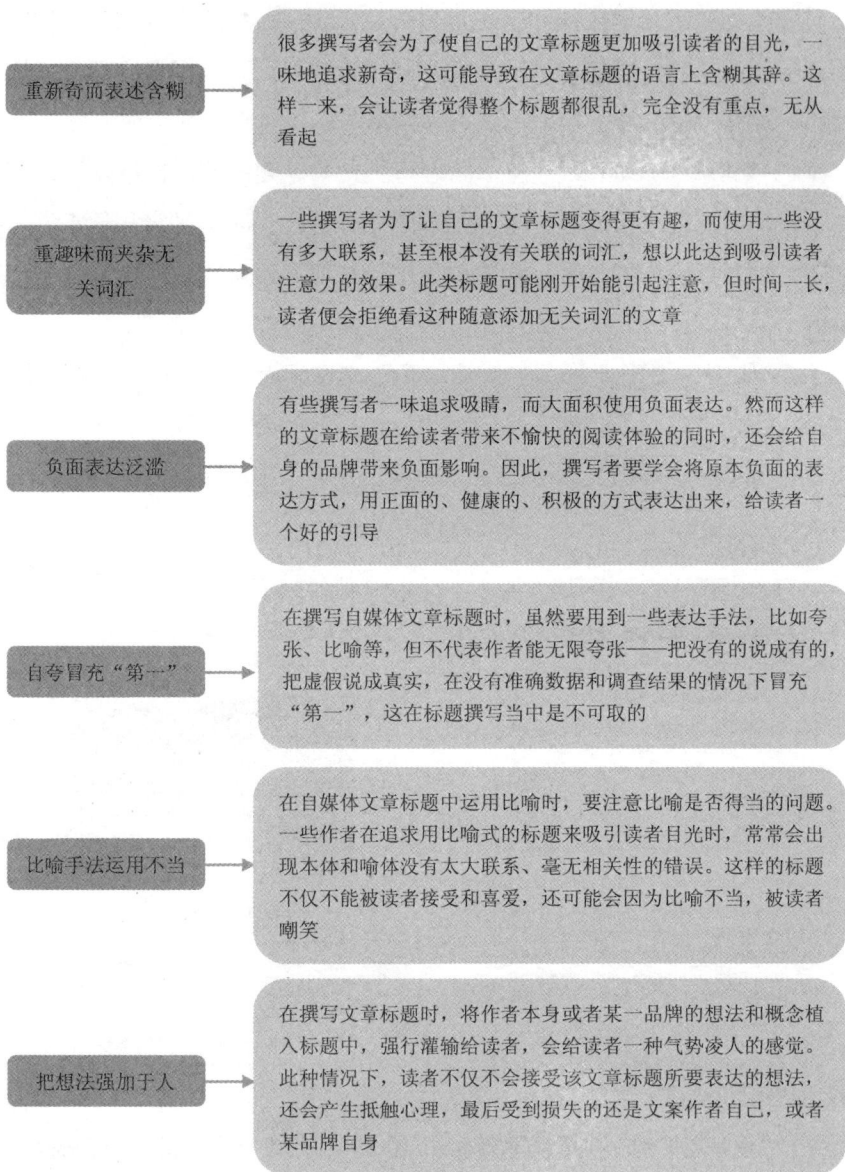

重新奇而表述含糊	很多撰写者会为了使自己的文章标题更加吸引读者的目光，一味地追求新奇，这可能导致在文章标题的语言含糊其辞。这样一来，会让读者觉得整个标题都很乱，完全没有重点，无从看起
重趣味而夹杂无关词汇	一些撰写者为了让自己的文章标题变得更有趣，而使用一些没有多大联系，甚至根本没有关联的词汇，想以此达到吸引读者注意力的效果。此类标题可能刚开始能引起注意，但时间一长，读者便会拒绝看这种随意添加无关词汇的文章
负面表达泛滥	有些撰写者一味追求吸睛，而大面积使用负面表达。然而这样的文章标题在给读者带来不愉快的阅读体验的同时，还会给自身的品牌带来负面影响。因此，撰写者要学会将原本负面的表达方式，用正面的、健康的、积极的方式表达出来，给读者一个好的引导
自夸冒充"第一"	在撰写自媒体文章标题时，虽然要用到一些表达手法，比如夸张、比喻等，但不代表作者能无限夸张——把没有的说成有的，把虚假说成真实，在没有准确数据和调查结果的情况下冒充"第一"，这在标题撰写当中是不可取的
比喻手法运用不当	在自媒体文章标题中运用比喻时，要注意比喻是否得当的问题。一些作者在追求用比喻式的标题来吸引读者目光时，常常会出现本体和喻体没有太大联系、毫无相关性的错误。这样的标题不仅不能被读者接受和喜爱，还可能会因为比喻不当，被读者嘲笑
把想法强加于人	在撰写文章标题时，将作者本身或者某一品牌的想法和概念植入标题中，强行灌输给读者，会给读者一种气势凌人的感觉。此种情况下，读者不仅不会接受该文章标题所要表达的想法，还会产生抵触心理，最后受到损失的还是文案作者自己，或者某品牌自身

图 3-7　撰写自媒体文章标题要避开的误区介绍

3.2　5个要点，掌握内容编辑技巧

在微信公众号运营和软文撰写过程中，软文正文是除了标题之外的另一大需要重点关注的部分。因为只有拥有了好的标题之后再匹配上足够好的正文内容的软文才能称得上是一篇真正优秀的软文。

那么，在软文正文的撰写和生成过程中，撰写者应该怎样操作呢？下面就针对软文正文撰写需要注意的几点要求进行论述，以期帮助读者从总体上把握正文内容的编辑规则。

3.2.1　7个妙招，完成创意构思

在社会生活中，到处存在充满创意的事物，这种创意事物的存在既是生产和销售的需要，也能满足用户的各种需求。这同样适用于软文正文内容的创作，尤其是在文章构思方面。关于软文的创意构思的具体内容，撰写者可以从多个方面进行借鉴，即挖掘各种历史、爆料各式内幕、抓住机会造新闻、从讲故事入手、借助时事东风、模拟访谈方式等。对软文进行创意构思，有诸多方法，下面就对这些方法进行详细介绍。

1. 挖掘各种历史

在软文撰写过程中，其撰写对象无非是企业及其产品和品牌。因此，为了让读者对企业的相关方面进行了解，就可以从历史角度对其发展进行描述，以便软文利用厚重的历史感或新锐企业的发展强劲感来打动读者。具体说来，宣传软文撰写主要可以涉及的历史方面有如下3个。

（1）企业历史：企业所处行业位置，企业所处地域位置，以及企业所处文化层级。

（2）产品历史：各阶段的品牌产品，各产品发展过程，以及产品的更新情况。

（3）管理者历史：企业创建人历史，历史管理者更迭，以及突出特征的管理者历史。

2. 爆料各式消息

读者基于其好奇的心理需求，总是会对一些不为外界所知的情况感兴趣。从这一角度出发，撰写者在撰写软文时，可以通过爆料各式内幕来进行构思，一方面吸引读者的注意力，另一方面可以帮助读者更多地了解企业及其品牌和产品，从而使其增强信服感和价值感。具体说来，可从如下几个方面着手。

（1）内部运作方面：不仅这方面是每个人都熟悉的，而且经历过长时间的实践，运营者都有着丰富的经验和技巧，在企业允许和不涉及隐私的情况下进行爆料，不失为一种明智的创意构思方式。例如，企业微信公众号运营的各种流程就可以作为爆料的具体实例。

（2）商业信息方面：从这一方面来说，其实也是一种具有实践性的信息分享。通过企业在商海沉浮过程中的发展经历，披露一些具有阅读和借鉴价值的行业信息也是一种有效进行内幕爆料的构思方式。

（3）未公开信息方面：从这一角度来说，更多的是一种企业发展和产品、品牌的前期蓄势宣传。一般选择的是企业将要发展的方案部署、下一期新品等，如一些知名的未上市企业将要上市的宣传，或是下一季将推出的新品特点，其实质还是借助这些未公开的信息来吸引读者的注意，进一步借宣传为企业发展提供助力。

3. 抓住机会造新闻

如果说上述提及的未公开信息爆料主要适用于大型的、知名企业，那么抓住机会造新闻是一种能帮助中小企业进行软文宣传的方式。

在软文撰写过程中，撰写者可以借助高大上的交易信息或参与活动来吸引读者眼球。例如，该企业与某一大型企业进行了某一方面的商业合作，受邀参加了一些知名的、大型的活动和会议等，都可以作为中小企业造新闻应该抓住的机会。

4. 学会讲好故事

讲故事是一种常用的写作切入手法，各种文学名著中不乏这类手法的运用，如《红楼梦》就是引入了上古传说故事来进入正题的。那么，在软文正文中，应该怎样以讲故事的方式来布局内容和宣传企业及其产品呢？

首先，撰写者应该对讲故事的具体目的进行考虑。在软文正文中以故事切入的最终目的是对故事设计的产品和品牌等进行宣传，而不是在于故事的娱乐性，从其实质来说，讲故事只是实现产品宣传的媒介和途径。

其次，撰写者应该思考故事的来源。从这一方面来说，可以对国内外热点进行关注和加以结合，从而在讲故事的同时达到软文宣传的目的。

最后，撰写者还应注意软文对故事内容的要求。这也是由软文的宣传性质决定的。具体来说，切入软文的故事必须具备 3 个方面的特性，即知识性、趣味性和合理性。

5. 借助时事东风

利用自带流量的热点这一东风，可以顺势而为提升软文的关注点和公众号粉丝。但是在借助时事热点东风的过程中，不能让宣传的对象独立于时事热点之外，也就是说，应该把时事热点与软文宣传点、利益点紧密结合，在找准切入点的基础上借的东风才是软文宣传真正的东风。

6. 模拟访谈方式

相较于文字陈述的方式，那种双方或多方对话的访谈方式更加易懂和方便阅读，因为访谈都是以一对一、一对多的问答形式进行的，更有利于问题的解答和深入了解。因此，访谈式的软文撰写也是一种效果较好的创意构思。

7. 互相拆台方式

这种方式主要是基于两者之间关系的宣传方式，如两个企业之间或两个名人的作秀、炒作等。它通过在两者之间制造矛盾的关系来使得宣传更具趣味性和曲折性，以此吸引读者的注意。这是娱乐宣传的一种常用的方式，延伸发展为软文的创意构思的撒手锏之一。

3.2.2 用好各具特色的表达方式

微信公众号的软文撰写者在编辑正文时，其编辑的软文内容的形式可以是多样的，而且这些形式都拥有独属于自己的特色，是其他形式所不能比拟的。因此，微信公众号运营者要将每种形式都掌握。

微信公众号运营者用来发布正文的这些不同的形式，能给读者带来不同的阅读体验，丰富读者的阅读生活。总的说来，平台发布正文的形式包括 6 种形式，即文字式、图片式、语音式、视频式、图文结合式和综合混搭式。

其中，单一的软文表达形式包括文字式、图片式、语音式和视频式 4 种，下面分别进行介绍。

1. 文字式

文字式的微信公众号平台正文是指除了邀请读者关注该微信公众号平台的图片或者文章尾部的该微信公众号平台的二维码图片之外，文章要表达的内容都是用纯文字描述，没有嵌入一张图片的文章。

在微信公众号平台上，有这种形式的正文存在，但不是特别常见。因为这种形式的正文，如果字数过多、篇幅过长，就很容易引起读者的阅读疲劳以及抵触心理。

所以，微信公众号平台运营者在推送文章时，应尽量少用这种形式来传递正文内容。图 3-8 所示为微信公众号推送的用纯文字形式来传递软文正文内容的案例。

图 3-8　纯文字形式的微信公众平台正文案例

2. 图片式

微信公众平台推送的图片式的正文，是指在整篇软文中，其正文内容都是以图片表达的，没有文字或者文字已经包含在图片里面。全部利用图片来构成正文的软文，当读者点击页面时，公众号软文界面会呈最大化显示，并可以以左右翻动图片的方式来浏览软文。图 3-8 所示为"零点种草"公众号发布的图片式正文案例。

图 3-9 "零点种草"公众号发布的图片式正文案例

3. 语音式

语音式的微信公众号平台正文，是指平台运营者将自己想要向读者传递的信息通过语音的形式发送到平台上。这种形式可以拉近与读者的距离，使读者感觉更亲切。

关于语音这一内容表现形式，微信公众平台的运营者可以先将语音录入计算机，再进行上传。

4. 视频式

以视频形式传递软文正文内容是指各大商家可以把自己要宣传的卖点拍摄成视频，发送给广大用户群。它是当下热门的一种传递微信公众号平台软文正文内容的形式。

相比文字和图片，视频更具即视感和吸引力，能在第一时间快速地抓住受众的眼球，从而达到理想的宣传效果。以"十点读书"微信公众平台为例，它会在文章中推送视频。图 3-10 所示为"十点读书"以视频形式传递正文内容。

图 3-10　"十点读书"以视频形式传递正文内容

值得一提的是，微信公众号运营者可以将想要发布的视频上传到微信公众平台上，再保存到素材库中，然后在发布视频的时候选择"从素材库中选择"的选项，或者将视频保存到计算机中，然后通过"新建视频"选项来添加视频。

3.2.3　合理布局，形成软文逻辑

在微信公众号的运营过程中，读者只需进行两种基本动作，就会形成粉丝的来源，即打开和转发。

其中，打开是获取粉丝的基础动作。读者只有在点击阅读的基础上才能引发转发，而软文的打开率高，也从某一方面说明了该微信公众号的用户流量和活跃度还是比较可观的，且打开率越高，引发下一个转发动作的概率越大。

转发是需要读者基于打开的软文能直击其心灵而产生的，是建立在优质软文内容的基础上的，而优质软文内容的生成需要撰写者有一个条理清楚、

布局合理的逻辑。

在软文中，情感是其最需要突出和表现的，无论是价值观还是极致化的生活方式，都是对情感的最好阐释。从价值观方面来说，它需要靠情感来体现，而不只是靠精美的软文和完整的故事描述；从极致化的生活方式来说，它也需要情感，并且是情感蕴积和逐渐发酵的媒介，使得读者在感受极致生活方式的同时也受到情感的激发。

可以说，软文的逻辑构建是需要诸多因素的，其中价值观、极致生活风格和情感是必备的因素，它们以一种合理的次序构成了软文的逻辑。

3.2.4　设置情绪点，增加转发量

在软文的撰写过程中，情绪点的设计是必需的，这是让用户觉得有转发价值的内容制订标准。增加转发量是公众号运营的主要目标，也是获取更多粉丝的主要条件和要求。

在软文中设置情绪点时，撰写者必须有一个清醒的认识，即对软文情绪点的概括和提炼必须是有准备的，也就是说，软文所要表现的每一个情绪点既可以是读者在文中可以直接看到的情绪点，也可以是供选择的情绪点，但不能是需要读者去思考和深入概括的情绪点。

一方面，这些情绪点的清晰呈现，可以帮助读者非常容易地实现触发，并通过这些触发来传达软文信息和情感方面的价值。

另一方面，软文情绪点的设置，还必须是可供读者选择的，而不是单一的。这样的设置可以从如下两个方面增加软文的转发量，实现公众号软文引流的目的。

一是多点选择设置，可以让不同的读者从中感受到软文所要表现的内容和价值。只要有一个情绪点能够起到引导其转发的行为，即使其他情绪点并不被认可，其转发目标也能够实现。

二是可供选择的多点设置，可以基于读者站队心理的考虑来收获流量。在可供选择的情绪点之间，读者总是会思考"我对这一观点是认同，还是不认同？"的问题，这样就直接相当于给读者出了一个选择题。关于可供选择的某一情绪点，不论是认同，还是不认同，读者都会产生一种分享的行为，

迫切期待别人的答案或希望自己的观点能获得别人的认可。

综上所述，在情绪点的设置上，在软文撰写过程中为读者提供可供选择的选择题式的触发点要比提供需要读者概括的触发点清楚明白得多，也要有效得多。前者是获取大量流量和转发的有效方法，能更好地促进和支撑平台的运营。

3.2.5　利用长图文，增强阅读体验

在软文内容的生成过程中，除了上述提及的撰写技巧和需要掌握的事项外，还有一个需要注意的方面，即基于读者阅读体验方面的思考——相对于长文章而言，读者更乐于选择阅读长图文。对于这一问题，主要可以从长图文的如下两个价值方面进行分析。

1.　电影片段式的阅读感受

用图片作为主线的软文，更容易让读者产生阅读兴趣。这就好比电影和影视剧本，对大多数人而言，人们更愿意观看具有丰富画面感和真实展现生活场景的电影，而对于动辄几十万字的影视剧本的阅读兴趣就会大大降低的，比起枯燥的剧本，人们更喜欢生动的电影。

长图文和长文章也是如此。在阅读长图文的过程中，人们可以基于软文中的数十张图片而在脑海中构建一个个电影片段。

在构建的电影片段式的阅读中，人们不仅可以感受到图片和软文丰富的美感，还能就其中的各种转折感受到撰写者想要表达的各种情绪上的起承转合，大大丰富了软文内容和价值。

2.　视觉享受的阅读效果

相较于文字而言，图片不仅能在视觉上带给人们更美的感受，还能从其产生和内容呈现上带给人们更多的信服感。因为一般人会这样认为：一张图片的形成所要花费的心思比单纯的文字要多得多——前期的素材获取和后期的编辑都需要制作者花费巨大精力。

因此，在阅读长图文时，读者一般会意识到软文的图文具有很大的欣赏价值，还会意识到软文的撰写者是下了功夫去创作的。

基于上述考虑，读者往往会选择点击阅读，进而转发、收藏和评论，而后面这 3 种行为是优秀软文所要达到的目标，也是公众号运营的目标所在。可见，通过长图文，公众号运营和软文宣传的最终目的更容易实现。

3.3　6 种方法，打造精彩开头和结尾

对于一篇公众平台的文章来说，其开头的重要性仅次于文章标题及文章主旨。所以，作者在写文章时，一定要注意在开头就吸引住读者的目光。只有这样才能让读者有继续阅读下去的念头。

一篇优秀的微信公众平台文章，不仅需要一个好的标题、开头以及中间内容，同样也需要一个符合读者需求、口味的结尾。

3.3.1　5 个技巧，写好开头

让运营者能够用一个好开头赢得读者对公众号的喜爱，从而吸引大批粉丝关注是软文撰写的主要目的。基于这一思考，下面介绍软文正文开头的 5 种写作技巧。

1．激发联想型

公众平台的作者在写想象与猜测类型的正文开头时，可以稍稍运用一些夸张的写法，但不要太过夸张，基本上还是倾向于写实或拟人，能让读者在看到文字的第一眼的同时就能够展开丰富的联想，猜测在接下来的文章中会发生什么，从而产生强烈的继续阅读文章的欲望。

在撰写想象与猜测类型的文章开头的时候，要注意的就是开头必须有一些悬念，给读者以想象的空间，最好可以引导读者进行思考。

2．平铺直叙型

平铺直叙型也叫作波澜不惊型，表现为在撰写正文开头时，把一件事情或者故事有头有尾、一气呵成地说出来。也有的人把平铺直叙这种类型叫作流水账型，这种叫法其实并不过分。

波澜不惊型的方式，正文中使用得并不多，更多的还是用于媒体发布的新闻稿中。但是，在微信公众平台正文的开头中也可以有选择地使用这种类型的写作方法，例如重大事件或者对名人、明星的介绍，通过正文本身表现出来的强大吸引力来吸引读者继续阅读。

3. 开门见山型

开门见山型的文章开头，需要作者在文章的首段就将自己想要表达的内容干脆爽快地写出来。

微信公众号平台的软文作者在使用这种方法进行软文正文开头创作的时候，可以使用朴实、简洁等能进行清楚表达的语言，直接将自己想要表达的内容写出来，不用故作玄虚。

在使用这种开门见山型正文开头的时候，需要注意的是，正文的主题或者事件必须足够吸引人，如果主题或者要表达的事件无法快速地吸引读者，那么最好还是不要使用这种方法。

4. 幽默分享型

幽默感是人与人沟通时最好的"武器"，它能够快速搭建双方的桥梁，拉近彼此之间的距离。

幽默的特点就是令人高兴、愉悦。微信公众平台文章的作者如果能够将这一方法用于文章的正文开头写作中，就会取得不错的效果。

在微信平台上，有很多商家会选择在文章中通过一些幽默、有趣的故事做开头来吸引读者的注意力。没有人会不喜欢看可以带来快乐的内容，这就是幽默分享型正文开头的存在意义。

5. 经典引用型

作者在写公众平台文章时，使用名言名句开头，一般会更容易吸引受众的目光。因此，公众平台作者在写公众号文章的时候，可以多搜索一些与文章主题相关的名人名言或者经典语录。

在公众平台文章的开头，作者如果能够用一些简单、精练同时又紧扣文章主题并且意蕴丰厚的语句，或者使用民间谚语、诗词歌赋等语句，能够使文章看起来更有内涵，而且这种写法更能吸引读者，可以提高公众平台文章的可读性，更好地凸显文章的主旨和情感。

除此之外，还可以使用一些蕴含道理的故事作为文章正文的开头。小故事一般简短但是有吸引力，能很好地引起读者的兴趣。

3.3.2 4 个开头的撰写要素

对公众平台上的文章来说，正文的开头是一篇文章中很重要的部分，决定了读者对这篇文章内容的第一印象，因此作者要对它极为重视。公众平台的作者要想写出一篇优秀的文章，在撰写正文开头时一定要做到如下 4 点：

（1）紧扣文章主题。

（2）陈述部分事实。

（3）语言风格吸引人。

（4）内容有创意。

3.3.3 首尾呼应法增强印象

首尾呼应法，就是常说的要在文章的结尾点题。软文作者在撰写文章时如果使用这种方法结尾，就必须要做到将文章开头提过的内容、观点，在正文结尾再提一次。

一般来说，公众平台的软文很多是采用总—分—总的写作方式，结尾大多根据开头来写，以达到首尾呼应的效果。如果在正文的开头作者提出了对某事、某物、某人的看法与观点，中间进行了详细的阐述，到了文章结尾，就必须自然而然地回到开头的话题，进行完美的总结。

首尾呼应的方法能够凭借其严谨的文章结构、鲜明的主题思想给读者留下深刻的印象，引导读者对文章的内容进行思考。

如果平台作者想要读者对自己传递的信息留下深刻印象，那么首尾呼应法是一种非常实用的方法。

3.3.4 号召用户增强感染力

公众平台的作者如果想让读者加入某项活动中，就会在文章结尾使用号召法来结束全文，很多公益性的微信公众号推送的文章结尾也经常会使用这种方法。号召法结尾的文章能够在读者阅读完文章内容后，使得读者对文章的内容产生共鸣，从而使读者产生更强烈的加入文章中发起的活动中去的想法。

3.3.5 推送祝福法传递温暖

祝福法是很多微信公众平台文章作者在文章结尾时使用的一种方法。因为这种祝福形式能够给读者传递一份温暖，让读者在阅读完文章后，感受到公众号对其的关心与爱护，这也是非常能够打动读者的一种文章结尾方法。

图 3-11 所示为"十点读书"微信公众号推送的以祝福法结尾的文章案例。

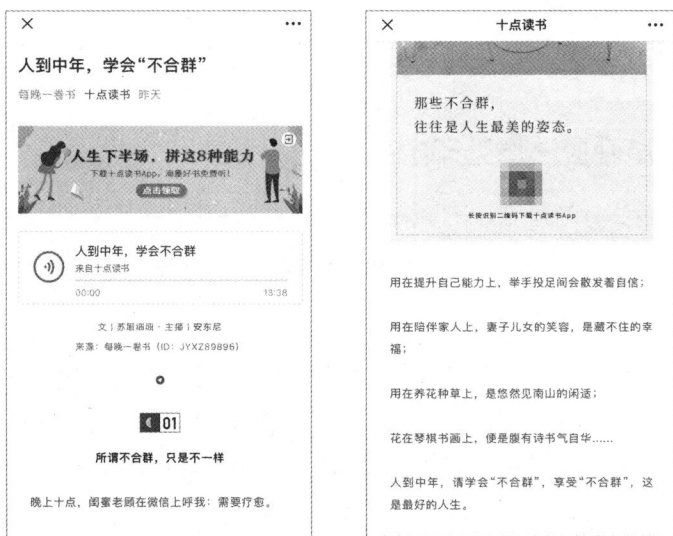

图 3-11　"十点读书"微信公众号推送的以祝福法结尾的文章案例

3.3.6 抒发情感，引起共鸣

在文章结尾使用抒情法，常见于写人、记事、描述的微信公众号软文，如图 3-12 所示。

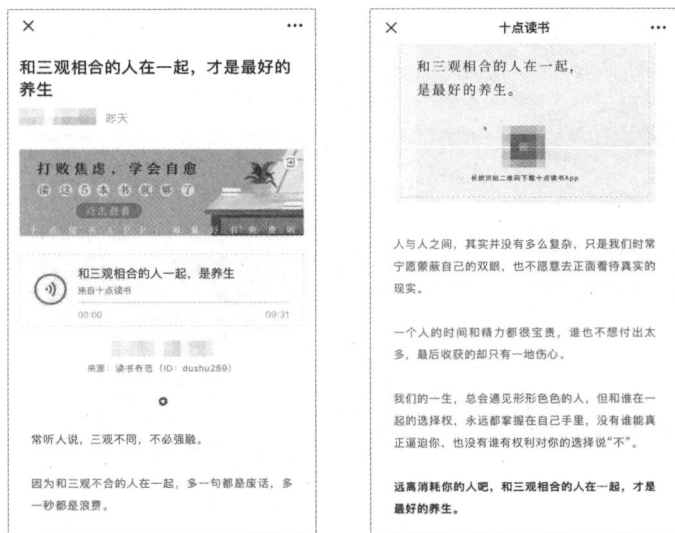

图 3-12　公众号推送的以抒情法结尾的文章案例

公众平台文章的作者以抒情法进行文章收尾时，一定要将自己心中的真实情感释放出来，这样才能激起读者情感的波澜，引起读者的共鸣。

3.4　9种正文布局形式，有序引导阅读

无论形式如何变化，软文在根本上还是文章的一种类型。因此，文章的一些写作形式在软文中也是通用的。软文有故事式正文，也有新闻式正文等。根据软文素材和软文作者撰写软文的思路的不同，软文正文的形式也有所不同。下面将详细介绍9种正文布局。

3.4.1　采用新闻式布局，促进二次传播

新闻式正文，是指正文通过模仿新闻媒体的口吻，进行正文的撰写。例如，公司内的大事、公益事业都可以通过新闻式的正文形式写出来进行发布。

在互联网时代，新闻式正文的主要特点是能够进行二次传播，也就是新闻式软文发布出来后，很容易被其他网站或者平台转载，这就是新闻式正文的二次传播特性。新闻式正文有很多特点，正是由于这些特点的存在，才使

得新闻式正文一直备受欢迎，如图 3-13 所示。

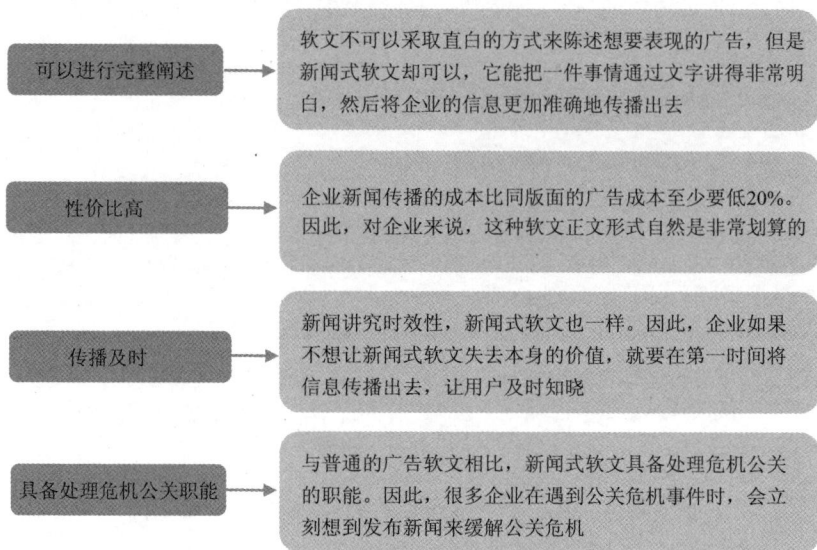

图 3-13　新闻式正文的特点

　　新闻式软文是一种比较常用的写作手段，主要用来报道企业新闻、动态消息和杰出人物。一般来说，新闻式软文是一种准确、及时而又普遍的写作方式，它要求报道周围的人和事。企业撰写新闻式软文的初衷是"既然做了就要说，并且一定要说出去，让很多人知道"。

　　对一般企业来说，通过新闻式软文扎根于基层，来源于基层，服务于基层，如今不管是中小型企业，还是个人组织，抑或是网站，都开始像大型企业一样，具有了宣传意识，并逐渐地发现了通信的重要性。

　　于是企业开始将自己的动态、消息和人物及时向社会宣传，从而达到获得一定的人流量和知名度的目的。

3.4.2　设置疑问式布局，激发读者兴趣

　　疑问式正文写作形式，是指在描述一个完整的故事时，在开头或关键点通过设置疑问不做解答的方式来布局正文，借此激发读者的阅读兴趣。

　　疑问式布局的核心是提出一个问题，然后围绕提出的问题进行自问自答，需要注意的是，回答问题时不能一次性就答完，而是要根据进度慢慢"抖

包袱"，使读者产生急切的期盼心理，再在适当的时机揭开谜底，如图 3-14
所示。

（1）提出疑问——"什么
是核心"

（2）"稳定核心有多
重要？"

（3）核心强大的好处

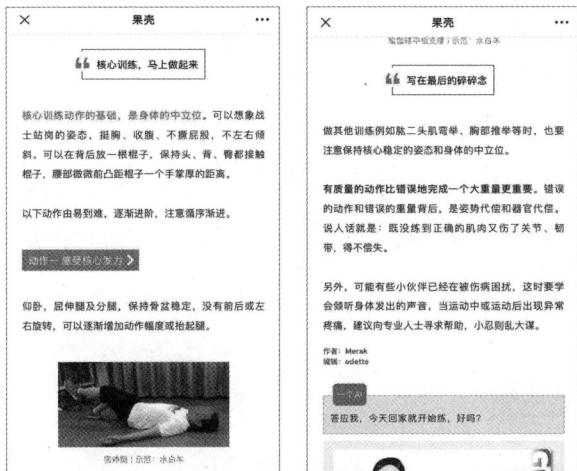

（4）核心动作的要点

（5）总结

图 3-14　疑问式布局

　　疑问式布局很容易引起读者的注意，那么怎样才能做到将软文写成说一
半留一半，并且还能勾起读者的阅读兴趣呢？其实要做到这一点并不难，只
要沿着正确的方向，按照合理的步骤进行下去即可，如图 3-15 所示。

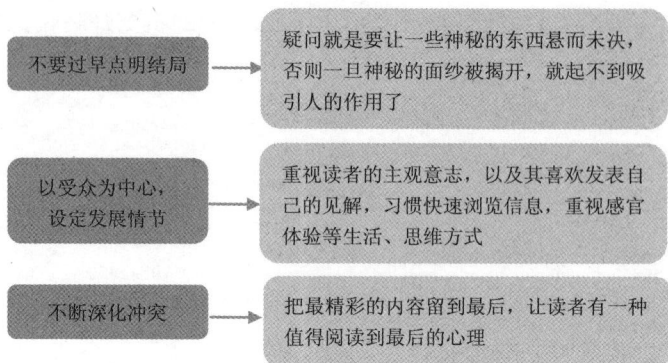

图 3-15　疑问式正文写作步骤

3.4.3　制造悬念式布局，激发读者好奇心

所谓"悬念"，就是人们常说的"卖关子"。设置悬念是人们常用的一种写作手段。作者通过对软文中悬念的设置，激发读者丰富的想象和阅读兴趣，从而达到写作的目的。

正文的悬念式布局，是指在正文中的故事情节、人物命运进行到关键时设置悬念，不及时作答，而是在后面的情节发展中慢慢解开，或是在描述某一奇怪现象时不急于说出产生这种现象的原因。这种方式能使读者产生急切的期盼心理。

也就是说，悬念式正文就是将悬念设置好，然后嵌入情节发展中，让读者自己去猜测、关注，等到吸引了受众的注意后，再将答案公布出来。制造悬念通常有 3 种方法，具体内容如图 3-16 所示。

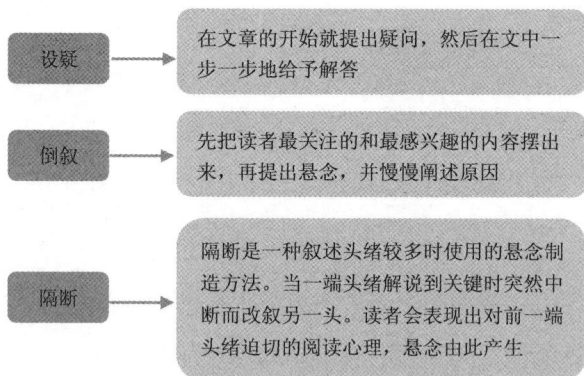

图 3-16　制造悬念的方法

值得注意的是，作者在撰写悬念式软文时要懂得分寸，问题和答案也要符合常识，不能让人一看就觉得很假，而且广告嵌入要自然，不会让人觉得反感。

3.4.4 采取总分总式布局，信息一目了然

软文营销的内容运用"总分总式"布局往往是在开篇就点题，然后在主体部分将中心论点分成几个基本上是横向展开的分论点，最后在结论部分加以归纳、总结和进行必要的引申。

关于"总分总式"软文正文的写作形式，其具体写法如下：

一个点明题意的开头部分（总1），简洁醒目，作为文章的总起部分。

主干部（分1、分2、分3、分4……）作为文章的分述部分，它的几段内容互相独立，从不同的角度表达中心，在编排先后的次序上还需要有一定的斟酌。

结尾（总2）是文章的总结部分，它不仅是主干部分的自然过渡，还是对主干部分的归纳小结。

图3-17所示为一篇总分总式布局的软文。

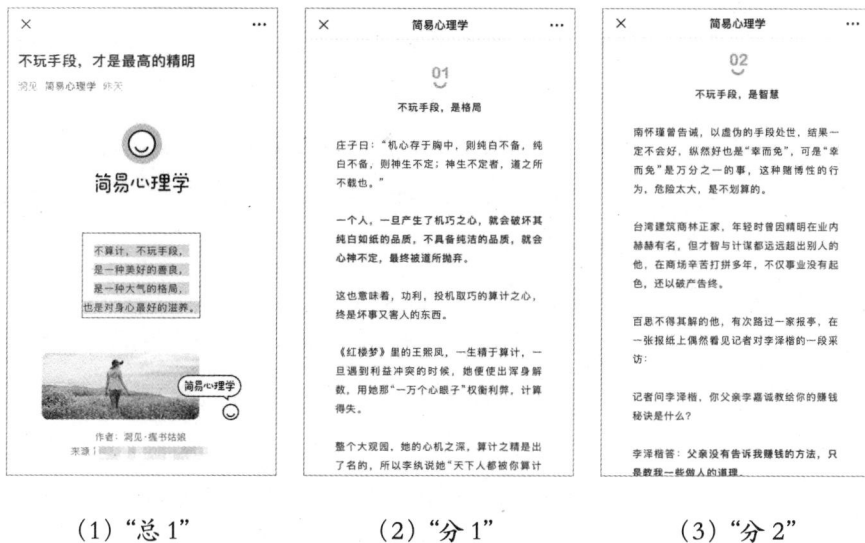

(1)"总1"　　　　(2)"分1"　　　　(3)"分2"

图 3-17　总分总式布局的软文

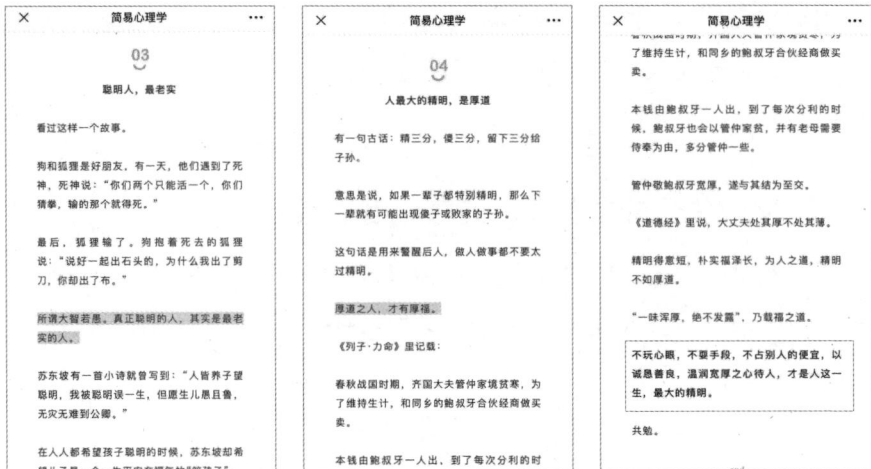

| （4）"分 3" | （5）"分 4" | （6）"总 2" |

图 3-17　总分总式布局的软文（续）

3.4.5　层层递进式布局，酣畅的阅读体验

层递式布局，即层层递进的正文布局，其优点是逻辑严谨、思维严密，按照某种顺序将内容一步步铺排，给人一气呵成的畅快感觉。但是层层递进的正文布局的缺点也很明显——对于主题的推出不够迅速，若开头不能吸引读者，那么后面的内容也就失去了存在的意义。

层层递进型的正文布局，其着重点就在于层递关系的呈现。论述时的层递主要分为 4 步，即从现象到本质；从事实到道理；从"是什么"到"为什么"到"怎么样"；讲道理时层层深入。

由此可见，这种正文布局形式适合论证式的公众号软文，层层深入、步步推进的论证格局能够增加软文的表现力。运用层递式结构要注意内容之间前后的逻辑关系，绝不可随意地颠倒顺序。层层递进型的正文布局对于说明某些问题非常有效。

图 3-18 所示为"馒头商学院"微信公众号推送的一篇论述从"是什么"到"为什么"到"怎么样"的层递式正文布局的软文。

（1）"是什么"

（2）"为什么"

（3）"怎么样1"

（4）"怎么样2"

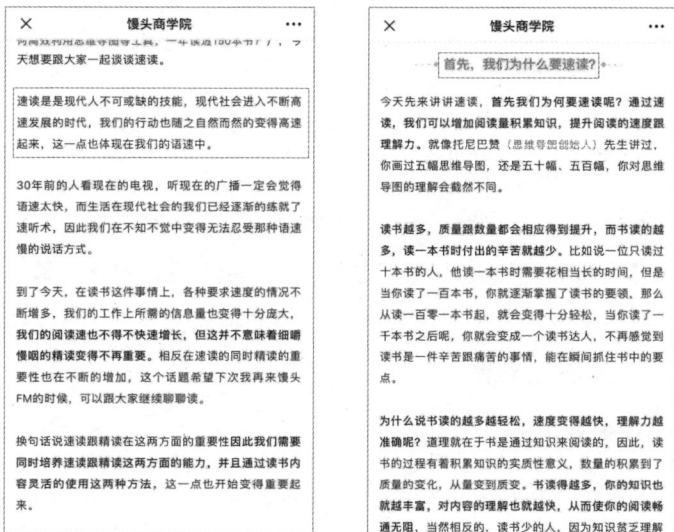

图 3-18　层递式布局的软文

3.4.6　镜头剪接式布局，展现清晰脉络

软文营销内容中的片段组合式布局又称为镜头剪接式布局，是指根据表

现主题的需要，选择几个典型生动的人物、事件或景物片段组合成文。

主题是文章的灵魂，是串联软文全部内容的思想红线和关键线索。因此，软文撰写者所选的镜头片段，无论是人物生活片段，还是景物描写片段，都要服从于表现主题的需要。

其整体布局为：总—分—总，主体部分由 3 至 4 个片段构成，其结构匀称、明晰。结构模式一般为：开头点题定向，领起下文；主体分承，片段组合，各个片段之间既各自独立，又彼此勾连；结尾呼应前文，点明题旨。其布局可以通过如下 4 种形式来表达。

1. 时间式布局正文

时间式布局正文是指，片段组合式布局的软文是以"时间"为主线的，它在时间线索的指导下，简明地记叙每个"时间段"中的主要事件，而将许许多多的内容作为艺术"空白"留给读者去想象，去再创造。

这类镜头剪接式布局可以用"五岁—十岁—十五岁""童年—少年—青年"等围绕几个时间段写人生经历或事件，脉络清楚。

图 3-19 所示为时间式布局正文的软文案例。

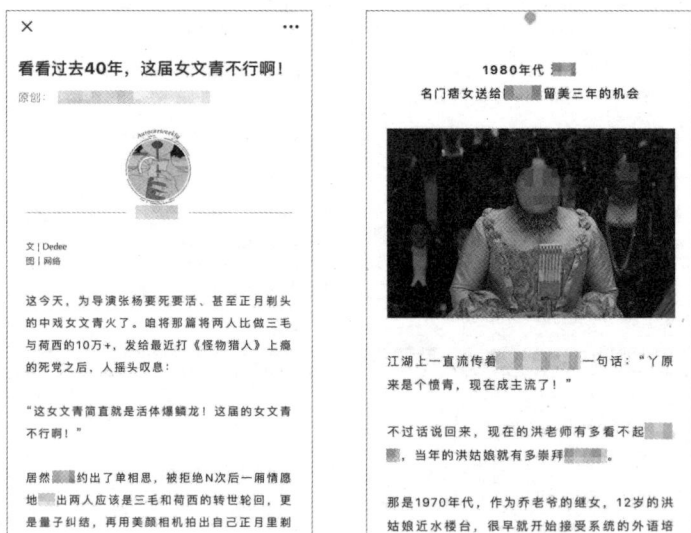

图 3-19　时间式布局正文的软文案例

图 3-19　时间式布局正文的软文案例（续）

2. 排比式布局正文

所谓"排比式布局"，是指文章在表达上常用排比句；在内容上句句紧扣主旨，突出中心；在形式上，可使层次更清晰。因此可以在很大程度上增强语言的气势与节奏感。

3. 小标题式布局正文

小标题的拟写不仅要整齐美观、紧扣主题并且应富有艺术感染力，还要达到能反映作品中心思想的效果。

图 3-20 所示为小标题式布局正文的软文，在内容布局上就采用了二级标题的写法。

小标题可以很好地体现出文章的脉络，作者在写小标题时应需要注意如下事项：

（1）所选取材料要求典型新颖，别具匠心，不落俗套，有个性特征，能显示作者独特的视角及立意。

（2）要用准确精练的语言突出记叙、议论、说明的内容。

（3）小标题的拟定要有艺术性、提示性。

（4）小标题的拟定要表现在软文各部分之间的内在联系，使跳跃的内容联成有机的整体，不再孤立。

（5）数量要恰当，一般以 2 ~ 4 个小标题为宜。

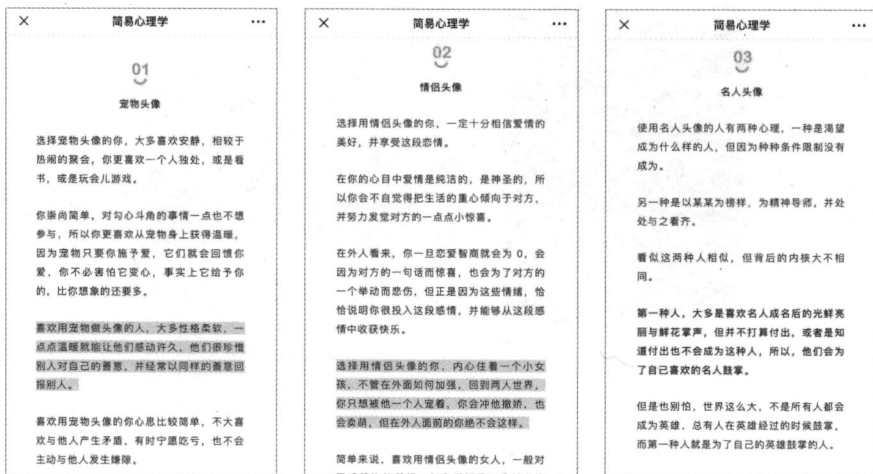

图 3-20　小标题式布局正文的软文

4. 正反对比式布局正文

这是一种通过正反两种情况的对比分析来论证文章观点的正文结构的布局形式。通篇运用对比分析，将道理讲得更透彻、鲜明；局部运用正反对比的论据，使内容更有说服力。

作者在软文营销的内容中使用正反对比法时应注意如下两个问题：

（1）正反论证应有主有次，若文章从正面立论，则主体部分以正面论述为主，以反面论述为辅；若文章从反面立论，则主体部分以反面论述为主，以正面论述为辅。

（2）围绕中心论点选择比较材料，确定对比点。所选对象必须是两种性质截然相反或有差异的事物，论证时要紧扣文章的中心。

片段组合的正文布局形式，可以在较短小的篇幅内，立体而多角度地表现人物，叙述事件，描写商品特点，烘托品牌，其优点具体如下：

（1）中心明确，主题清晰，分步骤表达，清晰自然。

（2）文章层次清晰，结构严谨，一目了然。

（3）选材的灵活性和自由度很大，既能充实文章内容，作者思路也容易打开，解除了无话可说、写不下去的障碍。

（4）片段之间无须衔接，省去了过渡语句，因而作者无须过多考虑结构安排。

（5）片段数量可多可少，因此可灵活控制篇幅。

在写作片段组合式软文正文时，作者应该注意如下两个方面的问题：

（1）论证过程。在撰写片段组合式布局的软文正文时，首先应该注意其论证的顺序，必须以一定的逻辑顺序来撰写，即在文章开头就点明主旨，在叙述时展开分论点，对分论点进行论证、归纳、总结和引申。

（2）论证关系。在撰写片段组合式布局的软文正文时，除了要把论证过程烂熟于心之外，还应该注意论证双方的关系，并在论证过程中实现关系上的紧密衔接，即各片段之间有紧密的联系，总述部分是分述部分的总纲或结论。

3.4.7 故事类正文布局，让读者产生代入感

故事类的公众平台正文是一种容易被用户接受的正文题材，一篇好的故事正文很容易让读者记忆深刻，拉近品牌与用户之间的距离。生动的故事容易让读者产生代入感，对故事中的情节和人物也会产生向往之情，企业如果能推出一篇好的故事型正文，就会很容易找到潜在客户，提高企业信誉度。

对文章作者来说，如何打造一篇完美的故事文章呢？首先需要确定产品的特色，将产品的关键词提炼出来，然后将产品的关键词放到故事线索中，贯穿全文，让读者读完之后印象深刻。故事类正文写作需要满足如图 3-21 所示的两个要点。

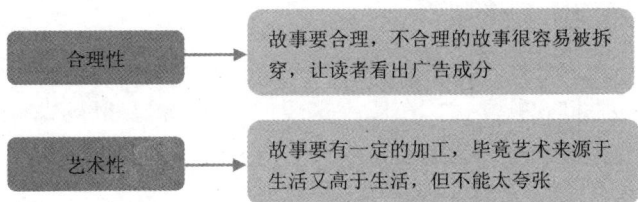

| 合理性 | → | 故事要合理，不合理的故事很容易被拆穿，让读者看出广告成分 |
| 艺术性 | → | 故事要有一定的加工，毕竟艺术来源于生活又高于生活，但不能太夸张 |

图 3-21 故事类正文写作需要满足的两个要点

值得注意的是，当企业要对某样产品或某个品牌在微信公众平台的文章

中植入广告进行营销时，运营者可以根据企业的目标自编一个故事，在合情合理的前提下，将产品巧妙地融入故事中。

3.4.8 逆向思维正文布局，打破惯性思维的壁垒

逆向思维就是要敢于"反其道而行之"，让思维向对立面的方向发展，从问题的反面深入地进行探索，树立新思想，创立新形象。

逆向型的微信公众平台正文的写法是指不按照人们惯用的思维方法去写文章，而是采用反向思维的方法去进行思考、探索。惯性思维是指人们按事情发展的正方向去思考某一件事情，并且寻找该事件的解决措施，但是，有时候换一种思考方向可能会使事情更容易解决。

在此，主要对逆向思维的如下 3 种类型的含义和应用举例进行简单介绍：

（1）反转型逆向思维，即从已知事物的相反方向进行思考，简单理解就是直接反过来。比如已有思维 + 不。

（2）转换型逆向思维，即解决问题的手段受阻，转换成另一种手段或转换角度思考。比如售后服务回访少，其原因在于产品质量好。

（3）缺点型逆向思维，即思考是否能把缺点变为优点，化被动为主动，化不利为有利。比如金属容易腐蚀生锈，但是这样可以生产金属粉末。

3.4.9 欲扬先抑布局，突出事物的发展变化

"欲扬先抑"又叫作倒置式布局，是记叙类文章写作中常用的一种技巧，其核心理念是利用"欲扬之，却先抑之；欲抑之，却先扬之"的特点，做到千折百转，避免平铺直叙，使软文产生诱人的艺术魅力的同时，还能突出事物的特点或人物思想情感的发展变化。

杜绝平淡普通的写法，避免读者看完开头就知道结尾的情况发生。而这可以通过欲扬先抑式软文正文布局来实现，可以凭借其欲扬先抑的写作形式塑造不一样的软文环境，显得曲折生动，可以给读者留下深刻的印象，增强文章的感染力，从而留住读者的目光。

图 3-22 所示为"十点读书"微信公众号推送的一篇欲扬先抑正文布局的软文。

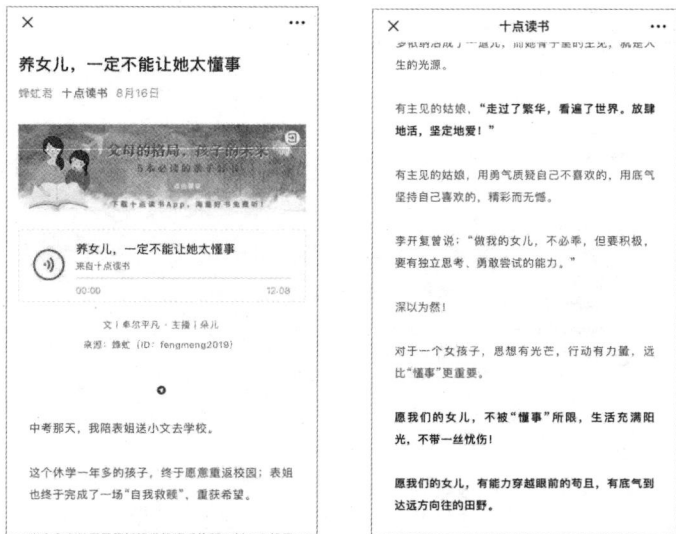

图 3-22　欲扬先抑正文布局的软文

所谓"欲扬之，却先抑之；欲抑之，却先扬之"，是指文章可以不从褒扬处落笔，而是先从贬抑处落笔，其中"抑"是为了更好地"扬"，欲抑先扬则正好相反。用这种方法可以使文章情节多变，有起伏感，形成鲜明对比，能够更好地表达作者的感情。

3.5　4 个技巧，实现自媒体运营升级

在软文写作和布局过程中，运营者要想让软文能够决胜千里，吸引众多粉丝，就需要掌握一些技巧和策略。接下来介绍让平台内容决胜的 4 个运营技巧。

3.5.1　适合自己的语言风格才是最好的

微信公众平台文章作者在撰写文章正文时要根据企业所处的行业，以及平台定位的订阅群体选择适合该行业的文章语言风格。

合适的语言风格能给公众平台的粉丝带来优质的阅读体验。以定位为传播搞笑内容为主的公众号为例，它的正文的语言风格就必须要诙谐幽默，并

配上一些具有搞笑效果的图片，如图 3-23 所示。

图 3-23　与平台定位相符的软文语言风格

3.5.2　简单明了的文章摘要提升打开率

在编辑消息图文的时候，可以看到在页面的最下面有一个撰写摘要的部分。这部分内容非常重要，因为发布消息之后，这部分摘要内容会直接出现在推送信息中，如图 3-24 所示。

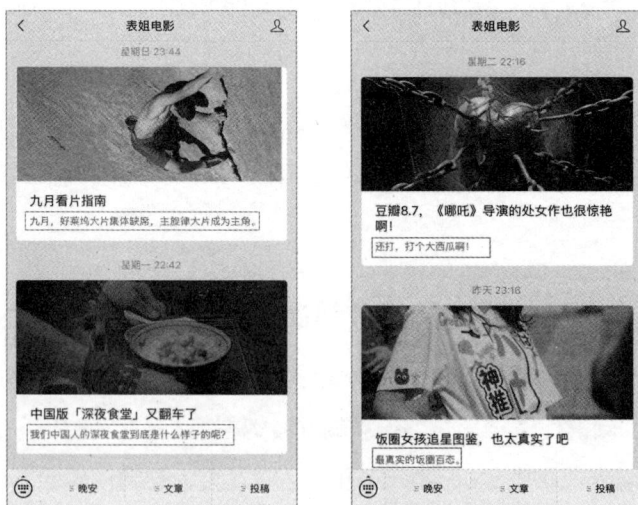

图 3-24　摘要内容

在编辑摘要时，要尽量简洁明了，如果摘要写得好，那么不仅能够激发用户对文章的兴趣，还能够激发读者的第二次点击阅读兴趣。

当微信运营者在编辑文章内容时，没有选择填写摘要，系统就会默认抓取正文的前 54 个字作为文章的摘要，如图 3-25 所示。

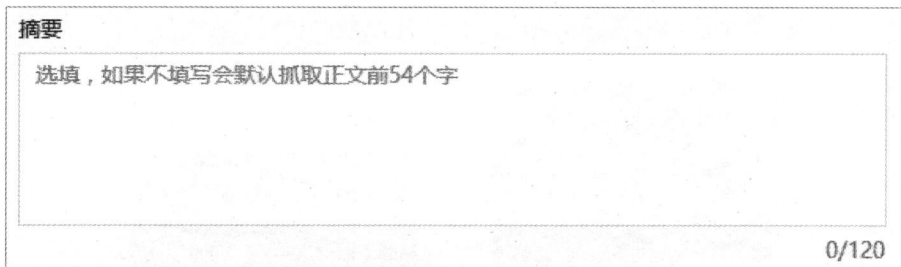

摘要

选填，如果不填写会默认抓取正文前54个字

0/120

图 3-25　摘要

3.5.3　干货满满的内容才能读有所获

对微信公众平台来说，它之所以受到用户的关注，就是因为用户从该平台上可以获取其想要的信息，这些信息必须是具有价值的干货内容，而人云亦云、胡乱编写的软文带给用户的只能是厌烦情绪。

因此，在平台运营中，保证推送的内容是具有价值的专业性的干货内容，具有两个方面的作用：一个是提升公众平台专业感的强有力的证明和体现，另一个是提升用户关注度的重要依据和有效途径。

通过平台推送的干货性质的内容，用户能够学到一些具有实用性、技巧性的生活常识和操作技巧，从而帮助用户解决平时遇到的一些疑问和难题。基于这一点，也决定了平台在运营方面是专业的，其内容是能够接地气的，带来的是实实在在的经验积累。

图 3-26 所示为"手机摄影构图大全"微信公众平台为用户提供的摄影构图技法和分析。

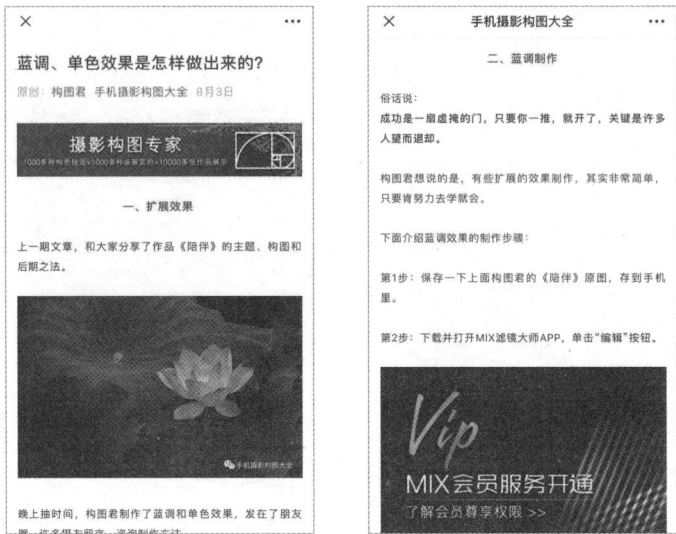

图 3-26   "手机摄影构图大全"微信公众平台推送的摄影干货内容的案例介绍

3.5.4   利用投票活动提高粉丝黏性

让读者参与到平台或活动中来，能够极大地提升微信公众平台的影响力和关注度。特别是让读者投票，它不仅可以使读者积极参与到活动中来，还能使其成为传播源，吸引更多的粉丝。

关于投票能够促进用户的参与感的提升这一问题，可以从 3 个方面来思考，即关注投票的实时进程，计算票数之间的差距，以及寻找拉票的方式方法。

以微信公众号为例，在其平台运营中，各种各样的投票层出不穷，如为偶像投票、为参赛作品投票等，这种投票活动，是制造话题点和关注点的有效方法，能很好地让读者参与并融入其中，积极关注活动的进展情况，并积极为活动的扩大影响提供支持。

在投票过程中，平台运营者可以在后台将其程序设置成关注公众号后才可以投票，这种做法可以吸引大量读者成为关注者，最终实现微信公众平台吸粉的目的。

第4章

大鱼号，破解常见问题
与爆文机制

第一章讲到了如何入驻大鱼号平台，成功注册之后，对于平台的运营，是需要付出一定的心血和努力才有可能实现其运营和营销目标的。创作者可以利用其后台的诸多功能来完善其平台设置以便宣传和推广。

本章就从功能详情和运营技巧出发，帮助读者能够更好地利用大鱼号达到营销目的。

要点展示：

➤ 入驻大鱼号的常见问题
➤ 大鱼号的能量创作者有什么用
➤ 大鱼号获得高推荐的技巧
➤ 大鱼号爆文机制解析

4.1 入驻大鱼号的常见问题

随着大鱼号的发展，平台的补贴不断增多，平台作者的收益也比较好，很多自媒体人和企业开始准备入驻大鱼号，但在注册时总会遇到一些相关的问题，本节讲解大鱼号新手入驻需要注意的 6 大问题。

4.1.1 账号领域的选择有什么方向

大鱼号平台有个人、媒体、企业、政府机构、其他等 5 种类型，那么这 5 种类型分别是什么意思呢？详细解释如下：

（1）个人就是指主题个人，选这个主题的人比较多。

（2）媒体即新闻、报纸、杂志等各种传统媒体。

（3）企业就是指企事业单位，如 ×× 公司。

（4）政府机构就是各种政府单位，如河南电视台都市频道。

（5）其他，即在前面 4 个领域中找不到对应领域的情况下就选择这个领域。

领域的类型一旦入驻就不能更改，所以运营者在入驻前一定要想好并确立下来，以免之后再想修改没有机会了。

在入驻大鱼号之前，很多新人对账号领域的选择比较迷茫，笔者建议从如下 3 个方向进行思考：

（1）我对什么感兴趣。

（2）我能在哪些方面给用户提供帮助。

（3）我有什么样的资源可以提供给用户。

如果运营者是一位体育爱好者，就可以选择体育领域；如果对娱乐八卦比较感兴趣，就可以毫不犹豫地选择娱乐领域。

如果运营者所擅长的内容在大鱼号找不到对应的领域，就选择与其相关的、相近的。如果运营者擅长演讲方面的，而大鱼号没有这个领域，就按演讲内容方向选择相近的领域。总而言之，领域的选择一定要结合自己的经验以及自己的价值进行考虑。

领域和账号类型一样，一旦入驻就不能更改，是一锤定音的事情。

4.1.2　大鱼号账号取名有技巧吗

名字就如同一个人的门面，如果用户一看账号的名称就提起兴趣，甚至想点击进去看看其内容，那么运营者就成功了。

亮眼的名称对后期传播和粉丝关注都是有利的。如果账号名称没有识别度，模模糊糊的，让人难以辨认，那么谁还有兴趣看里面的内容？这样一来，阅读量和关注度自然就提不上去。笔者在这里推荐一个技巧，即取名要遵守的七字原则：好用、好记、好传播。下面具体讲解取名的思路和方法：

（1）结合用户的需求

用百度或者其他平台搜索该领域的关键词汇。例如，娱乐领域的关键词：明星；体育领域的关键词：球赛、得分等。下面来看两个例子：

"汽车违章大全"。违章恐怕是每个司机最担心的问题，特别是莫名其妙地被贴上违规的标签时，那种郁闷只有司机自己知道。"汽车违章大全"这个名称就能具有针对性地吸引住司机这个目标群体。

"职场实用心理学"。职场中最难攻克的不是技术难题，而是心理问题。比如对员工来说，怎么做才能让领导不丢面子地接受自己提出的意见，这就需要很好地拿捏领导的心理。对领导而言，怎么安排工作才能让下属觉得能够体现自己的价值并且卖力地工作，这也需要把握好员工的心理。"职场实用心理学"这个名称一眼就能抓住职场人的注意力。

试问，看到这种与自己感兴趣的领域相关的名称，谁会不喜欢、不关注呢？所以用户有所求，运营者有所满足，投其所好，一下子点到别人心窝了，点击阅读率想不高都难。按需求分配是经济学的一个法则，在自媒体这块沃土同样适用。

（2）创意谐音

名称要取得与众不同，有个性，让用户一看就觉得是经过深思熟虑酝酿而成的。还有些名称看起来很随意，听起来却让人很舒服，记起来也很容易，比如"你说得都对"，这种名称也取得很成功。

（3）结合熟悉的事物加上所在的领域

比如人们耳熟能详的小米手机，饭桌上常见的小米和天天拿在手里的手机结合，就有了"小米"。还有人们整天都在使用的"土豆视频""独立鱼电影"，也是利用结合熟悉的事物加上所在的领域这一取名方法。这样的名称容易理解，有意思且比较贴近生活。

（4）结合数字、时间

例如"三十秒堵车""陈翔六点半""十点读书"，这样的名称会让用户感觉作者有货有料；按时按点发布内容，会让用户觉得作者很靠谱，自然就会愿意长期关注。

（5）个人大 V 作者或者机构名声比较大的名称

例如"吴晓波频道""鲁豫有约"。粉丝崇拜明星偶像，爱屋及乌，对与名星相关的东西都很乐意关注。在这个粉丝潮的时代，名人效应的影响还是不容小觑的。

所以，名称取得有意思，有识别度，能够引起用户的关注，这对后期传播粉丝的锁定都是有帮助且占优势的。总之，入驻类型、所属领域、亮眼的名称是大鱼号新手首先要拿下的三大板块。这些是运营者入驻、注册大鱼号时需要注意的事项，准备好以后，就可以开始发文、转正。

4.1.3　怎样轻松开通大鱼视频原创

大鱼号视频原创申请材料怎么填写？很多运营者的大鱼号在收到大鱼的视频原创保护邀请后，去申请原创保护时，都被平台卡住了。如图 4-1 所示为视频原创申请页面。

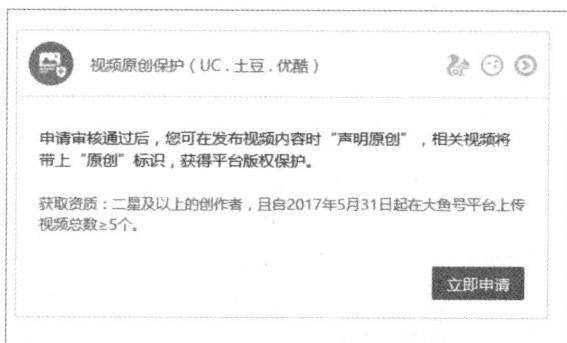

图 4-1　视频原创申请页面

　　平台要求提供（多个）原创证明材料，如发行许可或版权证明文件、署名截图、节目花絮剧照等。这些证明材料支持 jpg、png 格式，大小不超出 5M，如图 4-2 所示。

图 4-2　平台要求提供（多个）原创证明材料页面

　　其实上述就是证明原创的材料，比起制作视频时的截图和视频拍摄过程中的照片以及剪辑过程的截图等，要求并不算严格。

　　笔者一般会上传视频剪辑过程的截图，如果运营者是用 edius 制作的视频，就可以上传某一个视频画面或拍视频时的场景照片、剪辑过程的截图、视频剪辑的界面。如图 4-3 所示为视频截图上传页面。

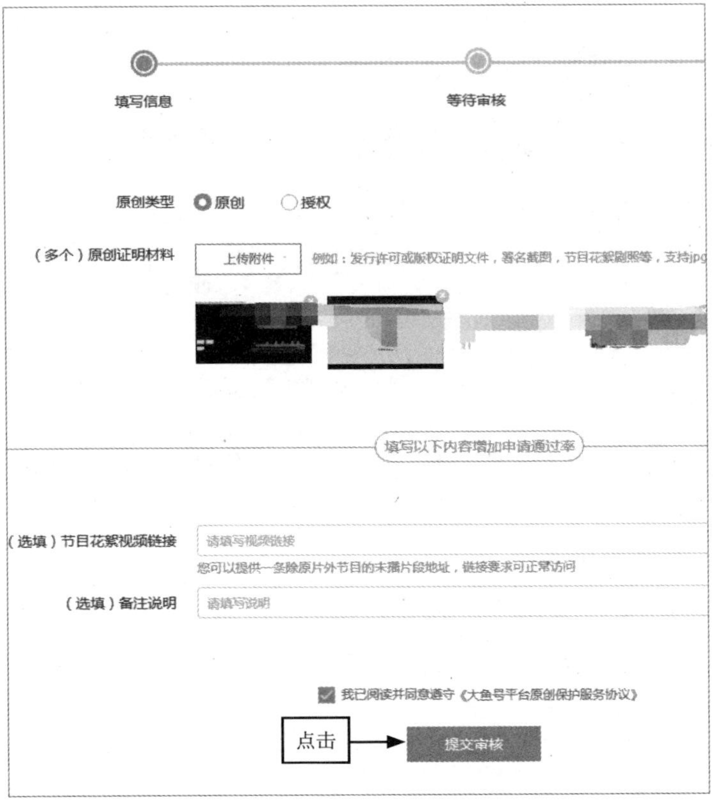

图 4-3　视频截图上传页面

资料填写完毕之后，点击"提交审核"按钮，等待审核通过，即可申请开通收益。需要注意一点：截图中一定要体现出账号名称，可以适当多上传几张截图。大鱼号的整体收益还是很不错的，图文和视频都已经开通了收益补贴。

4.1.4　大鱼号快速转正的秘诀是什么

运营者进入一个平台的目的无非两个：引流，获取收益。其实引流的最终目的还是收益。有的平台适合引流，例如搜狐号、北京时间；有的平台适合收益，例如头条、企鹅、大鱼号等。马云拿出 20 亿元巨额扶持大鱼号作者，人们看好马云，也就看好大鱼，都想来这里分点"鱼肉"吃。

那么，大鱼号什么时候才能开始获取收益？转正又需要注意什么呢？下面进行详细分析。

1. 大鱼号转正前后的区别

大鱼号入驻资料提交申请通过后，运营者才算成功入驻大鱼号平台，成为一个大鱼号小编，就可以在大鱼号这个天地里遨游。

收益权限：在入驻大鱼号成功后只是称为"试运营期"，此时没有收益，只有转正之后才会获得给予的收益。

发文权限：试运营期间是 3 篇，转正后是 10 篇，让有货、有料的作者提供更多展示自己的机会，满足写作需求。

后台权限：试运营期间只能发作品、文章或视频，转正后才会有一些商品化的功能，比如商品推广、开原创、参与大鱼计划等，以此获得大鱼奖金。

2. 大鱼快速转正的秘诀

转正的流程并不复杂，在此过程中需要注意如下两个环节：

一是系统推荐当前账号的作品被平台推荐并达到一定的次数后，会自动触发申请转正考核；二是人工审核系统推送，审核的内容为文章质量和账号的运营情况。

关于平台审核转正的标准，主要看文章的如下 3 点内容：

（1）要对用户有价值，有可读性。

（2）领域要垂直，即发文方向与注册领域一致。

（3）发文领域需要与账号简介、账号名称一致。

根据数据显示，按照上述要求发文，正常运营的情况下，一般一周时间就可以转正。

4.1.5　大鱼号如何顺利入驻 MCN

对于企业来说，一般运营着多个自媒体账号，账号一多就会出现一个麻烦：收款不方便。特别是每个账号都需要开发票。为了方便企业自媒体用户，头条号、企鹅号、大鱼号等自媒体平台都开通了统一收款的 MCN 矩阵功能，开通 MCN 后，所有子账号的收益都可以统一归总到一个母账号中，这样一来，一张发票即解决了烦琐的收款问题。

大鱼号与头条号、企鹅号这两个平台不同，大鱼号的 MCN 功能是一个单独的网址，在普通的大鱼号后台，是没有申请 MCN 功能这一选项的。那么大鱼号的 MCN 功能该如何开通呢？下面就来讲解大鱼号 MCN 功能的入驻步骤。

步骤 01 打开网址：mcn.dayu.com，新注册一个账号，按照要求填写资料，如图 4-4 所示。

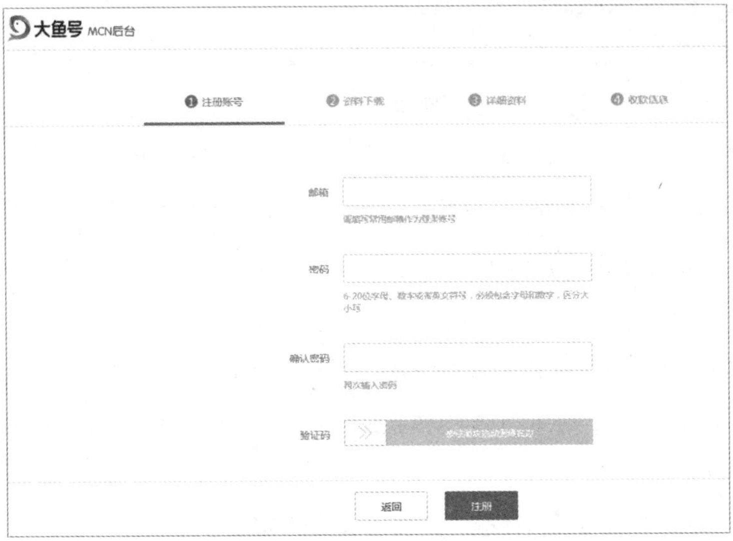

图 4-4 MCN 注册页面

步骤 02 注册成功后，填写相关的资料、授权书，如图 4-5 所示。

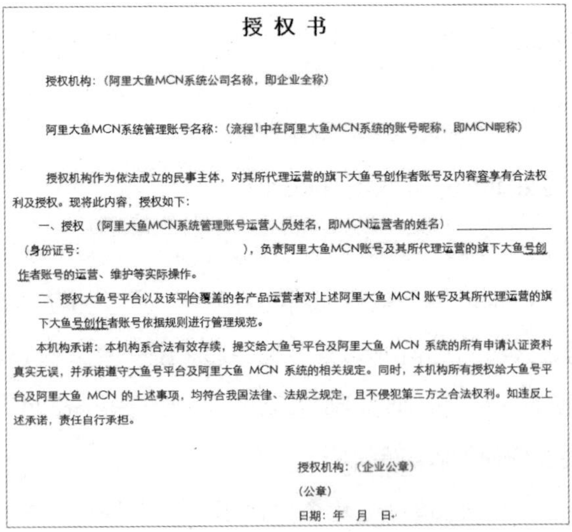

授 权 书

授权机构：（阿里大鱼MCN系统公司名称，即企业全称）

阿里大鱼MCN系统管理账号名称：（流程1中在阿里大鱼MCN系统的账号昵称，即MCN昵称）

授权机构作为依法成立的民事主体，对其所代理运营的旗下大鱼号创作者账号及内容享有合法权利及授权。现将此内容，授权如下：

一、授权（阿里大鱼MCN系统管理账号运营人员姓名，即MCN运营者的姓名）__________（身份证号：　　　　　），负责阿里大鱼MCN账号及其所代理运营的旗下大鱼号创作者账号的运营、维护等实际操作。

二、授权大鱼号平台以及该平台覆盖的各产品运营者对上述阿里大鱼 MCN 账号及其所代理运营的旗下大鱼号创作者账号依据规则进行管理规范。

本机构承诺：本机构系合法有效存续，提交给大鱼号平台及阿里大鱼 MCN 系统的所有申请认证资料真实无误，并承诺遵守大鱼号平台及阿里大鱼 MCN 系统的相关规定。同时，本机构所有授权给大鱼号平台及阿里大鱼 MCN 的上述事项，均符合我国法律、法规之规定，且不侵犯第三方之合法权利。如违反上述承诺，责任自行承担。

授权机构：（企业公章）

（公章）

日期：年 月 日

图 4-5 MCN 授权书页面

> **注意**：在大鱼号"MCN 系统管理账号名称"这里，需要填写运营者的大鱼号名称，很多人不知道这是什么意思。可以理解为这里需要填写的是运营者想要用来当作母账号的名称。
>
> 审核通过后，即可正式开通大鱼号的 MCN 功能，在填写的资料没有问题的情况下，审核 2~3 天就可以通过申请。

步骤 03 添加子账号到大鱼号的 MCN 中，如图 4-6 所示，点击"邀请成员"按钮，可以邀请子账号绑定。

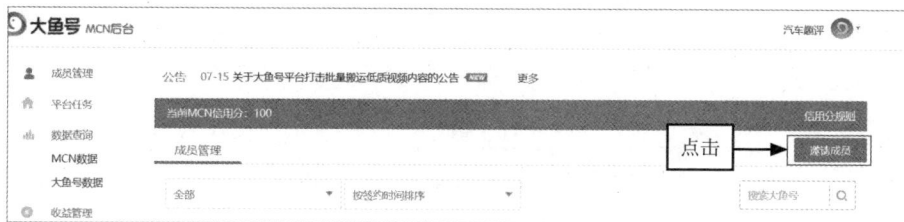

图 4-6　添加子账号页面

步骤 04 接下来就是把子账号加入 MCN，后台叫作和子账号签约，如图 4-7 所示。填写大鱼号名称、大鱼号主体（个人名称或者企业名称），勾选是否收入统一提现，然后选择合同的时间，一般选一年就可以，完成之后，点击"确定邀约"按钮。

图 4-7　MCN 授权书页面

步骤 05 接下来，再通过刚才邀请的这个大鱼号后台，点击"MCN 合同"按钮，如图 4-8 所示。这样一个子账号绑定就完成了，如果要邀请更多的子账号进来，则重复上述方法即可。

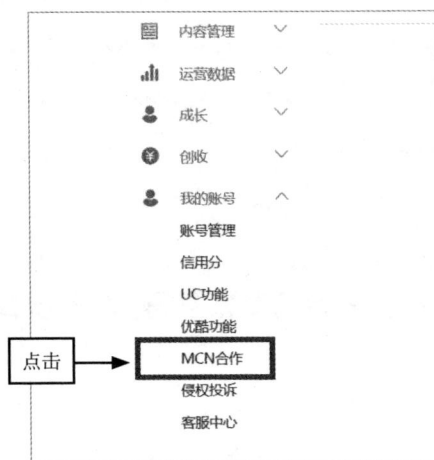

图 4-8　MCN 授权书页面

另外，大鱼号发票开盘的项目最近更新了。作为企业负责人，对开发票的项目和注意事项也需要了解一下。

开票金额（价税合计）：运营者的提现金额。

开票项目（货物或应税劳务、服务名称）：＊无形资产＊著作权、＊无形资产＊版权、＊无形资产＊图文、＊无形资产＊视频。

开票项目注意事项：

（1）若无法使用建议开票项目开票，则可使用＊生活服务＊文艺创作、＊生活服务＊文化服务、＊广播影视服务＊广播影视节目（作品）的制作服务、＊文化创意服务＊文化创意服务等开票项目开具发票。

（2）若为税局代开发票，则开票项目可无须加带星号。

4.1.6　如何开通收益获取广告分成

众所周知，大鱼号是 UC 旗下的自媒体平台，又与阿里有着特殊关系，算是 BAT 中"A"巨头旗下的产品。阿里的实力不用再说，UC 大鱼号的收益能力自然也不在话下。那么，UC 大鱼号如何才能像头条一样拿到收益分成呢？

其实大鱼号的创收权益不仅仅是广告分成这一项，它能创收的渠道还有很多，具体如下：

（1）大鱼任务

大鱼任务即定向稿酬 / 片酬 + 图文 / 视频电商佣金，但暂时仅邀请部分具有商品 / 品牌推广内容创作能力的作者参与。有一定的门槛，只有优质的大鱼号作者才有机会申请。

（2）UC 图文 / 视频广告分成

如果产生广告点击，则可获得广告分成收益。要求为已转正，且信用分为 100 分的账号，并同时满足以下任一条件：5 星；已获取【图文原创声明】权益；质量指数达 105 以上。

星级说明：平台将从账号的"内容原创度、内容质量度、用户关注度、创作活跃度、内容垂直度"等 5 方面进行评估，通过短期（最近 14 天）及中长期（最近 120 天）两个时间区间分别对运营者的各项运营指标进行评分；大鱼指数最高值为 500（原创指数 100+ 质量指数 120+ 用户指数 120+ 活跃指数 80+ 垂直指数 80=500）。

指数每天更新，每周计算均值，根据周均值排名情况评定出运营者的星级结果。星级评定结果于每周四更新。

（3）大鱼号优酷视频广告分成

已获取【视频原创声明】权益且原创认证结果为"视频画面与声音整体制作均属原创或所获版权授权信息非常充分"的创作者可申请获取此权益。

最后，值得注意的是，对于大鱼号的广告收益分成，文章和视频是分开独立的。

4.2　大鱼号的能量创作者有什么用

很多原创号作者都收到了大鱼号的能量创作者标识，但很多人并不知道能量创作者是什么，有什么用。下面进行详细讲解。

首先讲解大鱼号的能量创作者具有的特权，如图 4-9 所示。

图 4-9　大鱼号的能量创作者具有的特权

通过图 4-9 可以看到大鱼号的能量创作者的 6 种特权，那么，这些特权具体是什么呢？接下来，分别进行具体分析。

1. 专属客服：专人对接，优先为运营者解决问题

能量创作者可享有大鱼号的专属客服服务。在平台遇到任何问题，都可以通过大鱼号官网的客服中心入口联系到客服，运营者将享有"插队优先服务"的特权，以便更快地解决问题。

2. 快速审核：作品优先审核，速度快人一步

能量创作者拥有大鱼号的优先审核通道。作品发布后，自动进入优先审核通道中。运营者可以在作品管理页面查看到"优先审核"的状态，大大缩短了等待审核的时间，发布作品快人一步。

3. 专属服务手册：帮助运营者更好地了解平台规则和功能

为了让能量创作者可以更全面地了解平台规则和各个产品功能，更好地在平台进行创作，大鱼号特意为运营者提供了"专属服务手册"，手册的内容包括：内容审核规则、内容推荐规则、大鱼星级体系、信用分规则、特权介绍等。

若运营者对平台的规则和功能有任何疑问，则随时都可以在首页的服务手册入口处进行更加全面的了解。另外，在运营者使用大鱼号平台的不同场景中，大鱼号也加入了相应的指引，方便运营者随时随地查看。

4. 流量倾斜：优质作品获得更多曝光

能量创作者享有流量倾斜的权益，运营者的作品优质度和原创度越高，将获得更多的流量倾斜，但若运营者的作品不符合平台规范，质量低，则不会获得加权，因此需要能量创作者保证创作质量。

5. 上榜加权：优先入选官方榜单，扩大影响力

大鱼榜单在评选上榜用户时，会优先从能量创作者中筛选合适账号进入官方榜单。包括：最具影响力榜、原创榜、新锐榜、垂直榜，帮助运营者扩大在自媒体圈的影响力。运营者可以在大鱼数据中心的自媒体榜单查看到每期榜单的上榜情况（http://index.dayu.com/industryRankings.html）。

另外，能量创作者享有上榜提醒服务，若运营者入选最新一期大鱼榜单，则会收到官方第一时间发布的短信与官网通知的温馨提醒，随时随地尊享上榜荣誉。

6. 优先体验新产品：对于平台的新产品，运营者享受优先体验权

作为大鱼号平台的能量创作者，每当平台推出新产品，都可以享受优先体验新产品的特权，第一时间体验到大鱼号平台的新产品，把握运营方向。

除了上述 6 种特权之外，还有一个发文篇数特权，即拥有每天可发送 15 篇作品的特权。能量创作者是平台认可的具有持续创作能力、作品原创度高的作者，因此特许能量创作者拥有 15 篇的发文特权，即拥有该特权的运营者，每天至少可以发送 15 篇作品，以便能为粉丝带来更多优秀的作品。在写文章或者发视频的界面，运营者可以查看到每天还可以发布的文章数。

上述几大特权中，对大鱼号运营者来说，最重要的是哪个呢？答案是流量的倾斜。因为有了流量，就意味着高收益。

了解了大鱼号能量创作者的特权之后，下面来看看什么是能量创作者。首先，"能量创作者"是根据每个创作者的行业知名度、平台贡献度、作品原创度以及持续创作能力综合评估后产生的，可以享有多项专属服务和特权，

帮助能量创作者在平台继续扩大势能。

其次，运营者应该如何获得"能量创作者"的身份？如果运营者已经开通了"原创标识"，且作品质量高，那么将优先被邀请成为"能量创作者"。如果运营者没有开通"原创标识"，但行业知名度非常高，在平台的贡献度非常大，那么也有机会被邀请成为能量创作者（暂不支持主动申请）。

最后，运营者应该如何保持"能量创作者"的身份？为保证每一位"能量创作者"都能真正地享受专属服务和特权，平台会对创作者连续两周的创作情况进行考核。连续两周创作频率为 0、作品质量低下的"能量创作者"，会暂时失去此身份，无法享受"能量创作者"的专属服务和特权，但只要在平台进行创作，其作品质量高，就可以重新获得。

4.3　大鱼号获得高推荐的技巧

运营者要想通过大鱼号获得高收益，首先要让文章曝光，而在大鱼号平台获得高推荐就能增加文章的曝光度，增加文章成为爆文的可能性。了解如下两个方面的问题，轻松获得高推荐。

4.3.1　平台有什么样的推荐机制

生物学家达尔文说："物竞天择，适者生存。"讲的就是万物需要顺应大自然的规律才能存活，不是想怎么样就怎么样。做自媒体也是如此，想在别人的地盘上捞油水，首先得了解别人的规则，并且遵守规则，才能走得又长又远。

下面就来看看马云投资 20 亿元扶持的大鱼平台的运营规则或推荐机制。首先，成为爆文的文章必须过如下两个关口：

（1）如何通过文章审核。

（2）怎样写文章才能获得系统推荐。

其次，要想文章审核很快通过，应注意如下 4 点。

1. 标题

标题不能是标题党。标题党就是指标题与内容严重不符，标题很高大上，内容却很贫乏空洞。再者就是不能滥用稀奇古怪的符号，否则会让读者看不懂作者要表达什么。另外，标题中不能有错别字。

2. 正文

首先避免图片内容和文章内容风马牛不相及，比如看图片是娱乐方面的内容，读文字却是历史方面的内容，图文完全是两个走向，读者不知道作者在表达什么，就会没有兴趣看下去了。其次避免正文中涉及黄色低俗以及擦边球话题，对于这些内容平台是不会收录推荐的。再者避免出现内容低质、格式不规范、大字小字套用的情况，否则会给读者一种很凌乱的感觉。另外，文中有大段空白，内容空洞，或者视频模糊，图片充满血腥暴力等，也要避免出现。

3. 广告导流

避免在标题、正文中加广告，否则系统会过滤出来。当然，运营者如果就是为了发广告，那么也得把广告做得隐蔽一些，不要被系统识别出来。

4. 避免触碰敏感话题

避免涉及政治类话题，搬运、侵犯别人版权，炒作等，否则都不会通过审核。

4.3.2 怎样做才能获得高推荐

了解了平台的规则，再来看看写文章获得系统推荐需要注意的事项：

（1）账号保持高活跃，并且节奏稳定。不一定要一天更新一篇，可以两天、三天或者一周更新一篇。这些都是评分和活跃的凭据之一。

（2）内容原创优质，领域高度垂直，能够满足用户的需求。篇幅长短合宜，既能清楚说明自己的观点，又不拖泥带水。

（3）标题吸引人，切入角度独特，不人云亦云，随波逐流。

（4）封面有趣，有识别度。读者一看就知道作者要表达的内容，图片数量为 3 张以上。

（5）注意文章的时效性，蹭热点。系统的推荐机制不是一下子推送给几万名用户，而是先推送给一小部分用户，用户反映较好，就会进行下一波的推送。反馈指标包括阅读时长，即用户看这篇文章停留的时间，还有点赞、收藏、分享、更新频率、高活跃性和时效性。

4.4 大鱼号爆文机制解析

在讲本节内容之前，笔者第一想强调的是耐心。很多爆文都是通过慢慢预热然后再大爆的，有些作者花费 3 小时写出一篇文章，然后每隔 5 分钟就刷一下数据变化，看到阅读量没有增长就心烦意乱。

总体来说，这样的心态是不对的。的确，每个人都想通过大鱼号这些自媒体平台快速地赚钱，但赚钱并不是一蹴而就的，必须经过学习、成长，有些事情别人无法替代你去做。

4.3 节讲过，大鱼号转正后，开通原创或者账号达到五星，或者质量分大于 105 分，即可开通收益，开始赚钱，但想通过大鱼号赚钱，就必须得多做爆文，爆文才是赚钱的基础。那么，做大鱼号爆文具体需要注意哪些内容，有什么技巧呢？主要有以下 3 个方面。

4.4.1 标题

大鱼号文章标题几乎关乎文章成功的一半，运营者真正想要出爆文，首先要多参考、模仿已经是爆文的那些标题，然后不妨多加一些志同道合的朋友，把文章的标题列出一百个，让朋友来选择，最终得分最高的就是读者最想点进去的标题。

4.4.2 内容精度

很多内容都有哗众取宠的嫌疑，要想真正把大鱼号做大，粉丝基数十分重要，因为有了粉丝后，即使作者文章写得再差，系统也会将其内容推荐到粉丝的手机界面上。当有一定粉丝基数时，作者的每一篇文章都会被系统判定为热文，从而给作者增加更多推荐机会。

所以，一定要把内容做精，在大鱼号里面应该以轻松和有深度结合为主。大鱼号的主要受众仍旧是一些时间碎片化的读者，所以不建议写一些晦涩难懂的知识，即使这些内容有人看，也绝对不会多。

4.4.3 领域垂直度 + 合理蹭热点

蹭热点，必须在第一时间蹭，因为等到热点过去一段时间再蹭反而会增加读者的视觉疲劳，因为在近期内读者的大脑接收太多类似的东西了，已经产生了一种自我免疫作用，除非作者能有什么特别新颖的观点。除了蹭热点之外，领域垂直也是大鱼号支撑的要点之一，尽量一直发一个领域的内容，不要想着什么都做，什么内容都发，否则将是非常错误的。

第 5 章

企鹅号，玩转它你还需要知道这些

在企鹅号平台上，很多创作者入驻的初衷是怎样利用自身的创作能力获得收益，而平台也提供了多种变现方式，进而实现互利的目标。

本章从 3 个方面介绍了企鹅号的平台机制、常见问题以及变现技巧，希望能帮助读者能够更轻松玩转企鹅号平台。

要点展示：
➤ 企鹅号入驻须知
➤ 企鹅号运营的常见问题
➤ 4 个技巧，企鹅号如何变现

5.1 企鹅号入驻须知

成功注册企鹅账号之后，就算正式加入企鹅号，成为企鹅号的一员。但是，对新手而言，在运营初期还是会碰到很多问题，不知道该如何解决。下面具体分析自媒体新手在入驻企鹅号时常见的 4 个问题，以及应该了解的事项，希望能给读者带来一定的帮助。

5.1.1 企鹅号，注册个人号还是企业号

企鹅号是腾讯的自媒体平台，自媒体作者发布的内容，会分发到天天快报、QQ 浏览器、腾讯新闻等常见的腾讯产品渠道。企鹅号是一个流量非常大的自媒体平台，值得每一个个人作者、企业和媒体入驻。因为在这里，不仅能获得更多的曝光量，还能得到企鹅号平台的广告收益分成。

但是，很多新手在注册企鹅号的时候，不清楚应该如何选择。特别是想利用企鹅号运营公司的人，不知道到底应该注册个人号还是企业号。

无论是个人号还是企业号，都需要遵守企鹅号的推荐机制和运营规则，平台不会因为是个人号而推荐量少，也不会因为是企业号推荐量就比较多。弄明白这点之后，下面就来详细地讲解企鹅号个人和企业的区别。

1. 企鹅号的收益扣税

个人号需要缴税，收益大于 800 元，需要扣税 20%，收益越高则扣税越多；企业号则需要向腾讯公司开具发票，税率一般为 3% 或者 6%。

2. 多账号运营方面

个人号需要每个账号分别绑定注册人的银行卡才能提现；
企业号可以开通矩阵功能，绑定多个子账号，将很多子账号的收益统一提现。

通过上述对比，如果运营者想批量运营企鹅号，获得更多的平台收益，并且是在有公司的情况下，那么笔者建议用企业进行注册。但需要注意的是，企业能开广告费、广告发布费、广告服务费等类型的项目发票，如果不知道能否开具发票，可以咨询公司的会计人员。

5.1.2　了解这些，开通图文原创很简单

腾讯后期增加了企鹅号的分发渠道，在这之前运营者通过企鹅号发布文章或视频，主要展示在天天快报这个客户端。企鹅号升级为腾讯内容开放平台后，逐步增加了内容分发的平台，包括 QQ 浏览器、天天快报、腾讯新闻、腾讯微视、腾讯视频、QQ 看点、QQ 空间等。这样一来，企鹅号的作者就可以通过平台获得更多流量以及更好的收益。

前段时间有一位学员向笔者咨询了一个问题，说他新注册的企鹅号，才发了几个视频，就收到系统开通图文原创功能的邀请，他觉得很疑惑。

遇到这样的情况，是因为企鹅号的图文原创标签条件放宽了很多，企鹅号只要达到 3 级，系统就会自动开通。这就导致很多企鹅号账号从未发布过图文，却得到了图文原创的标签。

众所周知，不仅仅是企鹅号，百家号、大鱼号等自媒体平台对原创内容的收益补贴都比普通的非原创内容收益要好，因此无数人都想开通自媒体平台的原创功能，但原创功能是有比较高的门槛和开通技巧的，很多人无法开通。但是不用担心，笔者接下来将进行详细介绍。

如果运营者的企鹅号图文没有原创功能，或者是新的企鹅号，想开通原创标签，提高收益，那么该如何做呢？

（1）图文原创标签会逐步开放给更多优质活跃的企鹅号作者。企鹅号作者收到平台的开通信息后，即可为自己的原创文章声明"原创"。

（2）目前满足如下两个条件的企鹅号，会自动开通图文原创标签：

等级为 3 级及以上；

信用分为 100 分。

了解了上述内容之后，开通企鹅号图文原创，是不是很简单？所以，运营者不用再纠结诸如企鹅号原创在哪里开通这样的问题，当运营者满足条件

时，企鹅号系统会自动为其开通原创功能。

5.1.3　企鹅号怎么玩才能快速通过试运营

笔者在企鹅号刚起步时就收到了内部人员的邀请入驻，当时笔者就非常看好企鹅号。原因很简单：

（1）有天天快报和腾讯新闻客户端的大流量支撑，还开放了空间、QQ 看点、腾讯新闻微信推送、腾讯新闻 QQ 推送等。

（2）推荐机制后台完善度非常好，企鹅号的后台真的不是头条和其他几个平台能比的。

（3）天天快报目前在大批量投放地面广告，有望超越头条。

有的新人一进入平台看到零推荐、零阅读就被吓到了，运营者遇到这种情况不要紧张，试运营期都是这样的。只要熬过试运营期，就会恢复正常。企鹅号与别的平台有一定的区别，也就是笔者所说的企鹅号后台系统很强大，权重机制比较严格，不像头条号那样新手刚入驻就能出爆文。

想要做好企鹅号，就得做好前期的铺垫，把号慢慢养起来。笔者在这里分享一个快速通过试运营的小秘诀：领域垂直，坚持原创，一天一篇，一篇1000 字左右，很快就能通过试运营。

5.1.4　什么是企鹅号矩阵功能

玩自媒体的人都会发现，在企鹅号的后台有一个矩阵功能，开通矩阵多账号管理功能就意味着腾讯大量扶植团队化批量运营自媒体的团队。那么什么是矩阵功能呢？矩阵功能是腾讯内容开放平台为广大企鹅号作者提供的多账号管理功能。

通过矩阵功能，可以绑定多个企鹅号之间的子母关系，实现以下功能：

（1）可以方便地通过母账号查看各个子账号的运营数据。

（2）获得子账号的授权，母账号可以对子账号所发布的内容进行删除管理。

（3）子账号可以授权将收益归属到母账号，授权后，在母账号中可以查看子账号的收益数据，并对收益进行统一提现。

企鹅号的矩阵功能对批量做号来说，是一个非常好的福利，这样就完全不用再担心没有资料注册、资料对不上拿不到收益的问题了。自媒体人只需直接购买账号然后绑定到矩阵，进行统一结算即可。

对于没有实力的个人来说，未来自媒体的运营应该如何进行？怎样才能长期地通过自媒体赚到钱呢？还是笔者之前强调的两个方法，一个是积累粉丝，另一个是打造个人品牌。只要这两方面做好了，无论自媒体、互联网如何变化，运营者都可以成功运营。

5.2 企鹅号运营的常见问题

在了解了企鹅号入驻的基本事项之后，在运营企鹅号初期还是会遇到一些问题。下面将从 3 个方向详细分析运营企鹅号时常见的问题以及转正技巧。希望通过这些技巧，帮助读者少走弯路，顺利达到营销、赚钱的目的。

5.2.1 如何在新手期拿到 5000 分

笔者有一位学员从 2018 年 7 月 28 日开始接触自媒体，他当时在豆瓣上接到了一个发文稿的兼职消息，借此机会了解了自媒体这个行业，并且发现这个行业有着很大的乐趣。以下是这位学员在企鹅号顺利度过新手期转正为 3 级号的经验分享，希望也能给读者带来一些借鉴和帮助：

一开始这位学员是在头条发布文章，但是发现头条的收益很低，好不容易写了一篇 1 万阅读量的文章，收益还不到一块钱，这让他非常失望。后来他通过学习笔者的新手教学视频，逐步摸索到了自媒体的门道，于是自己注册了一个企鹅号，并且顺利地通过了企鹅号的新手期，拿到了 5000 分，顺利升级为 3 级账号。这位学员发现通过企鹅号新手期并成功拿到 5000 分有一个很简单的方法：发视频。

首先在 youtube 上面找一些视频，然后按照"凯哥自媒体"教程中关于制作视频的方法将 youtube 上面的视频下载下来，再自己进行配音、剪辑，加上一些开头、中间以及结尾的效果，最后自己加上字幕。制作的视频不需要很长时间，一分钟甚至几十秒钟就可以，这样一来，一个原创视频基本算是完成了。

把这样的视频发到企鹅号上，连续发满 5 个视频就成功过了企鹅号的新手期并拿到了 5000 分。

这位学员通过这个方法顺利度过了两个企鹅号的新手期，所以笔者在此也推荐给读者，可以在过企鹅号的新手期的时候多发视频，来帮助自己快速度过新手期。另外，如果实在不会制作视频，那么也可以发文章，直接按照百家号教程中的过新手方法，过企鹅号新手期，达到 5000 分是完全没有问题的（百家号过新手教程详见下一章节）。

5.2.2 企鹅号被扣分了怎么办

请问，企鹅号被扣分后如何恢复？

企鹅号被扣分怎么申诉？

企鹅号被扣分有恢复的方法吗？

常常有人来问笔者这类问题，在企鹅号没有信用分的恢复机制时是无解的，但是后来企鹅媒体平台后台发布了一条关于企鹅号媒体信用分新规则和恢复机制的公告。这条公告意味着企鹅号向其他自媒体平台看齐，废除了信用分不恢复的霸王条款。因此，企鹅号偶尔被扣分，运营者也不用再担心会被封号。下面详细介绍关于企鹅号的信用分扣分机制以及恢复机制。

企鹅号信用分扣分规则如下：

（1）发布涉及政治的敏感信息，淫秽、色情信息，恶意营销信息等，对应扣 100 分。

（2）发布低俗内容，对应扣 40 分。

（3）图文、视频内容抄袭，发布拼凑的文章，发布不实信息、谣言，发布令人不适的惊悚内容等，对应扣 20 分。

（4）发布旧闻、已过时效的信息，发布违规的推广信息等，对应扣 10 分。

（5）发布低俗、垃圾标题，涉嫌标题党等，对应扣 5 分。

对于违规后无法恢复的问题，新的信用分恢复机制制定如下：

企鹅号扣分后，平台设置 90 天考察期，从扣分当日 24 时开始计算起。

（1）若在 90 天内无任何违禁行为，则恢复之前所扣除的信用分至 100 分。

（2）若在 90 天内有违禁行为，则从违禁日起重新计算恢复时间。

（3）如果信用分扣至 0 分，则不可恢复。

每个企鹅号作者都应该珍惜自己的信用分，不要损害自身的权益，为维护企鹅媒体平台良好秩序共同努力。

5.2.3 在企鹅号平台忘记注册的领域怎么办

对很多新手来说，注册自媒体账号是一件非常难的事情，因为他们对计算机不熟悉，对网络不熟悉，对自媒体也不是很了解。他们在注册企鹅号平台的时候，随手就注册了一个账号，完全没有在意自己当时选择的是什么领域。结果，注册之后，就忘记了自己的领域。

这些新手后来才知道做自媒体过新手期，特别是企鹅号，通过试运营发布内容需要垂直自己所注册的领域，却不记得自己当时所选择的领域是什么。这种情况就很尴尬。

刚注册成功的企鹅号，是处于试运营阶段的，在这个阶段企鹅号不会显示注册的领域。所以目前，新手在还没有转正的企鹅号后台是看不到自己的所属领域的。

每天都有很多新手询问笔者怎么看自己的企鹅号领域，对于试运营中的企鹅号，笔者对这个问题也爱莫能助，通常情况下，只能求助企鹅的客服邮件，即 om-service@tencent.com。

企鹅号的客服还是很给力的，一般会给予邮件回复。当然，如果运营者的企鹅号已经转正了，运营者就很容易看到自己的领域，方法如下：

进入企鹅号后台，将鼠标放在后台右上角的企鹅号图标上，点击"我的名片"按钮，如图 5-1 所示，即可看到自己的企鹅号领域。

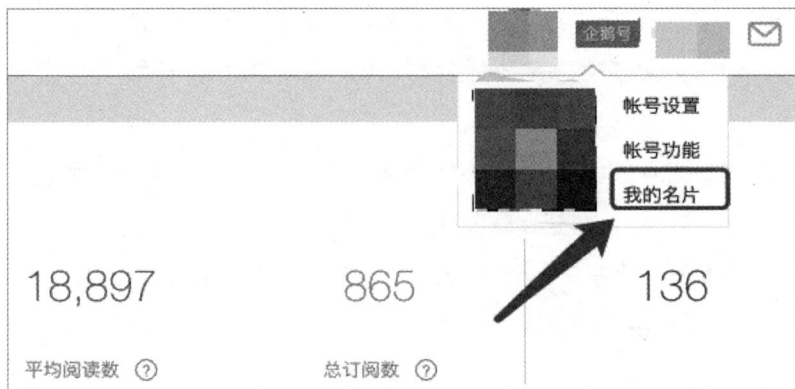

图 5-1　点击"我的名片"按钮

新手在企鹅号平台忘记注册的领域也没有关系，按上述方法操作就能找回。不过，运营者如果想做好自媒体，那么最好将常用账号做一个记录，比如存到 Excel 里面，详细地保存平台名称、账号、密码、领域、绑定的手机等。

5.3　4 个技巧，企鹅号如何变现

玩转企鹅号的最终目的还是赚钱，那么运营者应该怎么做才能在企鹅号获得高收益，企鹅号又有哪些变现的技巧呢？下面将从 4 个方面详细分析。

5.3.1　企鹅号平台如何月入 1W

自从腾讯推出企鹅媒体平台以后，笔者就很看好企鹅号，因为在中国互联网公司中，只有腾讯是最不缺流量的。所以运营者只要能坚持做上一段时间，就一定会获得不小的回报。但是企鹅号的门槛相对比较高，对于从来没有接触过自媒体的人来说，仅仅注册账号这一步就很烦琐。

首先需要准备一个微信公众号，然后用这个公众号进行辅助认证，企鹅号才能注册。注册成功之后，企鹅号还有一个漫长的试运营时期，但度过试运营期后，企鹅号权重在后期也会越来越好。过了试运营以后，还需要等待30 天才可以申请流量主。在这将近两个月的时间，不会有任何收益，90% 以上的人在看到这个门槛之后选择了放弃。

笔者的一个学员刚开通了一周流量主的企鹅号，收益数据就直线上升，但他实际上做的，只是将自己在头条写的文章直接搬运过来而已。据最差数据来算，一个企鹅号每月收益 3000 元，每天花一个小时可以做 3 个企鹅号，仅企鹅号搬运月入过万难吗？答案肯定是：不难！

了解了平台机制后，将前期零收入的日子坚持下去。把一篇文章进行多平台分发，头条、百家、UC 等，每个平台都有收益。当运营者看到收益和希望的时候，就会有做下去的动力，只要坚持下来，月入过万非常简单。

5.3.2　7 种方法，实现企鹅号变现

无论是通过平台获得广告分成，还是后期变现，大多数人做新媒体的最终目的都是赚钱。那么企鹅号应该如何运营才能达到变现的目的，在企鹅号发表一篇 1W 阅读量的文章又能获得多少收益呢？

先分析企鹅号可以通过哪些途径获得收益。

1.　广告分成

无论是传统的杂志、报纸，还是如今的新媒体，大部分都是凭借广告赚钱。广告的形式也有两种，即硬广和软广。

硬广：人们在电视上所看到的，电视节目播放结束之后插入的广告，电视广告是具有创意的、灵活的、生动的视频广告。但如果运营者在自媒体的文章中直接插入广告，效果就会大打折扣。用户关注作者、看作者的文章，是因为作者给他们提供了价值，如果直白地在文章中插入广告，不仅没有效果，反而还会引起用户的反感，甚至取消关注。

软广：软广与硬广比起来就好多了，因为它不是直接、死板的推销。写得好、有创意的软广，会让读者不知不觉地就把软文读完，甚至都不觉得这是广告。这种能给用户带来良好阅读体验的广告，也是笔者推荐在自媒体中使用的。

值得一提的是，自媒体的广告收费会因粉丝的关注量、活跃度等因素的不同而出现几百元上万元不等的差异。

2.　流量变现

众所周知，现在的自媒体平台非常多，对于平台而言，它们之间也有激

烈的竞争。为了引进优质作者入驻，吸引读者，获得更多的流量，平台给予作者的补贴非常优厚。许多优质的作者只拿平台的补贴就能月入过万。所以，只要运营者对热点有较强的敏感度，并且有一定文字功底，就能通过流量变现的方法获得不错的收入。

3. 电商变现

利用自媒体除了可以通过写文章赚钱，还可以通过电商变现。即某一领域的专家，通过推荐商品，向粉丝"种草"，粉丝也会比较愿意买单。因为这一类人通常都有自己独特的见识，对相应领域感兴趣的人自然就会关注这类专家。比如"口红一哥"李佳琦就是通过向大众推荐各种口红、彩妆，通过直播卖货，粉丝买单，这也是一种自媒体价值的表现。

4. 品牌植入

品牌植入也属于广告中的一种，但相比前文所提到的软广，品牌植入需要做到更加不经意。比如许多电影、电视剧中都有品牌植入以及软广，目的是让观众对植入的品牌产生直观印象，达到品牌的曝光率。但这需要有一定数量的粉丝才能有与广告商合作的筹码。

5. 打造个人 IP 品牌

打造个人 IP 品牌，与前面几种变现方式不同，这里是指销售自己的产品，而非通过发广告帮别人卖产品。比如通过抖音火起来的"李子柒"，获得大量粉丝之后，注册了自己的淘宝店，销量非常可观，这就是个人 IP 的魅力所在。

6. 批量运营

批量操作即以量取胜。如果做不到高质量，那么选择"曲线救国"，以"量"来获取高收益。比如作者写一篇文章只有几块钱的收益，但几十篇加起来的收益就很可观。如果出现爆文，那么收益更是水涨船高。

7. 打赏

如果作者的文章干货满满，让读者受益匪浅，读者就会对其进行打赏，这也是一种获取收益的途径。

上述 7 种方法都能很好地实现变现目的，重要的是运营者找对适合自己的方式，发挥自己的优势，创造有价值的作品。

讲完变现的途径，再来讲解在企鹅号中写一篇 1W 阅读量的文章具体有多少收益。分为如下两种情况：

（1）非原创企鹅号，一篇 1W 阅读量的文章收益为 3~5 元。

（2）已开通原创功能的企鹅号，一篇 1W 阅读量的文章收益为 40~60 元。除此之外，还会有一定的平台补贴。

5.3.3　企鹅号如何获得高推荐量

要想获得高收益，首先要获得高推荐量和高阅读量，那么如何获得高推荐量呢？这也是有一定技巧的。企鹅号没有明确地说明推荐文章的方法，但基本套路与其他平台是一样的，主要有以下 4 点：

1. 标题

标题一定要合理，让读者一看到标题就能获取关于文章中的准确信息，不能出现违规的标题，并且尽量使用普通话，不使用地方方言。

2. 在文章中包含热词

在文章中可以加入一些热词，这些热词在微博热搜榜、百度风云榜、搜狗热搜榜等各大搜索引擎都能找到，这样也能提高被平台推荐的可能性。

3. 宣传信息

企鹅号平台有明确的规定：不能在文章中设置二维码。如果被平台检测到文章中有二维码信息，会被当作作弊处理，甚至被直接封号。因此运营者一定要注意在企鹅号中打广告的方式，可以选择前文所说的写软文的方式，以避免影响推荐量。

4. 文章内容

坚持原创内容，文章要形成自己的风格，有条理，辨识度高，文字和图片的结合也要分配合理。有优质的文章内容，粉丝就越多，平台给的推荐量也会更高。

运营者如果想要通过企鹅号达到赚钱的目的，就一定要遵守平台的规则，认真做优质内容，做到上述 4 点，贴近平台的标准，并不断摸索、不断坚持，就一定会成功获得高收益。

5.3.4　如何在企鹅号进行引流

了解了平台获得高推荐量的方法后，还有一种途径可以达到变现目的——引流。关于引流，下面介绍 4 种方法。

1.　文末留广告引流

运营者在企鹅号发表文章后，可以巧妙地在文末留下微信号，进行引流。有如下 3 个巧妙留广告的注意事项：

（1）字数要精简，且注意只能以文字的形式留下，最好控制在 50 字之内。不能贴二维码，也不能留拼音或阿拉伯数字。否则很容易被平台筛选出来。

（2）推荐平台。企鹅号规定是不可以发布与作者不相关的商业推广信息的，其中包括但不限于：

- 商品广告，即淘宝、微店等。
- 联合推广，即推荐别人的微信号或公众号。
- 营销合作，即涉及商业合作的电话、微信、网址、QQ 等。

（3）杜绝色情、低俗信息。企鹅号平台不支持、不鼓励作者为了提高阅读量和点击率而发布色情和低俗内容，一旦内容被检测到不符合平台的规则或偏离账号的分类，那么不仅会影响推荐量，甚至可能受到平台的处罚。

2.　巧妙利用插图

作者在写文章时会插入一些图片，那么在图片中留下自己的微信号或其他联系方式是一个不错的选择。但是要注意不能影响读者的阅读体验，尽量留在图片的角落而不是图片的正中间。

3.　利用评论区引流

除了上述两种方法，还有一种巧妙的方式，即在评论区留下自己的联系方式。作者要相信能够读完文章并留下评论的读者，很有可能就是其潜在流量群体。所以千万不要小看评论区引流，这会是一个很有效的方式。但是笔者还要强调一点，联系方式不宜留太多，也不能诱导读者点击关注。

4. 关键词排名引流

如果懂得搜索引擎优化，就可以利用百度做关键词的排名，百度收录了作者发表的文章后，也可以吸引更多用户访问，达到较好的引流效果。

上述就是笔者推荐的 4 种引流方式，运营者选择适合自己的方式合理利用，一定能在企鹅号获得不错的收益。

第 6 章
百家号，四大运营技巧
轻松掌握

百度百家平台是百度旗下的一个自媒体平台，入驻百度百家平台后，在平台上发布文章，平台会给予运营者一定的收入。

除此之外，百度百家平台还以百度新闻的流量资源作为支撑，帮助运营者推广文章、扩大流量。本章主要从 4 个方面详细分析百家号的运营技巧。

要点展示：

➤ 百家号使用手册

➤ 百家号疑难解答

➤ 百家号爆文技巧

➤ 百家号其实还能这样赚钱

6.1　百家号使用手册

新手在刚入驻百家号时，对百家号的很多平台机制不了解，遇到问题不知道该怎么办，有时候甚至会因此走很多弯路，影响自己的收益。笔者整理了 5 大新手在运营百家号初期的常见问题，并给出了详细的解答，希望能够让读者更好地了解百家号平台机制。

6.1.1　百家号双标题有什么用

有很多新手不了解百家号的双标题到底有什么用，双标题功能是自媒体平台常见的一个功能，它可以帮助自媒体作者获得多次推荐。在一篇文章、一个内容中可以写两个标题，相当于获得了两篇文章的推荐机会。这是一个非常好的功能，比如头条号、百家号都有双标题功能。

1. 百家号的双标题如何开通

当百家号指数达到 650 分时，系统会自动帮运营者开通双标题功能，运营者在百家号后台发布文章时，可以看到双标题选项，如图 6-1 所示。

图 6-1　双标题选项

根据图 6-1 可以看到，如果使用双标题，那么百家号会选择点击量比较高的标题进行扩大分发，也就是说，百家号会对推荐量比较高、用户反馈比较好的标题进行加大推荐。

2. 百家号的双标题到底该怎么用

双标题具有非常好的作用，那么运营者该如何使用呢？举例来讲，常用的标题样式有两段式、三段式和四段式。当运营者不知道其内容用哪种标题样式更合适时，就可以同时使用两个标题样式来起标题。这样肯定可以增加这篇内容的推荐量和最终的阅读量。

有些人认为百家号的双标题没有什么用，其实这是错误的看法。百家号平台推出了这个功能，是希望运营者来使用的，并且是对其有好处的。

另外，在百家号平台推出活动时，如果运营者所处的领域可以参加，就要积极参与。这样可以有效地提高百家号账号的权重，为什么呢？道理很简单，比如员工在公司上班，对于公司举办的活动、安排的任务，每次都很积极地参加，这样肯定会获得领导的喜欢。

所以运营者不需要纠结百家号的双标题到底好不好用这样的问题，笔者可以肯定地讲，使用双标题比不使用要好。不过有些作者可能起标题比较慢，起一个标题，比写一篇文章的速度还慢，这就需要不断地练习写标题，去学习和拆解分析一些爆款标题。

6.1.2　百家号领域选错了怎么办

笔者之前就强调，做自媒体运营，在正式开始之前，先做好定位，选好自己擅长的或者感兴趣的细分领域，这样才能保证长期运营，保证内容的输出量。很多新人听说自媒体能赚钱，就直接进来了，随便注册了一个账号，也不知道想做什么领域，随便一选就开始了，完全不考虑自己是否选错，所选的领域是否适合自己。

笔者就遇到过很多新手反馈这样的问题："我的百家号想换一个领域，能不能改呢？"问他注册的百家号是什么领域，他说他忘记了，注册的时候就是随便选了一个。

做自媒体，如果没有规划，没有人指导，一个人瞎摸索，就会多走弯路，遇到很多的坑，更有可能让运营者产生一种错觉，自媒体到底能不能赚钱，自媒体到底是不是适合自己，很多人就在这种情况下放弃了，导致错失红利，错过了美好的未来。

那么，运营者对百家号的领域到底该如何选择呢？运营者在给自己定位时，心里大概会有一个方向，比如：

（1）做母婴知识分享，肯定选择育儿领域。

（2）如果要分享汽车知识，就选汽车领域。

（3）如果分析爱情、婚姻等，就选择情感领域。

（4）如果分享明星八卦，就选择娱乐领域。

有的读者可能会问："我能不能在百家号选择综合领域呢？这样就什么领域都能发。"其实大部分人对自媒体平台的综合领域的认识有一个误区，综合领域是指，如果运营者要选择的领域平台上没有，那么运营者就可以选择综合领域。

严格来讲，综合并不算是一个领域。如果有你明确的领域，就选择垂直的领域，尽量不要选择综合的，因为选择更细分的领域，对长期的百家号运营、稳定的推荐都会比综合领域更好。

另外，在百家号的后台没有修改领域的功能。但是，如果百家号选择错了领域，实在做不下去需要修改，就可以直接把名称和简介修改一下，变成新领域的账号，然后按照新领域的内容一直发布下去。

举例来讲，之前是娱乐领域，想换成育儿领域，就把百家号名称和简介修改成育儿相关的，以后就一直发育儿的内容。

其实运营者在百家号换领域，就这么简单。但一定要注意领域的垂直，无论是做百家号还是其他的自媒体，运营者都要注意内容垂直，也就是说，一直朝向垂直细分的领域去深耕。

运营者选择错了百家号领域也不用太过担心。但是，笔者还是建议运营者在开始做自媒体之前，先做好定位，做好规划，让自媒体之路更加顺畅，收获更多。

6.1.3　发文选择什么领域，你知道吗

有一位学员注册了百家号的星座领域，但是发文的时候，发现没有"星座"

这个选项，于是找到笔者咨询。

对于百家号星座领域怎么写，发文选择什么领域，运营者是否知道？其实，百家号的星座领域，一般可以分到生活或者情感栏目。因为仅仅写星座领域也可以写出很多类型的文章。如果文章偏向情感，就选择情感类；偏向生活，就选择生活类。因此主要根据运营者的文章内容来选择领域。不过，如果一直垂直发一个分类，就会更专业，系统会更青睐。

不仅仅是百家号，大鱼号、企鹅号等自媒体平台很多运营者都可能会遇到相似的问题，对于其注册的领域，运营者发文的时候，结果发现没有这个分类。

遇到这种情况，运营者应该想想自媒体的核心是什么。答案是分享价值。平台设置领域的目的，是希望每个自媒体人都尽量分享自己擅长的内容。

自古就有 360 行的说法，然而现在这个时代，远远不止有 3600 行。那么关于细分的领域，系统也不可能会有详细的划分。如果运营者做的是系统没有的领域或者交叉的领域，那么在百家号平台发文时，可以选择与自己领域相近的发布。

6.1.4 如何规避原创被取消

在头条号批量取消了很多刷粉的原创号之后，百家号也取消了一批低质的原创账号。主要有两个原因：一个是内容低质量，抄袭搬运，内容太差；另一个是文章内容不垂直。

关于自媒体的内容垂直问题，笔者在这里强调一下：百家号昵称一定要与发文领域一致，发文内容如果与名称、简介不符，就很容易被扣分、封号。比如名称叫"汽车世界"，但是每天发布游戏内容，系统就会认为运营者是低质账号而进行打压。

坚持发布优质的原创内容，然后申请等待百家号审核通过，是百家号开通原创最直接的办法。除此之外，还有一个比较快捷的方法，就是用头条号或者企鹅号的原创账号直接辅助，这样能起到事半功倍的效果。

6.1.5 百家号新手期扣分后还能转正吗

"百家号扣分后还能转正吗？"这是很多百家号新手运营者担心的问题。

笔者将在本节针对百家号新手转正的问题，详细解答。首先来看一下百家号的转正标准：

（1）注册 7 天以上。

（2）百家号指数 ≥ 500。

（3）信用分为 100 分。

第一个条件非常容易满足，等 7 天就可以。

第二个条件，指数如何快速涨到 500 呢？比如：文章长度在 1500 字以上，配图 6 张左右，这样可以保证指数的快速提升，一般 10 天内就可以达到 500。

第三个条件，百家号的运营者都知道，百家号对内容的质量要求比较严格，运营者如果态度不认真，标题出现错别字，内容有抄袭搬运的现象，发布有旧闻，就会出现被扣分的情况。那么对这种情况如何避免呢？

大部分做自媒体的人都只有一个百家号，发文的时候战战兢兢，生怕被扣分影响转正。现在再来分析百家号扣分后还能不能转正这个问题。

首先自媒体人要弄懂百家号官方平台的理念，站在平台运营者的角度去思考。假如自媒体人作为平台运营人员，那么需要什么样的作者，需要什么样的内容，才能让百家号这个自媒体平台内容越来越好，发展得更好，当读者阅读后有所收益，获得价值？答案当然是优质的作者和优质的内容。

如果自媒体作者因为不小心写出了错别字，或者某一篇内容不小心违背了平台的规则，导致被扣分，就永久性地被平台封杀，永远不能过新手期，那么这显然是违背平台初衷的。所以，如果运营者不小心导致百家号信用分被扣，那么不用担心扣分会影响转正的问题，只要继续发布优质内容，待信用分恢复到 100 分，再申请转正，就可以通过新手期。

6.2 百家号疑难解答

在了解了百家号的平台机制之后，还需要了解平台的运营技巧，下面同样从 5 个方面进行详细分析。

6.2.1　因图片质量问题而不被推荐怎么办

前段时间有一位学员问笔者："我最近发表了两篇文章，文章里面插入了手机截图的图片，百度发文时却提示图片质量有问题而不被推荐，请问我应该如何解决？"

百家号因图片质量问题不被推荐是大部分新人经常会遇到的问题，出现这种问题的原因及解决方法如下：

一个原因是图片比较模糊或者图片太小，换成高清的大图就可以；

另一个原因是图片是竖版的，这里笔者建议运营者尽量使用横版图片，基本可以解决这个问题。

另外，在百家号发文时需要注意：一篇文章中不要重复使用一张图片，否则也有可能会导致因图片问题而不被推荐。

因此，当运营者的百家号由于图片质量问题不被推荐时，不用太担心，撤回修改图片，就可以解决。

但是，笔者再特别交代一点：一篇文章最多可撤回 3 次，而且只能撤回修改发表日期为一个星期之内的，超过一个星期撤回将不能修改。

6.2.2　这样做，半个月就能解除限流问题

运营者在运营百家号自媒体时，一定都碰到过如下情况：被扣分。有很多种问题都会造成被扣分的现象，比如标题过于夸张，文章内容存在不真实的事件，等等，都会造成百度百家号的官方对运营者进行扣分的处理。

但是还有一种情况，运营者不知道是什么原因造成的，并且对这种现象的出现感到难以理解。因为其是毫无征兆就发生的，过了一段时间后又会毫无征兆地自行恢复，这种情况即限流。

那么百家号限流后能恢复吗？限流之后应该怎样解除？下面分享一位学员的心得体会，希望对读者有所帮助：

作为一个在一个月内就通过了百度百家号并赚了 3000 多元的自媒体作者来说，我的百家号被限流了，这让我非常焦虑。因为我不知道怎么办。在问过百度的官方人员之后，他们的回答却非常官方。他们只是说："增加文章的内容，增强文章的内容性，并且让封面图片更加清晰，都会加大被推荐的

可能。"但我认为在这种情况下，这种回答是没有太大帮助的，所以我想向大家分享到底应该怎样有效解除限流这种情况。

我从 12 月 1 日前后起就开始被限流，限流的现象是：无论发表什么样的文章，花了多少心血写出来的文章，推荐量都不会超过 1000，阅读量最多也不到 200，那么这也就代表着，百家号在作者不知情的情况下，莫名其妙地对账号进行了限流。

但是我在"凯哥自媒体"的教程中得知，如果账号被限流，就应当持续地提升自己文章的质量，并且持续发布原创内容。于是我一直保持更新，并且每天至少更新一篇文章，从来没有断更过。半个月之后，我的百家号终于恢复了正常，推荐量破万，阅读量也能至少达到 3000 左右。也就是说，解除了大家公认的"限流"问题。

通过该学员的经验分享，笔者再总结一下解除限流的方法：

保持更新，并且坚持不断地更新，每天进步一点点，将文章写得更加吸引读者。让文章变得更吸引读者的方法则包括如何收集素材，如何构思原创的内容，如何巧妙地写出自己独特的观点以及如何准确地避免可能被扣分的陷阱。

结合前文中笔者所分析的各种技巧和方法，运营者的文章质量就会慢慢地提高，被限流的情况也会慢慢改善。只要运营者坚持不懈，每天更新，那么限流这种现象一定会离运营者越来越远。

6.2.3　发文章 / 视频不推荐是什么原因

百家号应该是所有自媒体平台中最让人又爱又恨的一个平台了。爱，自然不用说，百家号的高单价、高收益让不少自媒体人趋之若鹜，一篇几十万阅读量的爆文，其收益轻松就能达到一两千元甚至更高，这是其他平台很难做到的。

恨，则是因为百家号时不时地"抽风"，让人觉得很无奈。很多人都面临着一个问题：不推荐！发文章不推荐，发视频不推荐，搬运不推荐，写"原创"还是不推荐，都是零阅读。那么对于这种情况，运营者这到底该怎么办呢？

到底是什么原因导致发文章不推荐、零阅读呢？笔者根据自己的经验总结了如下 4 个原因：

  （1）发文频率太低。

  （2）内容质量太差。

  （3）文章抄袭或者伪原创。

  （4）相似主题内容太多，内容供过于求。

  运营者可以仔细看一下自己的文章，是否存在上述这几种情况。总而言之，只要运营者持续输出真正优质的原创内容，那么没有哪个平台是不会给予推荐的。

6.2.4　教你如何规避百家号的扣分处罚

  百家号的审核严格程度，想必运营者深有体会，经常会因为用错标点、使用错别字等收到提示。也会因为各种疏忽，以及不在意的小问题，被扣分和禁言。

  运营者在后期的账号运营过程中，最好尽量避免出现扣分情况，毕竟被扣分会对账号产生不利影响。接下来详细分析关于百家号扣分的一些相关事宜。

1. 出现扣分的情况该怎么办

  很多运营者在接到百家号的扣分通知后，会非常紧张，下意识地把内容撤回进行修改。其原因是运营者觉得扣分扣得委屈，又不想浪费自己辛苦创作的内容，希望撤回进行修改，百家号还会继续推荐。

  笔者在这里想说：遇到被扣分的情况就把文章撤回修改，这种做法是非常不明智的。正确的做法是：先核实自己的内容，对照一下是否真的存在扣分项。如果真的是标题党，或者内容涉及违规内容，直接写下一篇就可以。如果并不存在这些扣分内容，就要第一时间向平台反馈。

  为什么要这样做呢？因为运营者一旦有了撤回修改的行为，就会导致百家号系统无法判定运营者的内容是否有问题，即究竟是系统误判还是内容真的存在问题。

  因此，运营者一定要做到对文章做到保持原封不动，向平台反馈，反馈成功之后系统会自动帮运营者恢复。如果反馈失败，确实存在问题，那么再撤回修改，然后提交内容。

那么运营者应该如何反馈，反馈的入口在哪里呢？接下来，详细地讲解反馈流程，以及反馈的话术。

在收到百家号扣分的通知时，打开通知就能直接看到反馈的入口，点击打开之后，直接申诉问题即可。关于反馈内容的话术，笔者在这里提供一个大致的模板：记住一定不要骂人，语气要平和，态度要诚恳。比如可以这样写：

一直在认真地做原创内容，这篇文章是我花了两个小时的时间完成的，收到扣分通知之后，我再次审视了内容，还是不太清楚为什么会被扣分，麻烦审核人员再复审一下，同时把违规的详细原因告知，以便后期可以尽量地避免再出现类似的错误，感谢！

态度诚恳一些，一般如果运营者向平台反馈，平台会进行人工复审。如果确实是误判，那么系统会把扣掉的分数还给运营者。所以，运营者既然选择在平台上发布内容，就要信任平台，遇到问题一定要及时反馈，不要冲动行事。

2. 什么是百家号的标题党

标题党也分为多种类型，大致有如下 4 种类型：

（1）标题过于耸动、夸张

这是常见的一种标题，也是很多做自媒体的新手都会遇到的，常用到的一些词汇，比如"绝密隐私""惊天秘密""吓尿了""惊呆了""惊爆"等词汇，都有可能会被系统判定为标题党，所以，运营者在撰写标题时，一定要注意避免这些词语的出现。举两个例子：

"女子带奶奶遗物去鉴定，专家研究称：圆明园的，最起码值十个亿"

"遛狗回来别用水给狗洗脚，10 年资深铲屎官说了个秘密，20 万人点赞"

从这两个标题中，可以明显地看到，第一个标题中的"起码值 10 个亿"，以及第二个标题中的"10 年资深铲屎官的秘密以及 20 万人点赞"都有明显的耸动、夸张的成分。

当然，如果运营者有真实的资料，以及官方的书面性声明，能够为标题或者内容作证，那么这样的标题是没有问题的。

（2）标题与文章内容不符

标题与文章内容不符可分为两种情况：一种是标题中明确提出了数量，结果文章中却没有完全体现出来这么多内容；另一种是标题写的是一回事，内容却是另外一回事。举两个例子：

"怀孕后，常吃这五种食物，不仅孕妈皮肤好，将来宝宝也会皮肤白皙"

"女性身体出现这三种症状，暗示已经怀孕，要及时去医院检查"

第一个标题写的是 5 种食物，但是内容只写到两种或者 3 种。这种肯定属于标题党，应该尽量避免。第二个标题写的是"三种症状"，而内容却是怀孕的注意事项，那么这也属于标题与文章内容不符。

因为这种情况被扣分的人，并不在少数，因此，再次提醒运营者，在运营账号时，一定要注意保持标题与内容的统一性。用一句话来总结就是：标题与内容相关，内容围绕标题来展开。做到标题与内容紧密相接，环环相扣。

（3）恶劣标题，不良诱导

举例："刚被禽兽侵犯的智障少女，裤子都没来得及穿上，好心男子帮忙穿上"

其实并不存在女子被侵犯的真实内容，只是好心男子帮智障女子穿上了裤子。这就是不良诱导的一个案例，里面刻意地加上"被禽兽侵犯"这个剧情，让人产生联想，同时除了不良诱导之外，还有歪曲事实的成分。这样的标题肯定也是不可取的。

再举一个例子："这部电影的女主太美了，尤其是在卧室的那场戏，看得人脸红心跳"

这就是一个明显的带有不良诱导的标题，故意用一些词语，营造一种氛围，引发读者的联想，诱导读者点击打开内容。这样的标题也一定会被判定为标题党。

（4）无法证明事实真相的标题

案例："NBA 扣篮大赛遭吐槽，卡特往那一站就是冠军，詹姆斯看完给了自己一个耳光"

标题中明显存在浮夸的成分，而且标题所展现的内容完全没有事实依据，是一件无法证实的事。如果事情是有官方媒体报道出来的，那么运营者可以直接去写。如果没有官方数据，那么运营者可以借助网友的口吻，或者用推测的语气来描述。

再比如闹得沸沸扬扬的 ×× 事件，如果运营者直接写："×× 被收监被判刑"或者"×× 退出娱乐圈"等，肯定就会被扣分禁言。这不但是标题党，还存在造谣、传谣的性质。

所以，运营者在创作内容，尤其是取标题时，一定要围绕自己的话题点来写，千万不要为了蹭热点，或者想要博眼球，去刻意地做一些标题党。

细心的运营者也会发现，现在各大自媒体平台上标题党的内容已经越来越少，更多的标题开始趋于正常化，但是依然会用到一些标题技巧。例如，设置悬疑、巧用数字、借助名人、对比反差等。这些技巧在本书的第三章有详细的讲解。

3. 如何避免因标题党被扣分

在写文章之前，除了要确认话题点，以及避免上述 4 种情况之外，还要避免在文章的内容中明确地提到与标题相关的内容。有一个相关案例，如图 6-2 所示，文章的开篇、中间和末尾部分，都多次提到了与标题相关的内容。

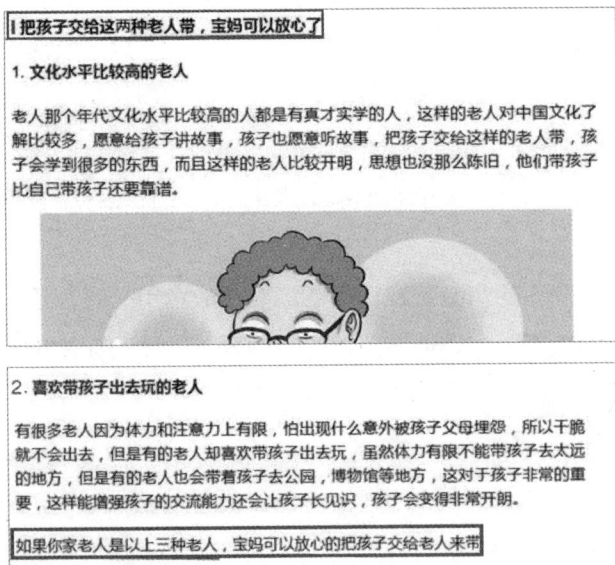

图 6-2　标题案例

运营者在平时的写作过程中也要注意这方面的问题，尽量避免因这些细节问题而出现被扣分不被推荐的情况。

如果运营者在后期的操作过程中，能够做到上述几点去完成一篇文章，那么任谁都不会判定其内容会出现标题与文章不符的情况。

6.2.5　百家号转正经验

很多自媒体人说百家号很难转正，包括很多贴吧里面也经常有人抱怨，自己做了很久的百家号都没有转正。笔者想说的是，在做任何事情之前，都要先学通过学习、总结出来系统的方法，这样才能上手更快。毕竟磨刀不误砍柴工，不然就会走很多弯路，浪费很多时间。下面是一位学员分享的百家号转正经验，他用了 10 天就通过了百家号的新手期，希望对还在新手期挣扎、努力转正的运营者能有帮助：

我加入自媒体的家庭，是因为通过在今日头条得知一个年轻的 90 后，在城市做保安，然后辞工回农村做自媒体，主要拍摄一些关于童年时候的小故事，收入达到了 50 万元左右。于是我心有所动，找到了方向，从此就踏入了自媒体这一行业。

很多人都说做自媒体很难，是因为他们不懂怎么运营，在百家号转正很简单，主要有以下 5 个方面：

（1）选择领域很重要

定位，规划好自己以后要走的路线，思考好路子，再选择做领域、做自媒体。对于领域的选择，选自己特别感兴趣的为最佳，毕竟兴趣是最好的老师，话题永写不枯竭，还能用心挖掘更多相关的话题。

（2）选择好了领域，并不是盲目地开始写，而是认真了解平台的规则。

（3）思考自己的领域内容，着手写系列文章。

写系列文，其标题也非常关键，要保证每一个标题中都带有相同的词汇。比如你是写徒步旅行的，每一篇文章标题中都要带有"徒步旅行"这 4 个字，填写的标签也是徒步、旅行、户外运动等。内容要紧扣徒步旅行展开来写。

关于徒步旅行的故事能写的内容有很多，比如徒步旅行之前的准备情况、装备，背包里面要装些什么样的必备品等。可以写徒步旅行所走的地方，遇到什么风景，拍摄了什么好东西，留下了什么好印象。可以写徒步旅行有什么好处，锻炼、健康养生的慢生活，等等。总之，写系列文要抓住一个关键词，围绕这个关键词发散思维即可。

（4）内容配图

图片最好是自己拍摄的，这样的图片可以加分。图片与所写的内容要求搭配合适。在自己不能拍摄的情况下，也可以在网络上找图片。图片的要求是：高清图片，没有水印，与内容相关联。

（5）填写标签

标签需要围绕所写的关键词来写，比如写徒步旅游，对应的标签就是旅游、户外运动、徒步、摄影等。

其实在百家号过新手期，不需要追求爆文策略，只要做好内容垂直即可。标题选择可以选择三段式，A、B、C 类型的标题，封面需要美化，做得好看些。

每天坚持写一篇围绕自己选择的关键词的文章就可以，质量要高，不能抄袭网络上的内容，要有自己的观点，有自己的议论点。如果觉得才思枯竭，就在同行里面找老师，关注 50 个同行的大咖，看看他们写什么话题，然后总结这些话题，套入自己所选择的关键词展开写。

做自媒体最重要的就是要有很强的执行力，还要懂得总结，临摹同行，超越同行，不断输出内容，眼睛不必一直盯着百家指数起伏而感到伤心难过，心要放在内容上，不触碰平台的红线即可，老老实实做内容。做文章比做视频容易过新手期。祝你好运，希望能够帮助你。

最后，还要注意，除了做好内容外，标题和封面也是重点。

6.3　百家号爆文技巧

要做好百家号，达到高收益，做出优质的内容是最直接，也是最有效的方法。那么打造百家号爆文有什么技巧吗？答案当然是肯定的，做到以下 4 点，谁都可以做出爆文。

6.3.1　这些百家号低质内容，一定要规避

随着百家号系统的不断完善，百家号对内容的要求也越来越高，平台逐步开始打压较为低质的内容，整体提高平台的文章质量。因此很多自媒体人的百家号被系统认为是低质内容而被降权打压。

如何才能避免百家号内容低质的现象呢？下面分享百家号低质文章的标准，利用一些案例进行讲解，如何避免低质文章的出现。

主要包含 3 种类型的低质水文，分别是：娱乐水文、信息杜撰和采集拼凑。

1.　娱乐水文

领域：娱乐（包括体育明星）、影视。

特征：内容单薄，大量搬运网络介绍文字，个人观点少或个人观点部分琐碎、无实意，记流水账，无中心观点。

包括但不限于如下 5 类：

（1）剧情描述（包括电视剧、电影、综艺节目）

复述影视剧剧情，个人观点少于 20% 且无实际意义；对未播出的剧情进行编撰、剧透。

（2）明星未证实消息（真实负面新闻除外）

内容中有"被曝""据说"等词汇；大多为负面、负能量消息，如"违约""离婚""怀孕""吸毒"等。比如"×× 与 ×× 相识即同居，奉子成婚，如今在家安心养胎成预备宝妈"。注意：已证实的负面新闻除外，如"×× 曝光阴阳合同""×× 被投诉""×× 离婚"等。

（3）明星负面的黑稿和陈年往事

负面黑稿式标题，如"×× 早年视频流出，无辜少女痛诉劣行""×× 主持都怎么了？"等。

（4）简单罗列明星照片

直接罗列照片，个人观点少或个人观点部分琐碎、无实意，记流水账，无中心观点，如图 6-3 所示。

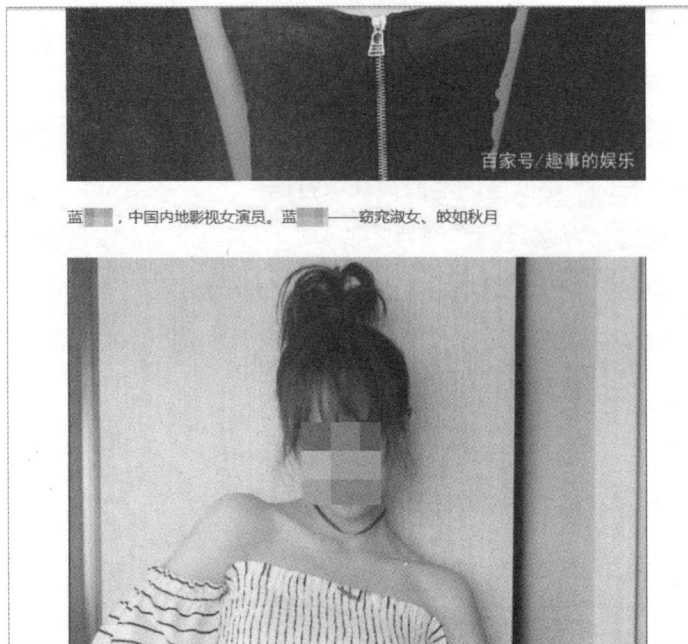

图 6-3　简单罗列明星照片案例

（5）使用低俗标题、图片

使用低俗照片、图片，例如，"×× 娇羞模样惹人怜惜！"

2. 无可靠信息源的信息杜撰

领域：娱乐、社会领域比较常见。

特征：假，非可信源发布真实性存疑的事件内容，无事实依据地阐述观点；水，无关网络配图，图片质量较差，且图片与文字关联性低。

包括但不限于如下 4 类：

（1）编造故事

故事情节描述：无事件发生的具体时间、地点、人物等背景说明，以故事情节描述的方式撰写内容。

泛指人称关系，常以哥哥 & 弟弟，房东 & 租客，妈妈 & 女儿，小强 & 小明等泛指人称出现，泛指某一类人或人物关系。

主动标识为编造内容：文章开头或者末尾主动标识出"纯属虚构"等说明文章属于编造的内容，如图 6-4 所示。

女儿坐月子我去看她，到饭点没人做饭，去厨房一看，我让女儿离婚

女子婚后半年绝经，丈夫陪她去医院检查，医生：我建议你们去报警

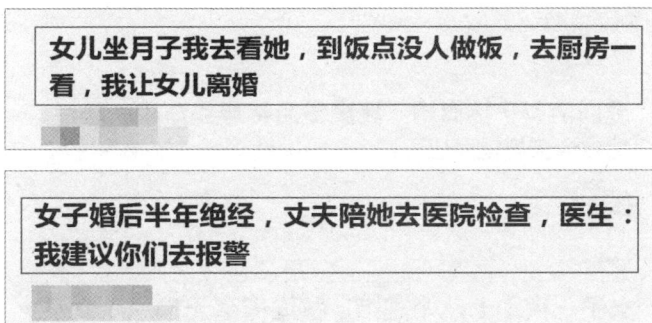

图 6-4　"纯属虚构标题"案例

注意：中心思想是说理，但利用编撰故事作为论证材料的文章不属于低质水文，适用于情感、健康类领域。如图 6-5 所示为正面标题案例。

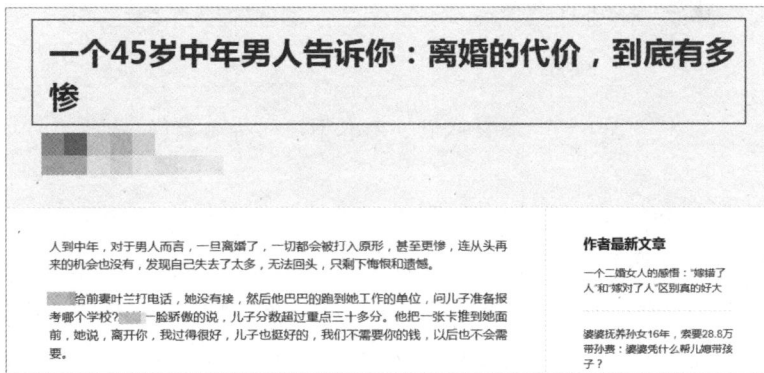

一个45岁中年男人告诉你：离婚的代价，到底有多惨

人到中年，对于男人而言，一旦离婚了，一切都会被打入原形，甚至更惨，连从头再来的机会也没有，发现自己失去了太多，无法回头，只剩下悔恨和遗憾。

给前妻叶兰打电话，她没有接，然后他巴巴的跑到她工作的单位，问儿子准备报考哪个学校？一脸骄傲的说，儿子分数超过重点三十多分。他把一张卡推到她面前，她说，离开你，我过得很好，儿子也挺好的，我们不需要你的钱，以后也不会需要。

作者最新文章

一个二婚女人的感悟："嫁错了人"和"嫁对了人"区别真的好大

婆婆抚养孙女16年，索要28.8万带孙费：婆婆凭什么帮儿媳带孩子？

图 6-5　正面标题案例

（2）伪造社会新闻

如图 6-6 所示为伪造社会新闻案例。

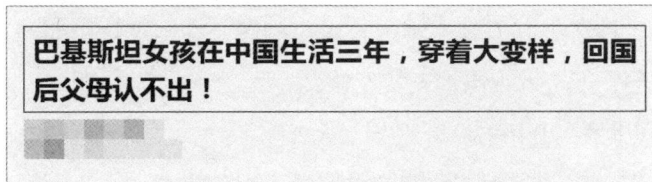

巴基斯坦女孩在中国生活三年，穿着大变样，回国后父母认不出！

图 6-6　伪造社会新闻案例

（3）题材低俗、令人不适

用惊悚、令人不适、违背常理等题材编造故事来博取眼球的内容。通过

热点舆论话题包装编造的故事，如图 6-7 所示。

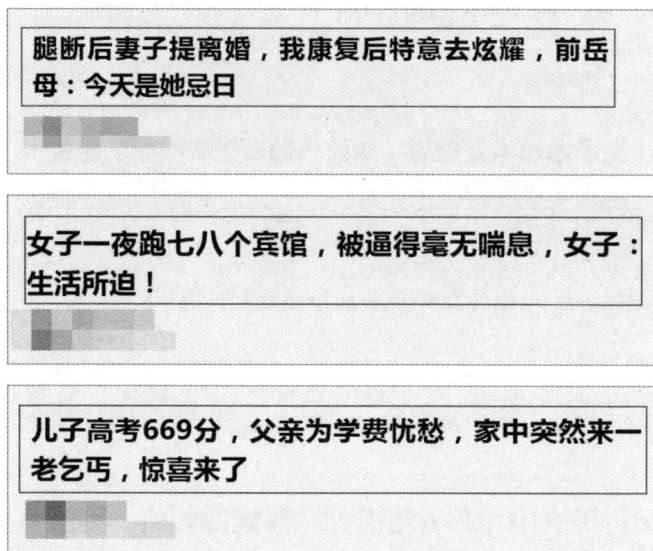

腿断后妻子提离婚，我康复后特意去炫耀，前岳母：今天是她忌日

女子一夜跑七八个宾馆，被逼得毫无喘息，女子：生活所迫！

儿子高考669分，父亲为学费忧愁，家中突然来一老乞丐，惊喜来了

图 6-7　题材低俗、令人不适的标题案例

3. 采集拼凑

领域：各个领域都常见。

特征：由简单采集或拼凑而来，未认真整理组织，文字注释口语化，图片质量差，未见信息增益，也没有进行有价值的二次创作。建议创作者先分析每日最新爆文数据，有选择性地挑选合适的话题进行二次创作，这样的作品才有阅读价值。

包括但不限于如下 4 类：

（1）文字截图充当内容

将评论、段子、问答等文字内容进行截图，充当图片里面的正文内容。文字部分单薄，无个人观点，无实际意义。

（2）简单罗列介绍

通过收集一定的有相关性的同类信息、组装拼凑，个人观点单薄（每个介绍主体不超过 200 字），或无中心观点、流水账，如图 6-8 所示。

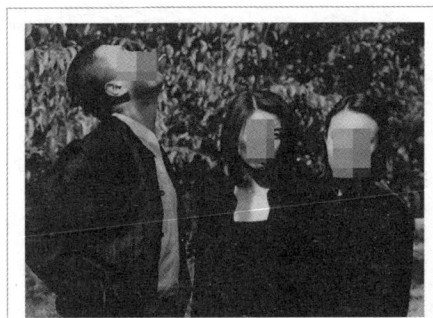
孙红雷4大经典之作：《征服》孙红雷演绎的第一个黑老大，非常的霸气，再加上本来就长得像，演起来更是霸气十足，非常逼真。

孙红雷4大经典之作：《好先生》讲述的是因为一场车祸而引发的一系列纠葛纠纷的故事，故事情节曲折，十分引人入胜！

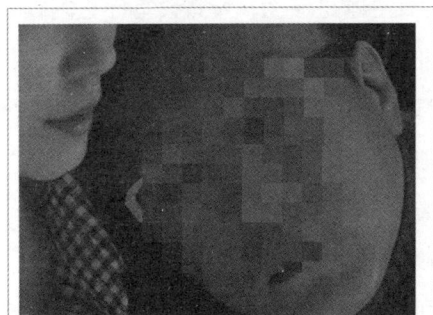
孙红雷4大经典之作：《男人帮》还记得那句开头的台词吗？我过去相信爱情，现在相信爱情，未来也相信爱情，就是从来不相信爱情会降临到自己身上。

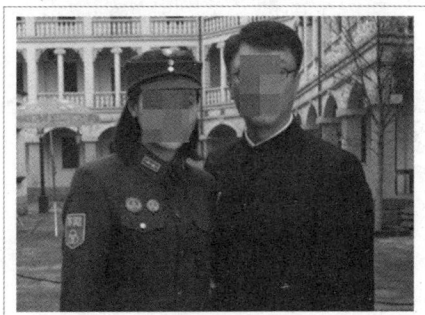
孙红雷4大经典之作：《潜伏》达到国内谍战剧的高峰了。毫不追求猎奇效果，很踏实的片子。除了孙红雷，扮演站长吴敬中、李涯以及陆桥山的一众演员均演技精湛。
孙红雷5大经典之作，我赌你只看过征服，全看过我叫你一声大哥！

图 6-8　简单罗列文章案例

（3）图片模糊

内容简单，采集拼凑，图片模糊，清晰度张数比例 <80%，或图片少于 6 张且图注简单，超过两张图片的文字描述少于两行。

（4）图注描述口语化

内容简单，采集拼凑，图注描述口语化。

例如，"×× 众多走秀的样子，其中哪样的她令你感到惊艳和惊吓？"

6.3.2　3 个技巧避免标题与内容不符的情况

很多新媒体人问笔者："百家号应该如何避免标题与内容不符的情况？"下面提供一些参考。

首先来分析为什么会出现标题与内容不符的情况，其实原因很简单。

（1）作者在写文章之前没有做好充足的准备，比如素材都没有收集好就开始写，随便构思一会儿就长篇大论，这样就很容易出现标题与内容不符的情况从而导致被扣分。

（2）在创作的过程中出现拼凑、东拉西扯的情况，比如开始的时候写的是 A，中间的时候写的是 B，然后突然灵光一闪又写到了 C。这样也很容易出现标题与内容不符的情况。

那么运营者在实际操作中要如何避免这样的问题呢？

（1）做到心中有数。

可以提前把文章的框架列出来，即文章主题是什么，大概会写什么内容，第一个部分写什么，中间写什么，如果中间会有一些案例，那样要怎样去写，等等。把这个框架列出来之后，下笔时只需按照框架去填充即可。准备充分之后，写文章时还会出现标题与内容不符的情况吗？当然就不会了。

（2）文章的布局保持"总分总"的结构一定不会出错。

（3）在内容中有意识地写与标题相关的内容。

做到上述 3 步，笔者相信很难有人再质疑作者的标题与内容不符。因为作者不仅把握好了文章的结构，还在文章中重点地突出了与标题相关的话题。所以作者在操作创作内容或者运营账号的过程中一定要注意上述几点。

6.3.3　文章阅读量比推荐量还高是什么原因

百家号是百度的自媒体平台，作者发布的内容会展现在手机百度 App 中，打开手机百度 App，就可以看到各种信息流资讯，有图文、有视频，而这些内容都是百家号作者发布的，然后经过系统推送给百度 App 用户。

该信息的分发是由系统机器算法根据用户的兴趣爱好进行的，也就是说，如果用户喜欢看某一个领域的内容，系统就会根据其爱好，针对性地为其推送类似的内容。而传统的内容分发模式，主要靠人工编辑进行选题和刊登，他们想让用户看什么，用户就只能看什么。

另外，还有一种信息分发机制，叫社交链条，内容经过朋友圈、微博等渠道进行传播，在某一个群体或者圈子有着共同兴趣的一类人，信息经由他们进行传递，如图 6-9 所示。

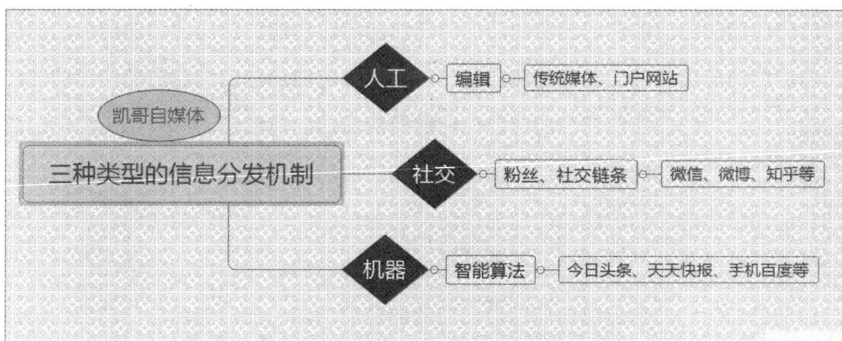

图 6-9 信息分发机制

因为智能手机的兴起，让信息流的广告价值巨大，以今日头条、手机百度、天天快报等 App 为代表，这些靠机器算法推荐的自媒体平台中，作者后台都会有一个有关推荐和阅读的数据。

不少运营者弄不懂百家号后台的推荐量和阅读量是什么意思，这里顺便科普一下：推荐量是指百家号所发布的内容被推荐到手机百度用户信息流中的次数；阅读量是指用户点击进入内容详情页进行浏览的次数。

一般情况下，推荐量和阅读量的比例在 10 ： 1~5 ： 1 之间，如果标题和封面比较吸引人，则一般会在这个比例范围内。接下来主要讲解百家号文章阅读量比推荐量高的原因。

不仅仅是百家号，很多人可能在头条号也遇到过阅读量大于推荐量的情况，感觉很奇怪，为什么阅读量会比推荐量高呢？上述提到推荐量是系统推荐到用户信息流中的次数，阅读量是用户进入内容详情页浏览的次数。

推荐量比较好理解，系统给推荐了多少就是多少，但阅读量就有一些不确定的因素，比如：

（1）有用户阅读了运营者的百家号内容后，感觉很不错，就将其转发给了他的朋友，他的朋友阅读之后，自然就产生了一个阅读量，这个阅读量并不是系统推荐来的。

（2）有些数据采集网站专门用程序抓取百家号自媒体作者的账号，一旦发现作者更新后，就用程序自动读取，然后采集到他们网站，这种情况也会产生阅读次数。

（3）在百家号平台发布的文章，在百度上会有非常好的排名，如果运营者的标题包含了一些热点词汇，就会有人通过百度搜索查询到其文章，进而对其文章产生阅读，这样也会增加阅读量，并且这样的阅读也会产生收益。

如果运营者的百家号文章标题搜索量比较大，也会带来成千上万的阅读量，这算是 SEO（搜索引擎优化）的范畴。

上述即百家号文章阅读量比推荐量高的原因。其实，一般情况下，推荐量会远远超过阅读量，如果运营者的内容阅读量大于推荐量，一般是由于内容并不太优质、不吸引人所造成的。用户反馈数据差，所以系统不再持续加大推荐量。

6.3.4　这样提高阅读量，让你收益增长 5 倍

很多想通过百家号赚钱的新手都在抱怨做自媒体赚不到钱，笔者在接触了很多做自媒体的人之后，发现大家普遍存在的问题就是：辛苦写出来的文章没有人看，也没有推荐量，花了七八个小时录制、剪辑的视频，发上去之后根本没有播放量。

问题究竟出在哪里呢？下面具体分析其原因。

作为自媒体人究竟该如何做才能提升自己的阅读、播放量，进而增加收益呢？在做自媒体之前，运营者需要有这样一个认知，即"我的内容是发给用户看的，不是发给自己看的"。所以研究平台上用户的喜好就显得尤为重要，那么该如何去研究呢？怎么才能知道用户的喜好呢？做好如下两点就可以了。

1.　长期关注百家号上同领域阅读量大的内容

阅读量大的内容，说明用户的喜爱程度比较高，看到这个内容用户愿意去点击，愿意给出评论、转发、收藏等。如果运营者长期关注这样的信息，一段时间之后就会对自己所在的领域有了一个全面的认识，后期在写文章或者发视频时，就会知道用户的喜好在哪里，发布内容的重点应该放在哪里。

2.　研究、分析百家号爆文标题

大家可以想象一下，当系统把内容推荐给你的时候，是什么最先引发你点击打开的欲望呢？答案一定是标题。因此，先不讲内容的好坏，一个吸引人的标题就显得特别重要。所以，笔者建议运营者在关注阅读量比较大的爆

文的同时，也要注意分析爆文的标题，学习爆文标题的技巧。

运营者经过上述两个方面的总结和分析之后，再去做自己的内容，阅读量和播放量一定会有一个质的飞跃。坚持一个月，在今日头条、百家号、企鹅号等自媒体平台的收益就会实现增长 5 倍。

最后，做任何事情都需要坚持，没有人可以随随便便成功。看到、学到一些方法之后，一定要去实践，在实践中运用这些经验才能把别人的经验变成自己的收益。否则，别人分享的经验再好，也永远是别人的。

6.4. 百家号其实还能这样赚钱

从自媒体兴起以来，很多人都加入了自媒体大军，大部分人知道在百家号平台写文章就可以获取广告收益。但是也有很多人并不想只写文章来获取平台的广告收益，那么百家号自媒体还有哪些赚钱方法呢？本节要介绍的利用百家号赚钱的方法就是代转正。

很多人会认为："我做自媒体就是赚收益。"如果运营者觉得赚收益比较困难，但擅长写作，那么可以帮别人代转正。代转正，即把账号养成转正号，然后把它卖掉，或者养成原创号再把它卖掉。一个号收取 300~500 元，一个月也会有几千元甚至上万元的收入。自媒体平台上有很多赚钱的机会，也有很多赚钱的方式，只要做自己擅长的就是可行的。

对于擅长的内容运营者就会觉得做起来非常简单，自媒体平台真的非常简单，怎样去找话题，怎样去收集素材，取标题的技巧等，只要按照笔者在前文中讲过的方法一步步去做，就一定能通过百家号获得不错的收益。

第 7 章

微信公众号，29 招运营加变现

微信不仅是一个社交软件，还是一个可以供个人和企业赢利的工具。对微信公众平台运营者来说，微信运营的最终目的则是实现商业变现，赚取利益。

本章主要从公众号运营的注意事项、引流、活跃粉丝以及变现等 4 个方面进行具体分析。

要点展示：

➤ 5 个注意事项，关于公众号运营技巧

➤ 8 种妙招，公众号实现吸粉引流

➤ 7 个方法，快速活跃粉丝

➤ 9 种手段，公众号轻松实现变现

7.1　5 个注意事项，关于公众号运营技巧

新手入驻微信公众平台之后，还需要注意一些关于公众号的运营技巧和事项。本节将介绍 5 个方面的内容。

7.1.1　微信公众号搜索排名的规则是什么

微信公众号作为微信较早打造的一个自媒体平台，在 2014、2015 年可谓独领风骚，风光无限，不少人和公司靠微信这款产品打下千万甚至亿万身家，虽然现在微信公众号的打开率和吸粉效果以及收益都比不上从前，但这不代表它不能做了，只是暴利期已经过去了。

在此，主要讲解微信公众号搜索排名的一些规则，运营公众号的一些运营者都会遇到这个问题，笔者总结了以下几个因素：

1.　微信公众号名称

名称尽可能包含关键词；

名称的定位人群要精确；

名称要简短精练，不建议选择字数过多的名称，只需显示品牌或者相关服务的关键词即可。

公众号名称最重要的就是采集关键词，让用户能够精准地搜到运营者。

2.　功能介绍

功能介绍是显示在搜索结果详细页面的，可以直接影响用户的选择。在用户搜到众多同类关键字的公众号后，运营者的功能介绍就成为用户选择关注的重要依据。记住字数不要太多，最好的写法就是适当重复关键词。

3.　认证

认证的微信公众号排名一般要靠前一些，而且与认证主体信息也有一定

的关系，知名度较高的主体排名可能要相对靠前。认证过的公众号使用户增加了一份信任，同时增加了用户关注的概率。

4. 平台信息量

平台信息量是对公众号搜索排名起重要作用的因素，首先运营者要知道做微信公众号就是为了服务用户，服务用户分为两种：一是输出内容，二是解答询问。提供用户想看、喜爱的内容，并能准确、周到、及时地解答用户的问题，积极与用户互动交流，这样才符合腾讯做公众号的目的。

说到底，要想做好微信公众号排名，最根本的是服务好用户，只要做到用户喜欢、腾讯欢迎，排名怎么可能会不好呢？

7.1.2 怎样快速拿到原创功能并用来赚钱

微信公众号原创声明功能怎样开通？这是大部分运营公众号的新手所关心的问题。只要掌握了方法，微信公众号的原创和赞赏功能就非常容易开通。然而，由于信息的不对称，大部分人无法开通。

淘宝公众号原创开通服务，700~800 元一单。对于很多运营者知道的方法、经验，大部分人并不知道。只要运营者愿意把自己的经验、方法分享出来，就可以获得相应的回报，这就是自媒体的魅力。长期规划自媒体运营，就要做一个细分领域的自媒体人，中国人口众多，任何一个小的细分领域，放到互联网上，都有了无限可能。

这个时代成功最关键的因素是认知和思维方式的转变，是一个人要对抗自己内心很多固有的思想。当思想转变后，行动才是有效的。否则，任何机会都会错过。每天都有人问笔者怎样通过自媒体赚钱，信誓旦旦地说自己很想赚钱，可实际上他们连最基础的注册教程都懒得看。

下面开始进入正题：如何获得公众号的原创邀请和赞赏功能，并利用这个技能来赚钱。为什么那么多人想要原创功能？主要是因为获得微信公众号的原创功能有如下 6 个方面的好处。

1. 原创保护

别人转载文章需要运营者授权，转载后文章底部会显示运营者的账号。

2. 留言功能

大部分微信公众号没有留言功能，没有留言功能，就少了一种与粉丝互动交流的机会。

3. 赞赏功能

只有个人主体注册的微信公众号才能开通赞赏功能。公司主体注册的账号，是无法得到赞赏的。

4. 页面模板

这个功能可以把一些不相关的文章整合到一起，方便用户查看。比如"凯哥日记"公众号菜单栏中的今日头条赚钱教程，就是利用了页面模板。

5. 搜索流量

微信给予原创的内容流量加权，获得原创标签的公众号和文章，在用户搜索时获得的自然排名会比没有原创的公众号和文章靠前。

6. 开通流量主赚钱

目前，获得原创邀请的公众号，只需拥有 5000 粉丝即可开通流量主功能。

了解了微信公众号的原创功能后，再来看怎样快速开通原创功能。官方要求是 95% 的原创率、没有违规记录、注册一年以上、有足够的推送频率。实际上没有这么复杂，运营者只需牢记以下 5 点即可：

（1）首发在微信的文章，微信平台即认为是原创。（确认一篇文章是否被人以微信发布过，可用搜狗微信搜索查询）

（2）一个月内，发布 10 篇 500 字以上的原创文字。如果运营者是头条号作者，那么将其头条号的原创文章发布到公众号，一样算是原创。如果想获取更多的原创内容，则参考第一条自由发挥。

（3）公众号文章有一定的阅读量，或者有 100+ 的粉丝，可以加快获得原创邀请的速度。

（4）获得原创邀请时间：新号 20 ～ 40 天，老号 3 ～ 20 天。

（5）注意：账号必须没有抄袭的违规记录，才能获得原创邀请。

关于微信公众号原创声明功能的开通就这么简单！代开通一个原创公众号的市场价为七八百元左右，学习了上述方法，运营者只要稍做努力，去操作执行，一周接 1 ~ 3 单，一个月 10 单即可轻松实现月入八千元。

做到上述 5 点，就可以赚钱，这是不是最简单、最直接的微信公众号赚钱方法！

7.1.3 自定义菜单中如何设置"历史消息"

很多运营者都问过笔者这个问题，即在微信公众号自定义菜单中如何设置"历史消息"的链接。其实很简单，在微信公众号中设置历史消息只需 4 个步骤即可完成。首先需要登录微信公众平台，然后完成如下步骤。

步骤 01 点击"自定义菜单"按钮，如图 7-1 所示。

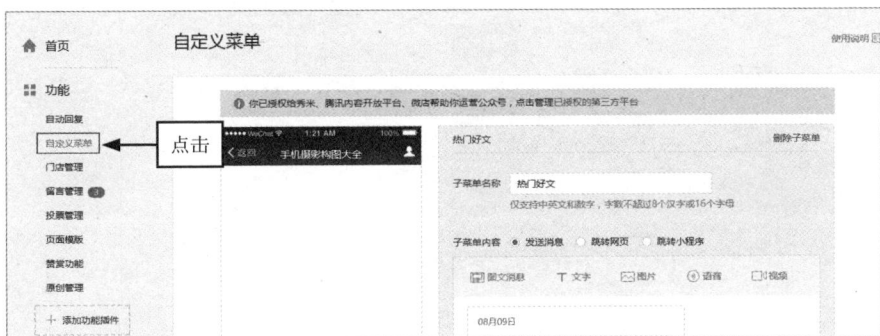

图 7-1 "自定义菜单"页面

步骤 02 选择"跳转网页"选项，并点击"从公众号图文消息中选择"按钮，如图 7-2 所示。

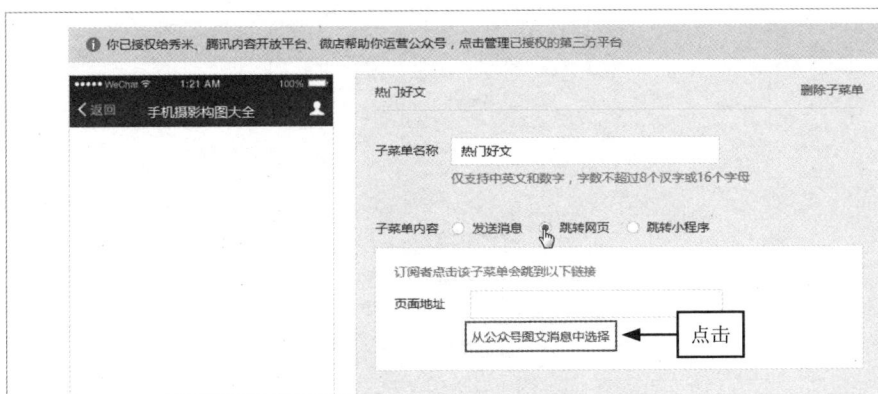

图 7-2 选择"跳转网页"选项

步骤 03 选择"历史消息"选项，勾选"跳转到历史消息列表"选项，再点击"确定"按钮，如图 7-3 所示。

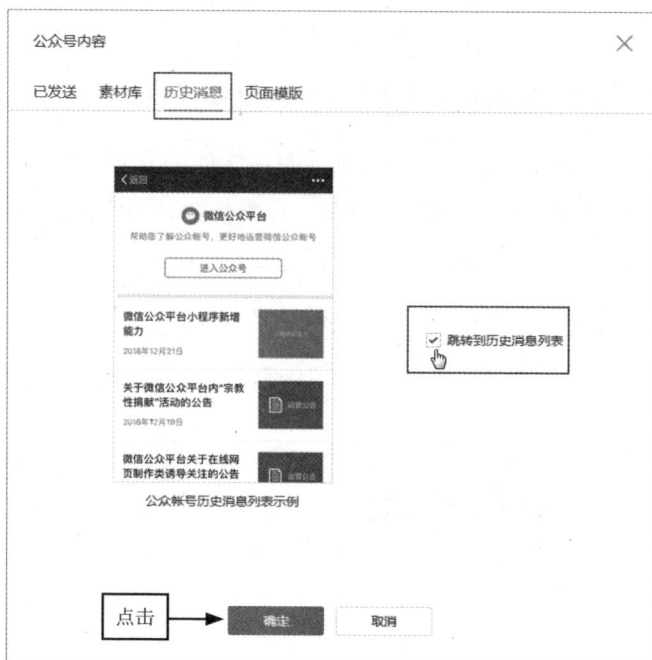

图 7-3　选择"历史消息"选项页面

步骤 04 点击"保存并发布"按钮，如图 7-4 所示。

图 7-4　"保存并发布"页面

保存并发布之后，再用手机查看自己的公众号，菜单栏中就有"历史消息"这个栏目了。是不是很简单？

7.1.4　微信公众号的文章什么时候发比较好

在微信公众平台什么时候发文章比较好？关于这个问题很多人都跟笔者讨论过。有人说早上 7、8 点和晚上 6、7 点发布文章最合适，因为这个时间段是上下班的时间，很多人都会在上下班途中查看。也有人说中午 12 点左右发布文章比较好，因为午饭时间看公众号的人也很多。还有人说晚上 9 点左右适合发布文章，因为人们吃完晚饭后都有空闲，就会坐下来看看公众号。

他们说得都很对，但又不全对，这是为什么呢？

因为如果大家普遍觉得某个时间段推送比较合适，那么这个时间段就成了不合适的时候。因为群发的号也会多，运营者的信息非常容易被信息流淹没。再者，如果已经让用户养成行为习惯，每天固定时间段推送，如果某天突然在其他时间段进行推送，阅读量就会降低。但上述都是理论上的思考，不一定准确。

关于在微信公众平台什么时候发文章比较好，可以从如图 7-5 所示的公众号广告曝光量来推断发文的合适时间。因为该广告曝光量可以间接地反映出平台文章访问量的情况。

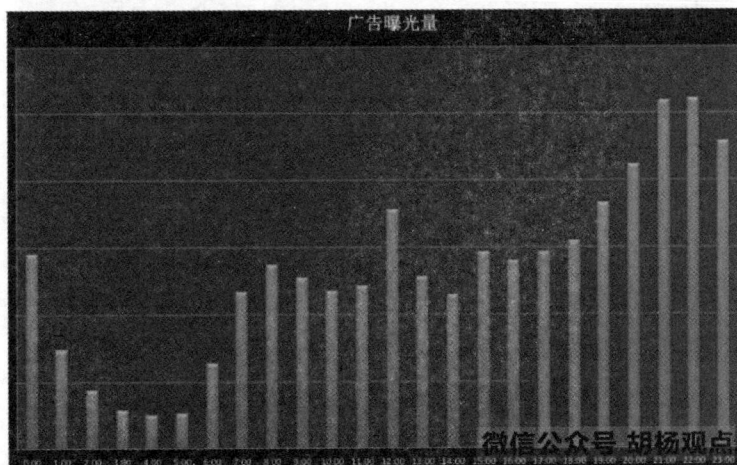

图 7-5　广告曝光量

图 7-5 中每个柱状图都代表一个时间段。可以看出，重要的时间段主要有如下 4 个：

（1）凌晨 4 点，是全天广告曝光量的最低点。（用户大多在睡觉）

（2）上午 8 点，是上午时间段内广告曝光量的最高点。（上班高峰期）

（3）中午 12 点，是中午时间段内广告曝光量的最高点。（午餐时间）

（4）晚上 10 点，是全天广告曝光量的最高点。（下班后以及睡前）

那么是不是就可以总结出，晚上 10 点左右发文章最合适呢？

其实方法是死的，但运营者是活的。经营者根据自己公众号的定位可以选择不同的时间段。比如经营者的公众号内容都是笑话、小段子、小常识之类的"快消品"，用户极短时间内就能阅读完毕，就可以考虑在早、中、晚时间段发，用户可进行时间碎片化阅读而且不需要集中精神去深度阅读，只轻轻一瞟就好。

如果经营者的文章有深度且需要用户沉浸其中进行思考，就要考虑晚上群发，因为夜深最适合思考。

经营者的公众号如果以前都是在一个时间段推送，并且其用户很多，特别是公众号名称中带有"晨阅""夜谈""午时""X 点"等强烈时间提示的词汇，就不需要改变群发时间。

总体上来说，晚上 9~10 点是阅读量最高的时候，但因为每个公众号都具备自己独特的属性，因此发送文章时间可以根据实际情况做出调整。

7.1.5　如何写出能吸引人的公众号内容

对于公众号内容怎么写才能吸引人，很多运营者都说自己明明很用心地写了一篇原创文章，但阅读量总是两位数。其实这与运营者的文采没有关系，与文章内容有很大的关系。

下面讲解公众号内容怎么写才能吸引人。受用户欢迎的主要有如下 4 大类型的内容。

1. 鸡汤文

鸡汤类型的文章即主题是积极的，看完后会让读者感觉"浑身被打了鸡血"。文章内容的具体写法如下。

开头部分：控制在一两百字，要明确读者人群，文章都讲了什么，以及读完会对读者有什么好处。内容必须是积极意义的，比如某某靠自己努力一年赚 50 万元的经历。

主题内容：字数不要太多，3000 字左右就行，把故事讲清楚，最好是那些接地气的普通人的故事，或者是名人未成名时候的故事，要让读者有代入感。

结尾内容：简短一些，强调文章的主题，引导用户做下一步的动作。

总之，记住以下 4 个要点：

（1）要写已经发生的事情。

（2）过程要具体。

（3）总结要深刻，不要写流水账。

（4）接地气，让读者有代入感。

2. 让读者感觉愤怒或恐慌的文章

具体写法与技巧如下：

（1）先提出一个确凿的事实。

（2）最好用数字、照片、视频等一切能证明真实性的信息。

（3）明确自己的中心论点，作者反对什么，拒绝什么，希望什么。

（4）强调这件事与读者的关系。

（5）让读者读完后愤怒或者恐慌。

3. 让读者读有所获的文章

让读者读有所获的文章，即让读者看完后觉得自己知道了别人不知道的内容或者自己看这篇文章前不知道的内容。具体写法如下：

（1）最好实时性强，讲述几小时内发生的事情。

（2）要做到有理有据地分析。

（3）让转发的人有身份带入感。

（4）提升文章的格调，让读者主动去转发。

4. 实用小窍门类的文章

（1）语言简单不花哨，直接写干货。

（2）与群众息息相关的领域（或者是垂直领域）。

（3）让用户把运营者的公众号当成在线的知识储备。

如今是内容为王的时代，好的推广就是稳扎稳打地把内容做好，不付出百分之百的努力，是不可能把一件事情做到极致的。

7.2 8种妙招，公众号实现吸粉引流

吸粉引流是公众号运营者一项重要的工作，也是微信公众号运营工作中的重要一环，下面介绍 8 种常见的吸粉引流方法。

7.2.1 和爆款大号互推互利

通过与爆款大号互推的方法，即微信公众号之间进行互推，建立公众号营销矩阵（两个或者两个以上的公众号运营者，双方或者多方之间达成协议，进行粉丝互推），可以达到共赢的目的。

在很多微信公众号中，某一个公众号会专门写一篇文章给一个或者几个微信公众号进行推广，这种推广就是公众号互推。这两个或者多个公众号的运营者会约定好有偿或者无偿给对方进行公众号推广。微信公众号之间互推是一种快速涨粉的方法，它能够帮助运营者的微信公众号短时间内获得大量的粉丝，效果十分可观。

运营者在采用公众号互推吸粉引流时，需要注意的是，找的互推公众号平台类型尽量不要与自己的平台是一个类型，因为这样运营者之间会存在一定的竞争关系。

两个互推的公众号之间要尽量存在互补性。举例来讲，运营者的公众号是推送健身用品的，那么运营者选择互推公众号时，就应该先考虑找那些推送瑜伽教程的公众号，这样获得的粉丝才是有价值的。

7.2.2 打造爆文高效引流

文章的内容在公众号运营中是重中之重，在引流方面更是有着莫大的作用，有时候一篇吸引人的爆文能瞬间吸引大量粉丝来关注公众号。那么什么

样的文章才能称为爆文呢？爆文又应该如何打造呢？下面分别从微观和宏观方面来进行讲解。

1. 微观方面

上述从大的内容方向对爆文要具备的特点进行了阐述，下面将从具体的一篇文章因素出发，讲解怎样打造爆文，如图 7-6 所示。

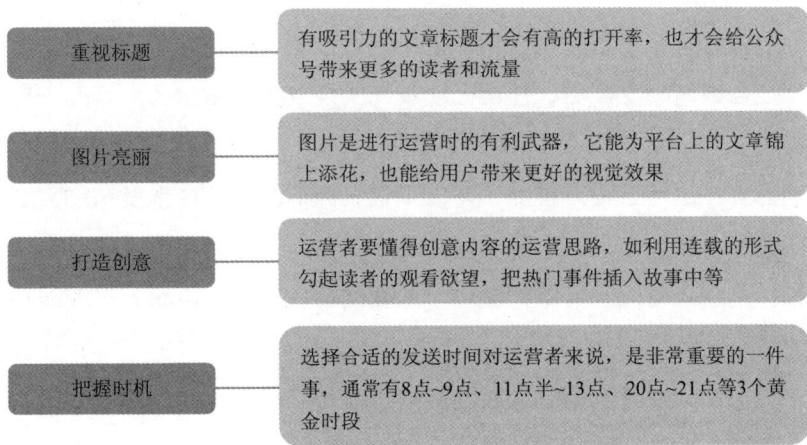

重视标题	有吸引力的文章标题才会有高的打开率，也才会给公众号带来更多的读者和流量
图片亮丽	图片是进行运营时的有利武器，它能为平台上的文章锦上添花，也能给用户带来更好的视觉效果
打造创意	运营者要懂得创意内容的运营思路，如利用连载的形式勾起读者的观看欲望，把热门事件插入故事中等
把握时机	选择合适的发送时间对运营者来说，是非常重要的一件事，通常有8点~9点、11点半~13点、20点~21点等3个黄金时段

图 7-6　从内容的微观因素方面打造爆文的方法

2. 宏观方面

从宏观角度来看，爆文内容应该具备如下 3 个特点。

（1）内容要有特色

在微信公众平台的内容方面，要把握好如下两个要点，才能提升平台内容特色。

个性化内容：个性化的内容不仅可以增强用户的黏性，使之持久关注，还能让自身公众号脱颖而出。

价值型内容：运营者一定要注意内容的价值性和实用性，这里的实用性内容是指符合用户需求，对用户有利、有用、有价值的内容。

（2）增强内容的互动性

通过微信公众平台，运营者可以多推送一些能调动用户参与积极性的内容，将互动信息与内容结合起来进行推广，单纯的互动信息推送没有那么大的趣味性，如果与内容相结合，就能够吸引更多的人参与其中。

（3）具有能激发好奇心的内容

运营者想要让目标用户群体关注公众号，就必须从激发他们的好奇心出发，如设置悬念、提出疑问等，往往会有事半功倍的效果，远比其他策略要好得多。

7.2.3　坚持朋友圈分享

朋友圈分享是指运营者在自己的个人微信号、企业微信号的朋友圈里发布软文广告或者硬文广告，让自己朋友圈的好友关注微信公众号的一种吸粉引流方法。

运营者在进行好友互推时，可以把自己微信公众平台上发布的文章，再在自己的朋友圈发布一次，朋友圈中的好友看见了，如果感兴趣就会点开文章阅读。运营者可以坚持每天发送，只要文章质量高，自然而然就能够吸引用户关注公众号。

这种方法，在分享自己动态的同时也宣传了公众平台，是很不错的推广方法，而且也不容易引起朋友圈中好友的反感。

以微信公众号"手机摄影构图大全"为例，如图 7-7 所示为"手机摄影构图大全"平台运营者在自己的朋友圈推广自己公众号的相关信息。

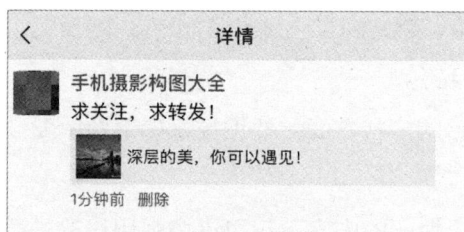

图 7-7　在朋友圈推广公众号

7.2.4　合理利用线上微课

线上微课是指按照新课程标准及其教学实践的要求，以多媒体资源（计算机、手机等）为主要载体，记录教师在课堂内外教育教学过程中围绕某个知识点而开展的网络课程。

线上微课的主要特点有如下 8 点。

（1）教学实间较短。

（2）教学内容较少。

（3）资源容量小。

（4）资源组成情景化。

（5）主题突出，内容具体。

（6）草根研究，趣味创作。

（7）成果简化，多样传播。

（8）反馈及时，针对性强。

公众号中有一些专业的直播平台，比如"千聊"，运营者可以与这些平台合作，开设线上直播教学微课，从直播平台的观众当中引流。

7.2.5　群聊发红包送福利

"红包"在近年来相当火爆，微信的红包功能瞬间就引爆了微信群，这便给微信公众营销者提供了一个绝妙的引流方法，具体如下：

使用微信的"发起群聊"功能邀请好友发起群聊（群聊名称可以自行编辑），如图 7-8 所示。

图 7-8　发起群聊界面

然后发一个红包，让朋友邀请他的朋友，以达到推广公众号的目的，具体如图 7-9 所示。

图 7-9　发红包推广公众号

7.2.6　巧用"@"功能

对于"@"人们并不陌生，自 2009 年 9 月 25 日新浪微博官方博客发表博文《@ 功能上线，微博上交流更方便》后，中国的微博 @ 时代诞生了。"@"谐音"爱他"，是用来提醒他人查看自己所发布消息的工具。

"@"工具引流常用于各大社交媒体平台，典型的有微博 @ 同行达人、QQ 空间、@ 空间好友和微信 @ 朋友圈好友。

7.2.7　灵活利用其他 App

App 是移动应用程序的简称（也称手机客户端），App 引流是指通过定制手机软件、SNS 及社区等平台上运行的应用程序，将 App 的受众引入微信公众号中的引流方式。App 的引流方式如下所示：

（1）可以通过咨询的方式引流。

（2）通过满足用户的购物欲望，进行精准引流。

（3）通过便捷的互动方式进行引流。

（4）通过娱乐化的活动进行引流。

（5）通过 LBS 功能，实现搜索功能，达到引流目的。

目前，App 已经贯穿到人们生活的各个方面，那么运营者利用 App 进行引流应该把握哪些技巧呢？如图 7-10 所示为 App 引流的技巧。

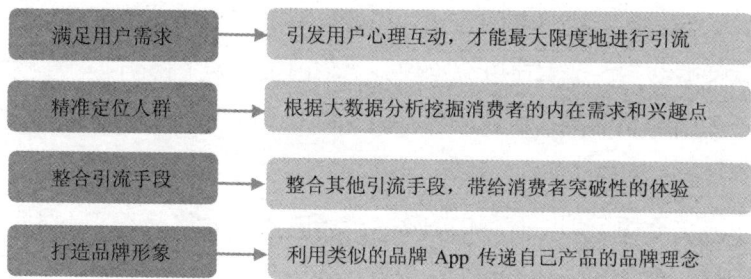

满足用户需求	→	引发用户心理互动，才能最大限度地进行引流
精准定位人群	→	根据大数据分析挖掘消费者的内在需求和兴趣点
整合引流手段	→	整合其他引流手段，带给消费者突破性的体验
打造品牌形象	→	利用类似的品牌 App 传递自己产品的品牌理念

图 7-10　App 引流的技巧

7.2.8　运用其他工具引流

除了上述引流方法之外，还有电子书引流法和资源引流法，下面介绍这两种引流法。

1. 电子书引流法

微信公众平台运营者利用电子书进行引流的优势有如下几点：

（1）增加受众的信任感，提高平台的关注率。

（2）有助于微信公众平台打造品牌。

（3）效果更持久、目标更精准、传播性能更好。

（4）能增强目标受众在收集信息方面的体验感。

电子书可以通过如下几种方式进行传播：

（1）在平台经营相关的领域的专业论坛发帖。

（2）在新浪开通博客并发表博文。

（3）在"百度知道"里回答相关问题。

（4）提交到资源网站供用户下载分享。

（5）上传到平台经营产品相关的 QQ 群。

（6）在专门的电子书网站进行分类提交。

电子书引流有如下几个特点：制作简单，价格低廉；可以通过受众进行离线传播；传播的时效性比较长；可升级为图文并茂的电子杂志。

2. 工具引流之资源引流

运营者可以找一些软件资源，发布到网站上，在文章中可以这样写道："×××资源，不知道大家是否需要，如果需要可以加我微信！"在文章下方附上软件的截图，或者可以分享部分资源出来，附上说明："有空的时候发邮箱，如果有急需的可以加我微信，微信号：×××××××××。"再加上自己的微信二维码。

这个方法适用于那些有不错的软件资源的人，运营者还可以根据自己的产品和行业去寻找一些有用的软件。

这也是一种必要的促活用户的技巧，一般包括物质、精神等方法，在此介绍利用物质激励机制促活用户的方法。

这里的"物质"既可以是具体实体的物质，也可以是虚拟的物质，利用不同形式的物质进行用户促活，是众多企业和商家选择的方式。

7.3 7个方法，快速活跃粉丝

运营者在运营过程中会发现，仅仅把粉丝吸引过来是远远不够的。每次推送图文信息的阅读量一般最多只是用户数的 10% 左右，其他没有阅读内容的用户，有的是对此次信息不感兴趣，更多的还是用户只是在最初的关注之后就再没有后续工作了。对于这些用户，运营者应该怎么做呢？本节就从 7 个方面来具体介绍怎样让用户活跃起来。

7.3.1 合理设置用户成长等级

现在，很多企业和商家的运营平台上都设置了用户的成长等级，这一设置的作用，除了有利于用户管理、给用户提供更贴心的服务外，还是促活用户的有效措施。

对用户来说，其成长等级越高，代表用户可享受的特权也就越多，因此用户都希望自己的等级越来越高。为了提升自身等级，用户一般需要有更多贡献值。更多贡献值的来源包括多个方面和多种形式，而不论哪一个方面和哪一种形式，首先都需要用户活跃在平台上。其贡献值是其活跃程度的表现。可见，在平台的用户运营中，设置合理的、合适的用户成长等级，有利于用户促活。

7.3.2　设置等级福利快速成长

既然提及了用户的成长等级与可享受的特权，就不能不说到用户等级福利的设置与用户促活之间的关系。

人们常说平等，然而把"平等"这一理念用于用户运营中，其意义发生了一定的变化，这里的平等是指所有的用户都有权利获得更高用户成长等级，所有的用户完成成长等级上升的标准是一样的，而不是说所有的用户（这里包括不同等级的全体用户）可享受的权利是一样的、平等的。不同等级之间的用户可享受的福利存在差异，所谓"多劳多得"就是如此。

用户等级福利的设置为用户活跃提供了一个成长的目标和理由，因为他们知道，只有付出更多的贡献值，才能提升等级，并享受相应的等级福利。假如在用户运营中，所有的用户等级可享受的福利是一样的，那么，用户如此努力地完成等级成长、积极在平台上活动又是为了什么呢？难道纯粹是为了一个好听的虚荣的等级名称吗？笔者认为，可能在一些用户看来，等级名称固然很重要，然而他们更加看重的还是等级成长之后的福利。

7.3.3　利用活动有效促活用户

想要让用户活跃起来，利用活动是一种比较有效的方式。说到活动，大多数人脑海中就会出现诸多与之相关的词汇。一般说来，只要是活动，就在促进用户活跃上有一定的影响，只是这种影响有大有小。而运营者在运营过程中一般会选择那些能极大地活跃用户的方法。在此简单介绍常见的促活用户的活动，如图 7-11 所示。

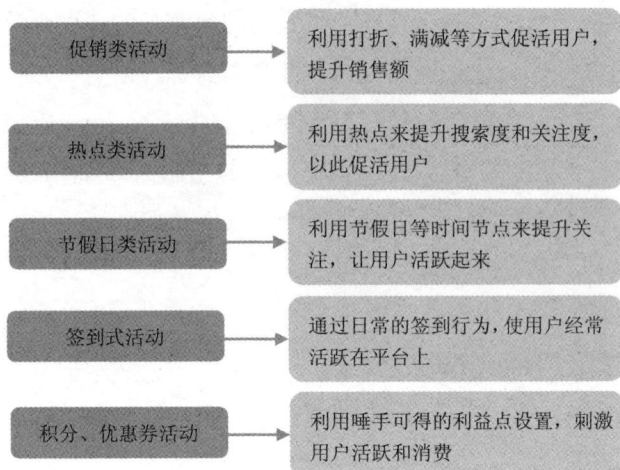

图 7-11 多种活动促活用户介绍

7.3.4 物质激励有效吸引用户

除了活动外，企业和商家制定用户激励机制也是一种必要的促活用户的技巧，一般包括物质、精神等方法。在此介绍利用物质激励机制促活用户的方法。

这里的"物质"既可以是具体实体的物质，也可以是虚拟的物质，利用不同形式的物质进行用户促活，是众多企业和商家选择的方式，具体分析如图 7-12 所示。

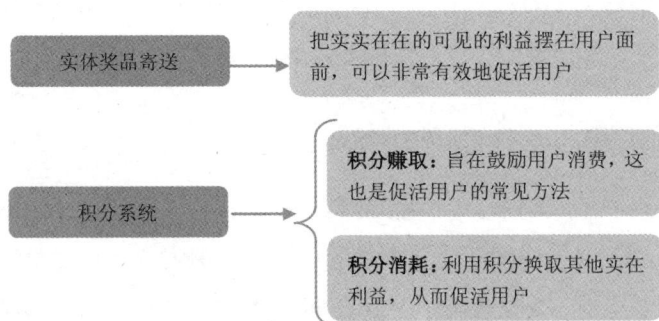

图 7-12 物质激励机制促活用户分析

7.3.5　精神激励无形引导用户

相较于物质激励机制促活用户而言，精神激励机制所耗费的成本明显更少，它更多地从满足用户的心理需求出发，用能代表人自豪、荣誉的方式来激励用户和促活用户。相较于物质激励来说，其影响明显更持久。

就如人们常说的勋章，一般说来，在现实生活中，只有做出巨大贡献和成就的人才能获得，其所代表的是荣誉和地位。人人想要获得勋章，这在现实生活中是不可能完全实现的。基于这一点，一些平台以颁发虚拟的勋章来激励用户关注，并让其积极活跃在平台上。又如，无论是排行榜，还是特权，都是用户积极活跃在用户平台上并持续有着某种活跃行为才出现的，是从精神上激励用户的两种主要方式，具体分析如下：

（1）假如用户根本不去关注平台，对平台建设没有任何助力，那么其在排行榜上的位置必然是靠后的，自然也丧失了"特权"。因此，他们急于表现，经常关注平台和参与平台活动。

（2）对那些在排行榜上名次靠前和拥有了特权的用户而言，他们有一种"秀出于林"的优越感，自然也就能更多地活跃在平台上。

7.3.6　功能激励激起用户好奇心

用户作为个体的人而存在，是具有好奇心理的。而平台功能的开发和升级能带动用户活跃。具体说来，主要表现在如下两个方面。

（1）升级的付费功能：在微信公众平台上，关于内容的获取，既有付费阅读，也有免费阅读。假如运营者原来运营的是免费阅读的账号，在付费和免费两种方式的对比下，用户一般会认为"免费的都是廉价的，没有价值的"，那么，进行功能升级，形成付费阅读方式之后，可以在平台内容上瞬间上升一个台阶，创新用户的看法，让用户更有意愿去关注平台。

（2）开发的新功能：人们每天都在关注平台账号，开发出新功能无疑是平台发展过程中的一大进步，而对周围变化的把握，也是用户着重的关注点之一。新功能一经推出，笔者相信，更多的用户是愿意进入平台账号去试一下的，这无疑也是促活用户的有效方式。

7.3.7 两种推送通知提醒用户

运营者和平台每天推送信息，用户每天接收信息，看起来平台与用户之间很活跃。其实不然，这种信息的推送和接收，用来考查活跃度是没有任何依据的，因为平台与用户个体之间没有一对一地直接的接触，长此以往，必然使得用户与平台之间关系漠然。

要改变这种状态，可以采用更直接的信息通知方式来活跃用户与平台之间的关系。具体说来，利用信息通知的方式促活用户主要有 3 种，即短信、电子邮件（EDM）和服务信息（PUSH）。这些方式都能达到以更加醒目、直接的方式来传达信息的要求，从而增加平台与用户之间的联系，活跃用户，具体分析如下。

1. 用短信、服务信息（PUSH）促活

无论是短信还是 PUSH，都是信息，因而在实现用户召回上有着共同点。它们都有比较高的送达率和打开率，这一点对促活召回非常重要，也是运营者选择这一渠道促活用户的主要原因。

需要注意的是，在考虑其优点的同时也不要忘了其缺点的存在。这一类的用户促活方式，一方面，其内容比较单一，大多是以文字为主的文案形式，有时包含链接，在内容的新颖和吸引力方面明显有所不及；另一方面，这种促活方式用得多了，容易让用户从心底反感，一不小心就有可能被拉黑或屏蔽。

可见，用短信、PUSH 促活用户，有如一把双刃剑，只有把握一个度，才能对促活用户有效。否则，将会适得其反，让用户讨厌的同时，也破坏了前期已有的运营成果。那么，怎样才能让这把双刃剑向好的一面发展呢？一般说来，应该从如下 4 个方面去着手。

（1）要注意发送的频率，不能太频繁。

（2）在内容上要向有吸引力的方向发展。

（3）精准地定位目标用户，不要泛滥。

（4）注意用户场景，慎重选择发送时间。

2. 用电子邮件（EDM）促活

与短信、PUSH 促活用户相比，发送电子邮件来促活用户的优势主要表

现在其内容类型的多样性上，除了短信、PUSH 方式常见的文字和链接外，还可以包含图片、视频等内容。当然，任何事物都有两面性，用电子邮件促活用户也是如此，它的劣势主要表现在电子邮箱的使用率较低和容易被屏蔽两个方面。

运营者如果想要利用电子邮件更好地完成用户促活的任务，就需要在如下两个方面加以努力。

（1）标题方面：需要撰写一个非常吸睛的标题，这样用户才愿意打开，才有促活的可能。

（2）规范方面：应该确立一定的规范，从而让其符合收发垃圾邮件联盟的规范，这样才能不被屏蔽。

7.4　9 种手段，公众号轻松实现变现

获得收益是每一个运营者的最终目的，也是运营者付出劳动应该得到的回报，接下来介绍微信运营者的 9 大变现方法，以帮助运营者能够收获自己的成果。

7.4.1　软文广告变现法

软文广告是指微信公众平台运营者在微信公众平台或者其他平台上以在文章中软性植入广告的形式推送文章。

文章中软性植入广告是指在文章中不会介绍产品，直白地夸产品有多么好的使用效果，而是选择将产品渗入文章情节中，达到在无声无息中将产品的信息传递给消费者的目的，从而使消费者能够更容易地接受该产品。

软文广告形式是广大微信公众平台运营者使用得比较多的盈利方式，同时其获得的效果也是非常可观的。

如图 7-13 所示为"时尚芭莎"微信公众平台推送的一篇软文广告，该篇文章以励志鸡汤文的形式开头，在文中适时渗入产品广告，并且在文尾附上了商品购买链接。

图 7-13　"时尚芭莎"微信公众平台软文广告的文章

7.4.2　合理利用流量广告

流量主功能是腾讯为微信公众号量身定做的一个展示推广服务，主要是指微信公众号的管理者将微信公众号中指定的位置拿出来为广告主打广告，然后收取一定费用的一种推广服务，如图 7-14 所示为"环球文摘经典"为"碧欧泉"打的流量广告。

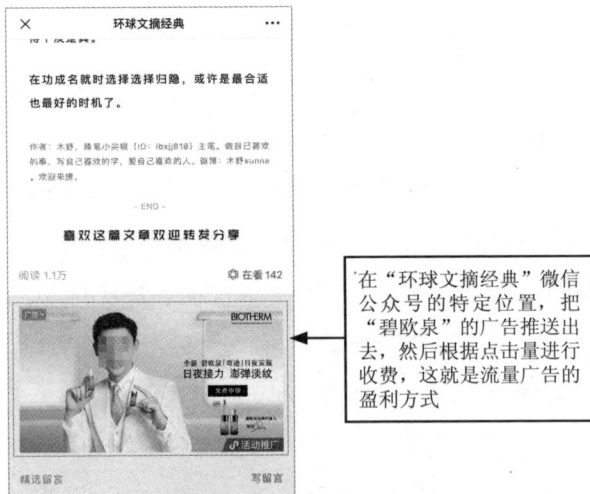

在"环球文摘经典"微信公众号的特定位置，把"碧欧泉"的广告推送出去，然后根据点击量进行收费，这就是流量广告的盈利方式

图 7-14　"环球文摘经典"为"碧欧泉"打的流量广告

想要做流量广告，微信公众运营者就要首先开通流量主。

步骤 01 在微信公众后台的"推广"中单击"流量主"文字链接，如图 7-15 所示。

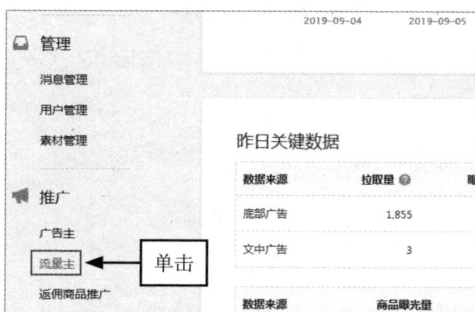

图 7-15 单击"流量主"文字链接

步骤 02 单击"申请开通"按钮，即可进入开通页面，如果没有达到相关的要求，就不能开通流量主功能，平台会跳出"温馨提示"对话框，如图 7-16 所示。

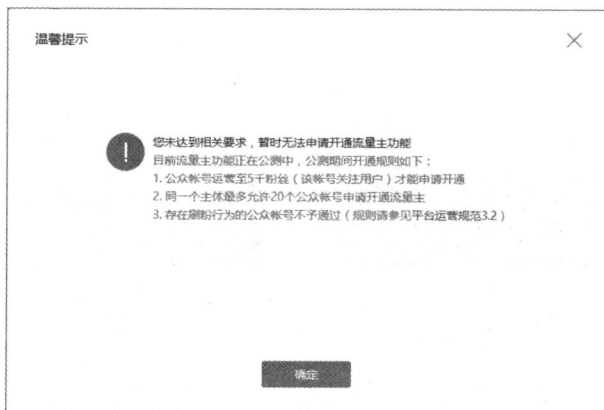

图 7-16 "温馨提示"对话框

对于想要通过流量广告进行赢利的商家而言，首先要做的就是把自己的用户关注量提上去，只有把用户关注量提上去，才能开通流量主功能，进行赢利。

关于关闭流量主、屏蔽流量主广告、流量主广告展示位的一些说明，如下所示。

（1）关闭流量主：在"流量主 / 流量管理"页面中关闭流量开关，需要注意的是，关闭后，要 24 小时后才能重新打开。

（2）屏蔽流量主广告：在"流量主 / 流量管理"页面中，设置广告主黑名单，其广告就不会出现在流量主的公众号中。

（3）流量主广告展示位：通常流量主广告展示位置在全文的底部。

（4）广告展示形式：文字链接。

（5）广告推广页面：图文页面 + 推广公众号横幅。

7.4.3 积极开通点赞打赏

为了鼓励优质的微信公众号内容，微信公众平台推出了"赞赏"功能，由于还在公测期间，所以只有部分公众号能够开通"赞赏"功能，开通"赞赏"功能的微信公众号必须满足如下 3 个条件：

（1）必须开通原创声明功能。

（2）除个人类型的微信公众号，其他的必须开通微信认证。

（3）除个人类型的微信公众号，其他的必须开通微信支付。

如图 7-17 所示为"占豪"微信公众号的"赞赏"功能。

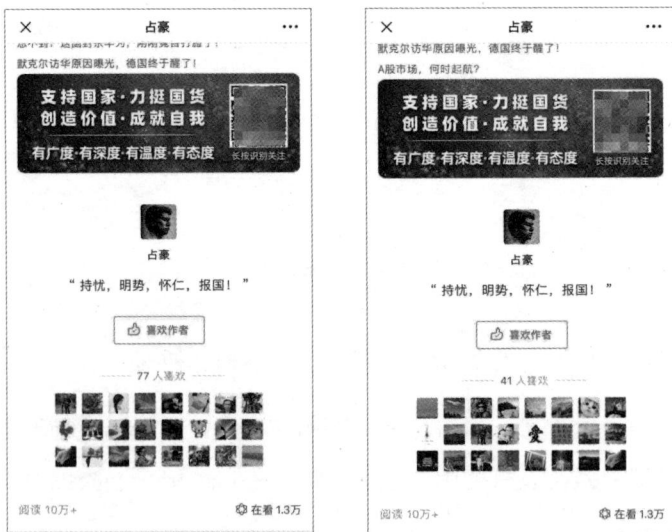

图 7-17　"占豪"微信公众号的"赞赏"功能

7.4.4　公众号电商盈利法

微信的浪潮已经席卷了各个行业，电商行业也不可避免。原始的一手交钱一手交货的买卖方式可以照搬到互联网上，在微信平台上也依然适用，而且相比传统模式，微信营销更具有优势。微信具有社交功能，营销信息更容易传播，这是微信营销的一个突出优势。微信平台的便捷化，让微信公众平台运营者的脚步迈得越来越大，目前，已经有不少电商巨头企业开始投入微信公众平台营销的大潮中。

如图 7-18 所示为京东微信公众平台的品牌特卖入口。用户可以在京东微信公众号的界面上，点击"京东购物／品牌闪购"按钮，进入京东的品牌特卖专区选购商品。

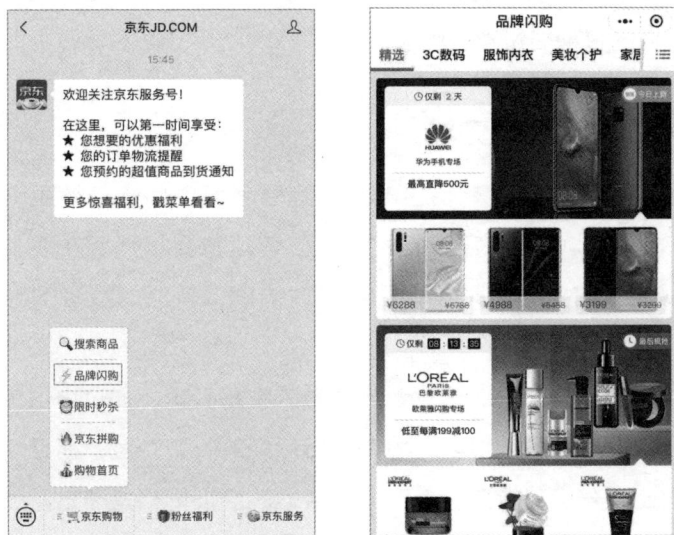

图 7-18　京东微信公众平台的品牌特卖入口

7.4.5　代理运营巧赚收益

一些企业想要尝试新的营销方式，这又给了创业者一个机会。有些微信公共账号已经在营销上小有成就，掌握了一定经验和资金，这些账号开始另找财路，帮助一些品牌代运营微信。

具体的操作模式是让百万大号替品牌商家运营一段时间公众号，在规定的时间内，让平台的粉丝增长到一定的数量。

盈利的模式是按照粉丝的数量进行分成。譬如一个百万大号帮助一个品牌商家运营一个公众号，每增长一个粉丝，品牌商家给百万大号运营者 4 元钱，那么如果百万大号运营者替品牌商家的公众号吸引到了 10 万数量的粉丝，品牌商家就应该给予百万大号运营者 40 万元的分成。

所以，品牌代运营商业变现模式是一种适合百万大号的商业变现模式。

现在的微信公众平台有很多粉丝过百万的独立账号和粉丝过千万的账号集群，这些账号的粉丝基本上是通过微信代运营这一模式，依靠以前在微博等其他平台上积累的用户转化过来的。微信代运营的方法是微信为主，其他平台为辅；目的是积攒粉丝、增加人气。

7.4.6 在线教学轻松变现

在线教学是一种非常有特色的微信运营者可以用来获得盈利的方式，也是一种效果比较可观的吸金方式。微信运营者要想开展在线教学，必须在某一领域比较有实力和影响力，这样才能确保教给付费者的内容是有价值的。

在前期，微信公众号的运营者需要做的就是吸粉，通过提供免费的干货技巧让平台获得足够多的粉丝，才能实行后期的收费制度，而且对想要开展在线教学的公众号运营者来说，定一个合适的培训价格是非常重要的，主要有如下两个要点：

（1）价格不能太高，否则就不会有人买。

（2）价格不能太低，否则很容易造成用户之间互相传播视频。

采用在线教学这种盈利方式的公众号中，做得不错的微信公众号有"四六级考虫"，如图 7-19 所示。

图 7-19 "如何一次性通过四级考试"和"四六级系统班"版块的相关页面

通过图 7-19 可知，"四六级考虫"公众号上的课程分为收费和免费两种，不同的课程价格也不一样。通过"四六级考虫"公众号的"如何一次性通过四级考试""四级系统班"和"六级系统班"版块的相关页面，可以看到，"如何一次性通过四级考试"的课程是免费的，而"四级系统班"和"六级系统班"则需要 199 元。

"四六级考虫"是一个为广大大学生及想学习英语的群体提供教学培训的公众号，它有自己的官方网站和手机 App。

粉丝可以在公众平台和其官网上了解教学培训课程的相关内容以及订阅课程，然后在官网或者手机 App 上进行线上学习。

7.4.7 出版图书获得盈利

图书出版盈利法，主要是指微信公众平台在某一领域或行业经过一段时间的经营，拥有了一定的影响力或者具有一定经验之后，将自己的经验进行总结，然后进行图书出版并以此获得收益的盈利模式。

微信公众平台采用出版图书这种方式获得盈利，只要平台运营者本身有基础与实力，那么收益还是很乐观的。

例如，"手机摄影构图大全""凯叔讲故事"微信公众平台等都采取这种方式获得盈利，效果也比较客观。

图 7-20 所示为"凯叔讲故事"微信公众平台利用图书出售获得盈利的相关页面。

图 7-20　"凯叔讲故事"微信公众平台利用图书出售获得盈利的相关页面

7.4.8　学会运用增值插件

增值插件是指微信运营者在公众平台上利用自定义菜单栏的功能添加微店和淘宝、天猫等店铺可以购买产品的地址链接或者直接在文章中添加购买产品的链接，以此引导粉丝进行产品购买的一种盈利方式。

运营者要采用这种盈利方式的前提是自己拥有微店和淘宝、天猫等店铺，或者与其他商家达成了推广合作的共识，在自己公众号平台上给合作方提供一个链接地，或者在推送的文章中插入合作方的链接。

在微信公众平台的后台中，有一个"添加功能插件"板块，单击"添加功能插件"按钮，如图 7-21 所示。

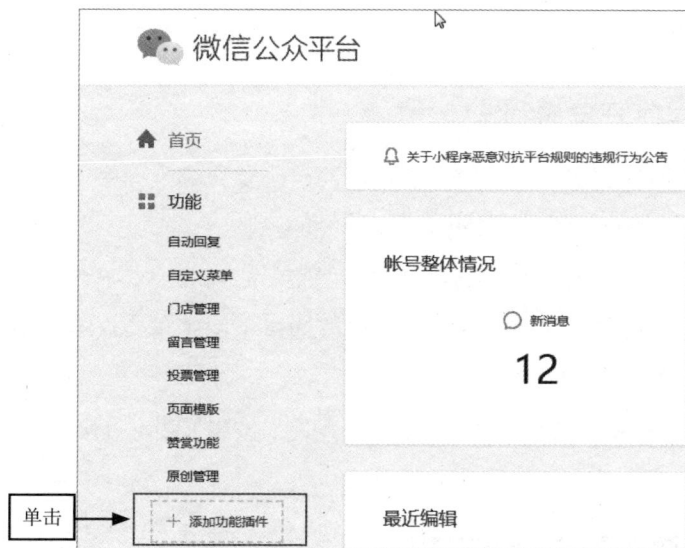

图 7-21 单击"添加功能插件"按钮

进入"添加功能插件"页面，如图 7-22 所示。

图 7-22 进入"添加功能插件"页面

在插件库中，运营者可以选择"微信小店""卡券功能"等插件为用户提供增值服务，从而获得盈利。

7.4.9　小程序开发盈利法

小程序开发盈利法是指微信运营者开发自己专属的小程序，将平台的粉丝引到自己的小程序上，从而获得盈利的一种方式。

有很多微信运营者都有自己平台的小程序，如简书公众平台的小程序、聚美优品的小程序等。这些公众平台都能够通过小程序与公众平台相结合的方式，获得更多的关注度与收益。

比如，在"简书"公众号中，点击"小程序"按钮，即可直接进入"简书"小程序，如图 7-23 所示。

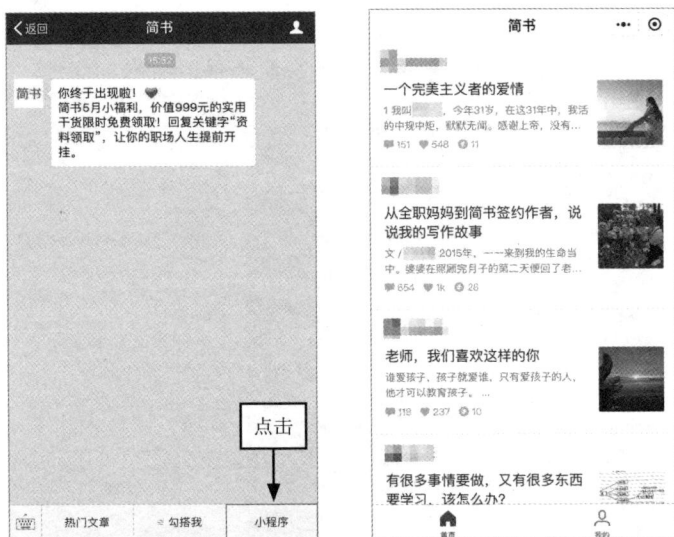

图 7-23　"简书"公众号中的小程序入口

简书平台是一个将写作与阅读整合在一起的网络品牌，作者可以在这个平台上进行创作，而读者可以在这个平台上享受阅读的乐趣，优秀的作者能够成为平台的签约作者，平台会帮助他们联系出版社、制作电子书等。

除了这种内容性的公众号外，电商类的公众号也普遍会在公众号中设置小程序入口，以方便粉丝购物。

"蘑菇街"微信公众平台也有相应的小程序入口，用户只需点击右下方的"限时抢购"按钮，即可进入"蘑菇街女装"小程序，具体如图 7-24 所示。

图 7-24　"蘑菇街"公众号中的小程序入口

通过微信公众平台将粉丝引到自己的小程序上之后，就能让消费者在小程序上进行消费，从而获得盈利。

第 8 章

头条号，运营和推广全攻略

在入驻头条号平台之后，内容和用户是运营工作中的重中之重。本章主要从头条号平台的常见问题、引流目标以及变现技巧等 3 个方面介绍头条号的运营技巧和推广攻略。

要点展示：

➤ 头条的入驻须知与常见问题

➤ 8 个技巧，轻松实现引流

➤ 利用头条赚钱技巧大揭秘

8.1　头条的入驻须知与常见问题

入驻头条之后，新手常会遇到如下十大类型的问题，却又不知道该如何解决，下面进行具体分析。

8.1.1　如何快速获得原创标签

众所周知，头条号开通原创以后，运营者发布文章或者视频，收益会大幅度地增加，但现在头条号开通原创的标准有所提升，从之前的指数要求改为粉丝 5000 以上才能申请，门槛有所提高。有一些新手想投机取巧，问笔者："想开原创就直接买 5000 粉丝，可以吗？"想要知道互粉 5000 能否开原创，以及直接买粉丝能否开原创，先来了解一下，什么是原创？今日头条为什么要推出原创功能？

头条号原创功能是为了鼓励更多的优质作者来今日头条平台进行创作，发布属于自己创作的内容。对于取得原创的头条号，今日头条会给予比较大的收益补贴。那么，什么样的内容才算原创？如何才能通过头条的原创审核标准呢？

1.　内容必须要垂直一个领域

垂直，就是要输出一个领域的内容，如果运营者发布育儿的内容，就一直发布育儿的，这样才能体现其专业度。不能一篇文章发布旅游的内容，一篇文章发布汽车的内容，另外一篇又发布娱乐的内容，否则无法确定运营者是否真的适合自媒体创作。

2.　输出相对有价值的原创内容

很多新手不理解价值是什么。用户看过运营者的内容，感觉有收获，学习到了技能，了解到了常识，获取了娱乐资讯，得到了精神的放松，等等，都叫有价值。

3. 参照上述 1、2 条，出镜拍摄视频

上述两点主要是指通过发布文章获得原创的方法。如果运营者可以做视频，那么视频可以更好地帮助运营者开通原创功能。因为根据文章不容易判断是否是运营者的原创内容，但视频就不一样，因为真人出镜相当于告诉头条的审核人员："这就是我的原创。"

运营者在制作视频时，一定要注意出镜时说出自己的头条号名称，另外，在视频中加上自己的头条号水印，可以更好地帮助开通原创功能。所以，开通头条号原创不是买 5000 粉丝这么简单的，而是需要经过头条人工审核的。要想开通原创多赚钱，得做到上述几点。

8.1.2　如何轻松通过各种认证

用户经常能在头条看到运营者的头条号上是加金 V 的，如图 8-1 所示。

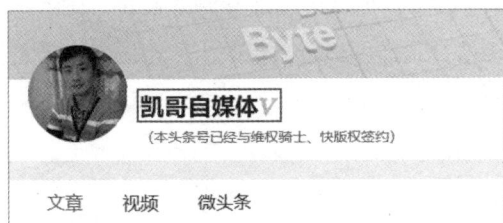

图 8-1　加金 V 的头条号截图页面

这个金 V 固然好看，但很多新手不知道它是怎么加上的。下面讲解头条号的加 V 认证到底是什么，怎么使用，以及有什么区别。头条号认证分为如下 3 种类型：

1. 身份认证

身份认证也可以称为职业认证，这是相对比较简单的，适用于个人用户真实身份的认证，比如：×××公司职员、×××公司创始人等。

头条号的身份认证也是最容易通过的，只需上传真实的工作证明、执业证书或荣誉证书等，即可通过。但身份认证是最基本的认证，所以一般情况下通过后并不会加 V。除非运营者相对比较知名，比如小米的雷军，就是有

加黄 V 认证的，如图 8-2 所示。

图 8-2 身份认证页面

2. 兴趣认证

兴趣认证是头条号新推出的一个认证方法，只要点击兴趣认证就会在头条号的主页上显示某领域的创作者。只要有 4 个被系统判定为优质的回答，就可以通过兴趣认证成为某个领域的创作者。但这时运营者会发现，自己的头条号依然没有加 V 认证。那么应该怎样做才能加 V 呢？答案是还需要继续创作，申请成为优质的领域创作者。优质创作者申请条件如下：

（1）有清晰的头像。

（2）有合法的用户名。

（3）绑定手机。

（4）近一个月发布 20 条内容。

（5）持续贡献某领域优质内容。

需要运营者在申请的领域垂直、继续发布内容，可以发微头条，也可以通过头条号发布文章，还可以通过悟空问答继续答题，但有一点值得注意：运营者所发布的内容都必须与其所申请的领域垂直。

当运营者持续贡献一段时间的内容后，就会达到系统的一个判定标准，这时就可以点击升级成为优质领域创作者，如图 8-3 所示。

图 8-3　升级认证页面

通过优质的兴趣领域创作者之认证之后，运营者的今日头条账号就会有一个黄色的 V 标志。

另外，除了上述利用问答申请领域创作者，然后升级加 V 的方法外，还有一个方法可以直接获得系统的认证邀请。

当运营者的头条号开通原创功能后，系统可能会邀请运营者进行加 V 认证。在这种情况下，直接在后台点击开通某领域的优质创作者认证即可。这里的认证是可以加 V 的，如图 8-4 所示为笔者的一个育儿领域账号，在通过原创时系统直接给了一个优质育儿领域创作者的认证。

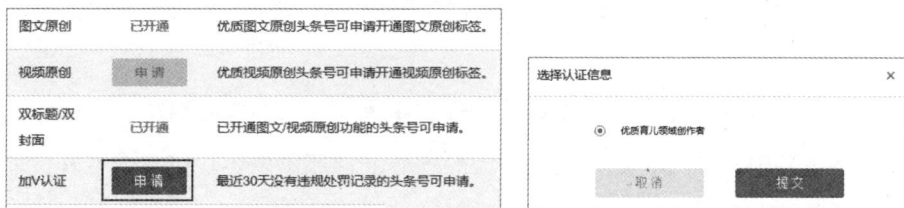

图 8-4　系统邀请认证页面

除此之外，也有某些原创账号，在获得 1W 粉丝以后系统可能会邀请进行加 V 认证。

3. 特殊认证

除了上述两个认证外，头条号还推出其他的一些加 V 认证活动，比如头条的扶贫达人团和游戏达人团，如果运营者能参加头条的这些活动，就可以进行加 V 认证。另外，如果运营者能够多次得到青云计划，那么还有一个认证，即青云计划获奖者认证，如图 8-5 所示。

图 8-5　青云计划获奖者认证页面

至此，对于头条号的加 V 认证、身份认证、兴趣认证等，读者是否弄明白了？

8.1.3　独家还是非独家原创通过率更高

今日头条平台上面，头条号数量超过 120 万个，原创号数量超过 4 万个。平台对待原创和非原创内容的态度也是不一样的。

原创账号无论是权重，还是收益，都比非原创账号更有优势。当然，对大部分自媒体人来说，收益是最直接的体现。以视频举例：没有原创标签的视频，一万播放量只有三四元，而有原创标签的视频，一万播放量可以收益十几元。

这是最直观的差距，没有对比就没有伤害。那么在头条号平台申请原创有什么技巧吗？技巧肯定是有的，但最核心的，还是内容。只有内容好，才有可能通过原创。

运营者在申请头条号原创时，会看到这样一个选项：选择独家还是非独家。那么选择哪一个选项通过率更高呢？这里笔者可以告诉大家：根据众多账号的运营经验，选择独家或者非独家与能否通过原创没有直接关系。所以运营者在申请原创时，按照实际情况选择即可。

如果运营者的内容只在头条号一个平台发布，就选择独家；如果运营者的内容除了头条号以外，在其他平台也发布，就选择非独家。

选择非独家之后，把运营者发布内容的其他平台链接填到下面即可。上面有如下选项：微信公众号、微博、搜狐、知乎，如果运营者没有在这几个平台上发布内容，而是发布在了百家号、企鹅号等平台，就选择该平台的链接。比如百家号，把百家号的链接填在"其他"的选项里面即可，就这么简单！

很多人都担心：是不是非独家收益没有独家高呢？其实，都是一样的，并没有明显的区别。

8.1.4　个体工商户能统一收款吗

"凯哥，你好！个体工商户可以注册企业类型的头条号吗？想开母子号功能，现在头条限制企业注册数量了，想用个体工商户开通母子号功能，可以吗？"前段时间有一位运营者咨询笔者这样一个问题，即个体工商户能否开通头条号的母子号功能，能否通过母子号 MCN 的统一收款功能收款。

下面把相关问题汇总在此进行解答：

运营者在注册头条号时，会发现只有两个选项，即个人和机构。个体工商户想注册头条号，有两个选择：用个人身份直接入驻；用个体工商户的营业执照入驻。

大部分个体工商户没有开通对公的银行账号，如果没有对应的银行账号，就没有办法注册入驻头条号。但如果个体工商户有对公账号，就可以申请机构类的头条号。如果审核不通过，那么可以在提交时，在辅助材料中表明"用户申诉：个体工商户有对公账号，可申请机构类账号"的字样。

这样，当运营者的头条号注册成功后，就可以申请母子号功能。有了母子号功能后，邀请 10 个子账号加入，就可以申请统一收款功能。

8.1.5　领域创作者考核标准是什么

很多人对申请头条的创作者认证产生了极大的兴趣，因为这个认证是身份的象征和代表，如果认证成功会令人特别有面子。既然是创作者认证，那么运营者首先要在这个领域有特长，能够创作出符合头条审核标准的优质问答，这也是通过审核的一个基本门槛。

那么什么样的问答才算是优质问答，才能通过头条的创作者认证审核呢？今日头条兴趣认证的领域创作者考核标准是什么呢？很多新手对头条认证领域创作者的考核标准一头雾水，不知道该如何通过今日头条的兴趣认证。

在这里总结一下，如果运营者回答了很多问题，依然没有通过认证，那么可以参考如下 5 点，对照自己的答案，看看是否符合这些优质回答标准。

（1）回答的内容具有可读性，尽量避免错别字和病句。回答的内容应该紧扣问题，不能驴唇不对马嘴，否则肯定不能通过审核。

（2）回答的字数应该在 300 字以上，很多人的回答只有一句话，十几个字，甚至只有几个字，这样的答案肯定无法评选上优质问答。

（3）回答的内容有一定的观点和深度，最好结合自己的经历或者某些案例来说明问题以及论证观点。不能记流水账，或者用一些无关紧要的文字来凑字数，否则这样的问答也不是优质问答。

（4）挑选一些回答人数比较少的问题去回答，如果运营者是第一个回答问题的人，那么获得推荐以及通过审核的概率比较大。

（5）最重要的一点是，回答的内容一定是自己申请认证创作者领域的问题，即一定要垂直于自己申请的领域，这也是今日头条鼓励运营者发布垂直内容的原因。只有垂直运营者吸引的粉丝，运营者的账号才更具商业价值，更容易变现。所以运营者一定要垂直于自己申请认证的领域去回答问题，这样不仅能增加通过的概率，还有助于运营者实现后期自己的变现。

除此之外，如果运营者的回答有配图，也会增加成为优质回答的概率。但需要注意的是，配图一定要清晰，与主题有关联，不要用有其他水印或广告的图片作为配图。

如果运营者的回答符合上述几点，那么通过优质问答认证的概率会大大提高。

8.1.6　一招快速从搬运向原创转型

提到自媒体运营，一些新手可能会理解为搬运：找一些视频或网络经典段子，然后发到各个平台上，就可以赚到钱了。的确，内容搬运可以说是最简单的方式，不用动脑，不需要思考，直接从其他平台搬运内容。

近几年，各大自媒体平台疯狂地对作者进行补贴，在平台疯狂圈地的时期，对搬运、劣质内容都是睁一只眼闭一只眼的。于是，很多人纷纷干起了"搬运工"，仅仅靠搬运，月赚 1 万 ~ 3 万元的大有人在。

曾经，笔者也是搬运大军中的一员。后来，随着越来越多的人加入了搬运工的行列，大量流量被瓜分，同质化内容越来越多，赚到的广告费逐渐减少，搬运的难度也就增大了。以视频来说，之前随便剪辑一段电视剧、综艺节目，根本不会出现现在的各种版权问题以及视频重复问题。

平台的前期运营依赖搬运工填充内容达到目的以后，就开始逐步限制、打压搬运。而对优质的原创内容，平台给出了异常丰厚的回报。因此，笔者也转向了做原创内容。从搬运工走向原创，这是一个需要思考的过程。然而，大量的搬运工还没有学会思考，不会动脑的自媒体作者必定会被淘汰。

只要运营者掌握一些别人不懂的方法和技术，就可以碾压 80% 的人，再稍微学会思考，就能立于不败之地。那么对于"如何从搬运向原创转型"这个问题，笔者告诉大家一个心法：要学会站在平台运营者的角度思考问题。

一个人无论做什么行业，想要赚一个群体的钱，其心智就要高于这个群体，只有了解了他们的经历，了解他们的需求，才能一针见血地满足需求，获得回报。同样的，自媒体人只有站在平台运营者的角度去思考问题，才能最大限度地获取平台的回报。

目前，各大平台都在扶植的原创内容主要有如下两个：

（1）垂直领域的原创内容。

（2）原创短视频。

运营者喜欢足球，可以深度挖掘足球的全方位资料，做垂直的足球自媒体，分享给足球爱好者；运营者喜欢吉他，可以持续分享吉他相关的内容，如吉他演奏技巧等，可以做视频教学、分享。

那么如何快速写出原创内容呢？

通过搜索、阅读整合网络资源，集各家所长，经过高度整合深加工，用自己的理解表述出来，在平台看来，这也属于高度原创文章。只要操作熟练，20 分钟就可以创作出一篇原创文章。

经常会有一些人在官方头条号文章下面评论、抱怨，说自己的文章是原创内容，几个月来一直不过新手期。究竟是不是原创内容，哪些文字是作者自己辛苦码出来的，哪些视频是自己制作的，哪些文字是复制别人的段落，其实作者自己是最清楚的。

8.1.7　如何避免头条号被封号

众所周知，有流量的地方就有人，有人的地方就有钱。今日头条现在有好几亿名用户，每天上亿的流量吸引了大量的人前来引流、做产品。

两年前，头条对广告行为基本是放任的，只要不过分，对文章末尾留个微信、QQ 都不会管，但现在头条对广告的封杀力度越来越大，很多做产品引流的运营者，发文后立刻就会被封号。那么在头条平台发文章未通过，提示"含有严重广告行为"会被封号，对此有什么好的办法吗？

只要运营者善于动脑，办法总比困难多。先看看头条的规则：头条允许文章末尾留微信公众号。那么运营者可以优先选择留下公众号来导流。

如果运营者的账号质量很好，经常给头条贡献优质文章，那么运营者在文末留下个人微信，头条也是默许的，只要没有出格的广告行为，一般不会被封号。

当然，类似头条这样的自媒体平台引流还有非常多的技巧和方法，如果运营者不经常总结规律，不善于发现，只是闷头发广告，被封号就会很常见。

8.1.8　头条号被封禁如何解除

"头条账号被封禁怎么办？请问能不能重新申请呢？头条号被封禁如何解除呢？"经常有网友对笔者提出这样的问题。

之前的头条政策是一个人可以注册 5 个账号，一个公司可以注册 50 个账号，所以即使头条号被封也无所谓。但现在头条政策的改变导致每个人只能注册一个头条号，每个企业只能注册两个头条号，如果因为违规操作被封，则是非常可惜的。

那么，头条号被封禁应该怎样处理？怎样对头条账号解除封禁呢？下面就来详细分析。头条号违规，有禁言 N 天和永久封禁两种处罚方式。头条号被封禁一般有如下 3 个原因：

（1）批量注册头条号，被系统判断为恶意注册，批量封禁（如果是运营者自己注册的头条号，则一般不会出现这个问题）。

（2）发布色情、政治等违规内容，被扣分、封号（很多新人因为误写了时政内容而被封号，千万要注意）。

（3）发布恶意推广信息，被系统判断为含有严重广告行为，被封禁（为了推广引流，直接以头条号发布广告被封禁）。

一般来说，越是新注册的头条号越容易被封禁，头条平台对一些比较老的账号或者开通了原创功能的头条号还是比较宽容的，不会轻易封号。所以，运营者如果想通过头条号引流，就尽量多发布一些优质内容，给平台贡献价值，在平台允许的规则内推广引流，是比较持久的方法。

那么万一头条号被封禁，该怎么办呢？头条号被封，肯定是运营者出现了某些违规操作，在申诉前自己要先明白触碰了哪些红线。笔者分享一个头条号解封思路，找头条号的客服申诉：在网页版的头条号后台右下角，找到问题咨询，联系客服，说明自己的实际情况，尽量写得诚恳一些，保证自己不会再犯错。

如果是因为重大违规操作被封，头条是不会解除封禁的。如果客服明确告诉运营者不能解封，就不用再纠结了，可以用家人身份证重新注册。

8.1.9　发文提示"内容不适合收录"怎么办

"你发表的文章《×××××》因'内容不适合收录'未通过审核"，做今日头条的自媒体人，经常会收到这样一条通知。当看到这条通知时，不少运营者的内心都是绝望的。

运营者可能会问，到底什么情况下会出现这种问题，又该怎样避免呢？其实，很多人都遇到过这个问题，尤其是新手，不了解头条号规则，很容易犯错。笔者在此总结一下到底什么样的内容会出现"不适合收录"。

（1）涉政、泛时政内容。

（2）涉及敏感历史时期、人物、事件等。

（3）涉黄、涉反、涉暴。

（4）不利于社会和谐的言论和社会题材以及负能量的话题，都很容易被打回来。

（5）恶意诋毁明星、名人。

上述就是头条号出现"内容不适合收录"的主要原因，运营者在写文章时，一定不要越过这些"警戒线"。那么，当文章出现"内容不适合收录"以后，有没有办法可以挽救呢？答案是有的。

如果是文章不适合收录，那么首先检查文章内容。如果确实有明显不适合收录的内容，把它删除。然后修改标题，很多不适合收录的情况，其实并不是内容有问题，而是标题有问题，换一个和谐的标题重新发一遍，基本上就可以解决。

如果是视频不适合收录，那么直接换一个和谐的标题再传上去，基本上可以通过。

8.1.10　如何提高头条号推荐量

做头条号自媒体的运营者，经常会遇到头条号没有推荐量或者推荐量很少的情况，那么如何才能提高头条号推荐量呢？

今日头条属于机器算法推荐机制的平台，也就是说，即使运营者没有粉丝，在头条平台上发表内容也可以获得比较多的推荐量，一个刚做头条号不久的新人创作出 10 万、100 万阅读量都是有可能的。

运营者要想创作出阅读量高的内容，就需要了解清楚今日头条的推荐机制：每一个使用今日头条 App 的用户，都会被系统打上各种类型的标签。比如用户经常看体育方面的内容，看足球赛，系统就会认为该用户是一位体育爱好者，当有头条号作者发布足球相关的内容时，就会优先推荐给你。

所以运营者要想让自己的文章获得比较大的推荐量，首先需要在文章的标题和内容中，体现出其领域和人群，以方便系统判定运营者的类型，帮助运营者推送给精准的用户。

如果运营者的标题和内容都没有体现出相应的关键词，那么系统不知道要把运营者的内容推荐给谁，很有可能会造成阅读量、推荐量都不好的结果。

除了上述最基础的人群和关键词匹配外，用户的行为动作也是影响头条号推荐的关键因素。评论、收藏、转发、点赞和读完率等都是决定运营者的内容是否会获得高推荐量的标准。

一篇文章发布后会经过一轮这样的推荐：初审、冷启动、正常推荐和复审。

初审一般由机器审核，通过内容判定出运营者是否有违规行为，初审通过后，将进入冷启动阶段。冷启动就是系统把运营者的内容推送给一小批可能对其内容感兴趣的人群，然后根据该人群的反应，比如读完率、点赞、互动、评论的整体情况，对运营者进行下一轮的正常推荐。

如果这些互动都比较好，读完率很高，点赞、评论很好，收藏量也很多，那么系统会给运营者加大推荐，推荐给更多的用户。当推荐到一定程度后，系统会对用户的反馈情况进行复审，比如有人举报，负面评论过多等等，如果在复审中，系统发现运营者的文章属于标题党或者内容过于负向，就会不再推荐。

这是今日头条的推荐机制和推荐流程，运营者弄懂这个推荐流程后，会对其头条号运营有很大的帮助。

8.2 8个技巧，轻松实现引流

在今日头条平台上，运营者可以利用的内容产品和功能是多样化的，而这些内容和功能是为头条号引导流量的有力武器。本节就从 8 大内容形式和功能出发，来介绍如何利用内容和功能涨粉。

8.2.1 两个方向打造爆文进行吸粉

众所周知，今日头条有一个与微信公众平台完全不同的地方，即微信公众号推送的图文内容的第一次传播只是针对公众号的用户，而头条号推送的软文内容的第一次传播是由推荐量决定的，如果推荐量足够多，在粉丝少的运营阶段，也可以瞬间打造爆款，引导大量用户阅读和关注。

因此，只要运营者的头条号内容有足够大的吸引力和足够大的价值，想快速引导流量就不再是一句空话。

首先，从吸引力方面来说，一般需要头条号图文内容具备如下条件：在标题、封面和关键词方面有吸睛点。其中，关键词可以通过加入标题或显示在封面图片中来实现引流的目的。

（1）标题

一般来说，图文内容吸引用户注意的第一因素就是标题，这也是用户在浏览网页时第一眼会注意到的，它决定了文章的阅读量和打开率。只要标题有足够吸引力，或在标题上利用悬念或疑问等引起了用户的好奇心，或用数字呈现图文内容的要点，或在标题中加入了击中用户痛点的关键词等，就是一个好的文章标题的要求和表现。

（2）封面

文章的封面同样是内容推荐显示的醒目要素。对图文封面来说，其吸引力主要由两个方面决定，具体如下。

当封面只有图片而无文字时，美观、简洁就是其首要要求，特别是对图片有高要求的摄影、旅游等领域的文章，当封面图片中有文字时，吸睛的、关键性的文字说明也很重要，它能很好地增加读者对内容的想象力和好奇心。

其次，从价值方面来说，需要把握好内容的大方向，也就是说，爆款图文内容应该具备如下 3 个特点。

（1）内容要有特色

关于头条号平台的内容，运营者要把握好如下两个要点，才能提升内容特色。

个性化内容：个性化的内容不仅可以增强用户的黏性，使之持久关注，还能让自身头条号脱颖而出。

价值型内容：运营者一定要注意内容的价值性和实用性，这里的实用性内容是指符合用户需求，对用户有利、有用、有价值的内容。

不论是哪方面的内容，只要能够帮助用户解决困难，就是好的内容，而且，只有有价值和实用的内容，才能留住用户。

（2）增强内容的互动性

通过今日头条平台，运营者可以多推送一些能调动用户参与积极性的内容，将互动信息与内容结合起来进行推广，单纯的互动信息推送没有那么大的趣味性，如果与内容相结合，就能够吸引更多的人参与其中。

（3）具有能激发好奇心的内容

运营者想要让目标用户群体关注头条号，就必须从激发他们的好奇心出发，如设置悬念、提出疑问等，往往会有事半功倍的效果，远比其他策略要好得多。

8.2.2　合理运用微头条吸粉

在今日头条平台上，通过 PC 端进入一个头条号主页，会发现该页面的账号下方显示了 3 类内容，即文章、视频和微头条。头条号发布的微头条内容会根据用户偏好推送到其打开的头条平台首页，如果用户对微头条内容感兴趣，就会进一步点击右上角的"关注"按钮，成为头条号的用户。

微头条内容篇幅简短，在"微头条"页面无须点击即可阅读。因此，运营者有必要用几句话或几张图片就能吸引读者的注意力和好奇心，或者能获取读者的认同。

在引流方面，微头条除了利用优质的短内容来实现引流目标外，更重要的是，对一些新创建的头条号而言，由于其还处于体验期，其所推送的图文内容并不能被推荐给关注用户以外的读者。

因此，除了主动邀请之外，通过微头条来引流是最佳、最有效的方式，主要表现在如下 3 个方面。

（1）微头条内容简短，自然编辑起来也很简单。因此，在微头条内容中分享一些精辟的、干货式的知识点，在有价值的内容支撑下，很容易提升头条号的粉丝量。

（2）微头条发布程序简单，无须经过审核，因而在其中加入一些引导关注头条号的话语是不影响推荐的，在这种情形下，实现引流也就更加直白和轻松。

当然，这种引导语可以用多种形式发布，如可以凭借优质的内容来直接引导等，也可以进行内容预告来引导关注。在笔者看来，这些都是切实可行的引流方法。

（3）微头条内容可以通过"微头条"按钮来编辑和发布。在"内容管理"

页面已发布的图文内容或视频内容中，将鼠标移至"分享"按钮上方，会出现一个"微头条"按钮，点击该按钮，如图 8-6 所示，弹出"分享到微头条"对话框，在编辑区中输入相关信息，点击"分享"按钮，即可把该篇图文内容分享到微头条板块中，如图 8-7 所示。

图 8-6 点击"微头条"按钮

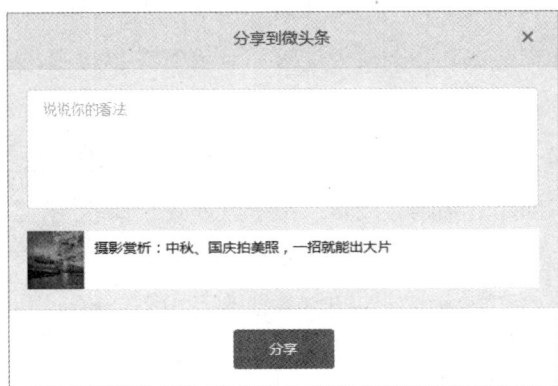

图 8-7 "分享到微头条"对话框

这样，通过分享到微头条的方式发布内容，也可以吸引到一定粉丝。

8.2.3 3 种方式直接引导关注

前面已经陆续提及了在内容中引用户关注来吸粉的方法。下面将系统地介绍如何更好地在内容中设置引导用户关注的话语。

1. 图文内容

在头条平台上，与微信公众号一样，不添加关注也可以查看账号发布的内容。此时，运营者要做的就是在用户阅读时或阅读完内容时引导用户关注。

图 8-8 所示为"霸王课"头条号设置的在图文内容中引导关注的话语。

从图 8-8 中可以看出，该头条号在引导关注时，在文章的开头和结尾处都进行了设置，且结尾处的引导关注还进行了加粗设置。对大多数头条号而言，其引导关注设置一般位于文章结尾，且一般会以与正文内容相同格式的简短话语来表示。

图 8-8 "霸王课"头条号的图文内容引导关注

2. 视频内容

视频内容中的引导关注，有时可能就是在视频某一处显示了头条号，或视频中的人物以说话的形式直接邀请用户关注。一般来说，只要视频确实有趣、有料，观看了视频的用户一般会选择关注其头条号的。

3. 微头条内容

微头条内容本身就比较简短，因此，在其中添加引导语来吸引用户关注的比较少，更多的还是利用 @×× 形式来让用户更多关注其账号，特别是一些图文内容分享到微头条的，更是如此。但在有些微头条内容中，还是存在引导关注的现象，更重要的是，还可以引导用户关注相关的产品内容，从而让品牌可以成功收获更多的用户。

8.2.4　利用话题巧妙吸粉

利用互动话题内容来涨粉，其归根结底还是得力于内容的作用和头条号的发展，也就是说，头条号打造一个互动话题，可以在提升粉丝黏性的基础上吸引更多有意愿参与话题的粉丝关注。那么，这些话题一般是什么样的话题呢？它们又是如何引导关注的呢？在此将进行具体介绍。

一般来说，头条号打造的互动话题，一般要有足够吸引用户参与的动力，如提供某方面的福利，利用话题引导用户发表看法等，如图 8-9 所示。

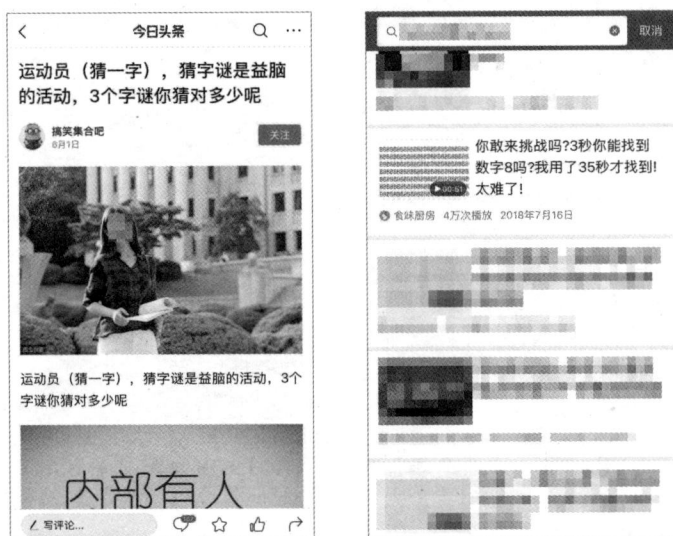

图 8-9　打造吸引用户参与的话题

图 8-9 中的两个案例，一个利用"猜谜"这一活动来引导用户参与，另一个则用一个比较吸引人的话题——考眼力的互动活动来引导用户留言和关注，这些都是比较吸引人的内容，因而引起了众多用户留言，如图 8-10 所示，自然在吸引粉丝方面效果也不会太差。

打造具有吸引力的话题，还有一个要求，即在时间和具体事务上的安排。一般来说，话题打造是可以通过提前给出信息来吸引更多粉丝的，且在用户参与的过程中和话题结束后的安排上要妥当，即运营者要充分注意引导用户，提升用户体验，并及时就用户的观点给出自己的态度。

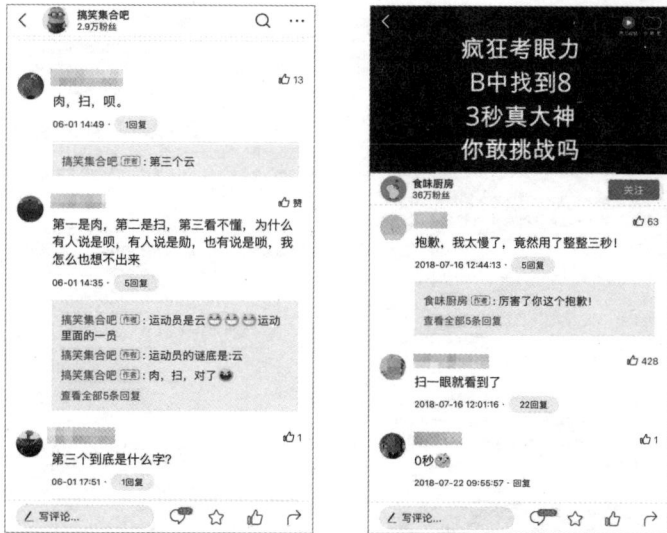

图 8-10　具有吸引力的话题打造后的留言展示

8.2.5　3 个平台增加流量吸粉

随着互联网和移动互联网的发展，越来越多的新媒体平台开始出现，其领域所涉及的范围之广、内容类型之多，实在让人目不暇接。而作为在今日头条平台发展起来的自媒体人，又将有着哪些机会可以为自身头条号吸引更多粉丝和引导关注呢？

下面就从社交、资讯和视频等类型的平台出发，来介绍头条号是如何利用其他平台吸粉引流的。

1. 利用社交媒体平台

微信是如今运用范围极广、发展极快的社交媒体平台，与之相关的微信公众平台更是成为众多自媒体发展的摇篮。因此，一些以今日头条为主战场的头条号开始考虑从微信公众平台引流。例如，微信公众号"头条易"就是一个专门介绍头条号投放传播的平台，用户在阅读其推送的内容时，是极有可能受到其中的头条号介绍的吸引而关注头条号的，如图 8-11 所示。

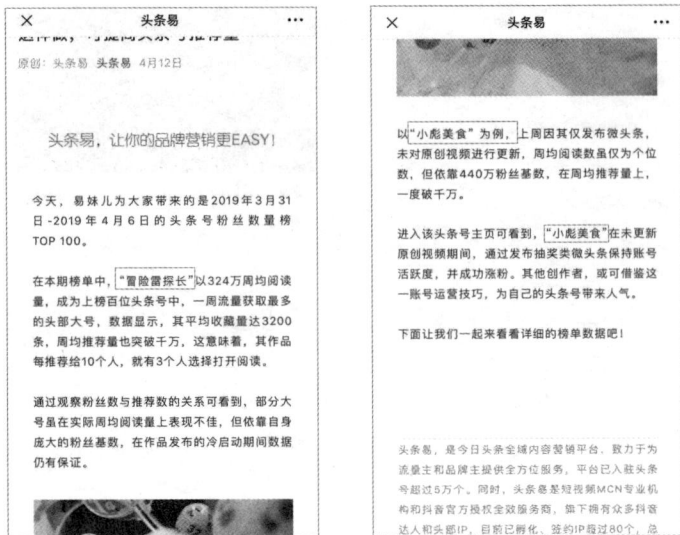

图 8-11　"头条易"微信公众号内容中的用户引流

2. 利用资讯平台

如今，提供社会资讯的平台也越来越多，如一点号、搜狐号和腾讯内容开放平台等，都是普遍受广大用户喜欢的资讯平台。下面以一点号为例来讲解它是如何引流的。

一点号是由一点网聚科技有限公司推出的一款为兴趣而生，有机融合搜索和个性化推荐技术的兴趣引擎软件。它本身有着庞大的用户量，这为成功引流到头条号打下了坚实的用户基础。此外，一点号平台的 3 大特色也将为引流提供助力，如图 8-12 所示。

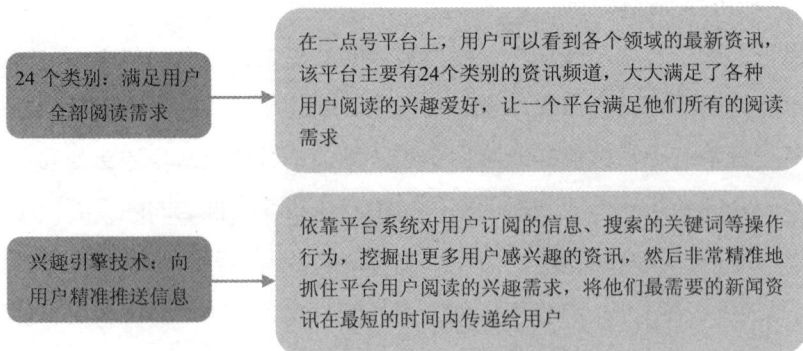

图 8-12　一点号的平台特色

一点号可以借助用户登录时选择的社交软件类型、选择的兴趣频道等操作收集相关信息，整理成数据资料，然后根据这些资料了解、推测出用户感兴趣的新闻领域

个性化：依据用户数据推测兴趣领域

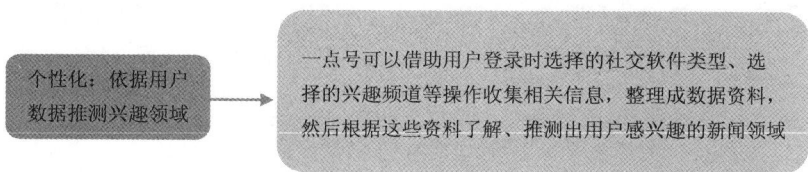

图 8-12　一点号的平台特色（续）

在图 8-12 所示的平台特色支撑下，头条号运营者可以在与自身账号相关的领域发布用户需要的内容，而一点号能让内容被那些有需求的用户关注到，而这些用户恰是头条号的目标用户群体，他们可能想要了解关于运营主体的更多内容而去关注头条号。因此，实现引流也就轻而易举。

3. 利用视频平台

在今日头条平台上，经常可以看到右上角有水印为"西瓜视频""抖音"字样的视频内容。由此可知，这些视频平台与头条号之间的引流操作还是可行的。下面以"抖音短视频"为例来介绍其具体的引流方法。

进入"抖音短视频"App 的抖音号主页，在账号右侧显示今日头条图标和"头条主页"字样，从这里点击就可以直接跳转进入头条号主页，如图 8-13 所示。

图 8-13　"抖音短视频"平台的头条号引流

因此，只要与头条号相关联的抖音号发布内容，用户如果觉得运营者的视频内容有价值，而其又想了解更多的相关内容，那么，用户极有可能通过"抖音短视频"平台来关注头条号，从而实现跨平台的头条号引流目标。

8.2.6 互粉互推，实现双赢

所谓"互粉"，就是账号双方互相成为对方的粉丝。一般来说，互粉操作可以轻松实现。进入头条号后台主页时，点击"消息管理"按钮，进入"消息"页面，该页面展示了关注了运营者的用户，如图 8-14 所示。此时，只要点击右侧的"关注"按钮就可以关注对方。

当然，经常会出现你关注了别的头条号但对方却没有关注你的情况，此时，运营者为了保证互粉的实现，可以在对方推送的内容中留言，提出希望互粉的目的，如"诚信互粉""粉必回"等，这样能在很大程度上提升互粉的成功率。

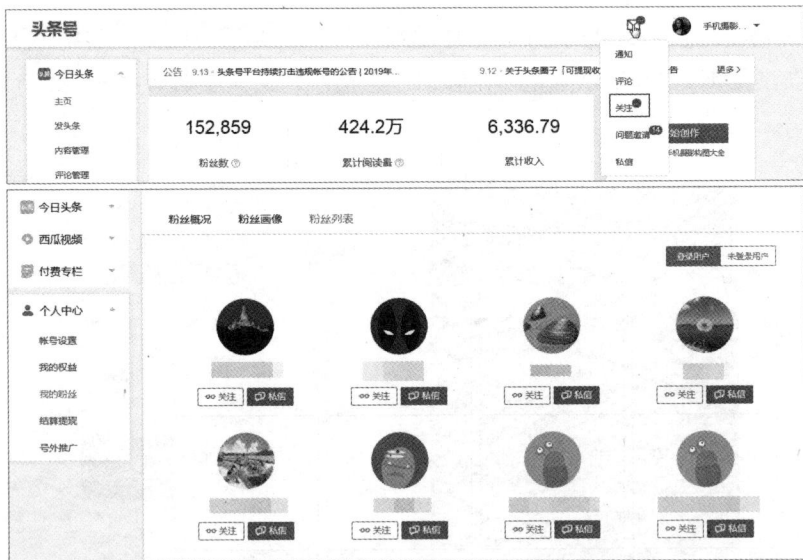

图 8-14　头条号的互粉操作

互推与互粉不同，它还需要借助一定的内容来实现。在头条号的互推增粉过程中，一般包括如下两种情况：

1. 账号调性相似

运营者可以经过思考衡量，选择一些调性相似的头条号进行软文、视频等内容的互推，在这一过程中，互推的理由非常重要，直接影响互推结果。

2. 大号带小号

有些头条号并不是单一存在的，而是存在头条号矩阵，此时就可以采用大号带小号的方法推动矩阵号的粉丝发展。

8.2.7 利用私信功能巧妙引流

在微博、微信公众号平台上，都有私信功能，而在今日头条平台上，专门设置了"私信"菜单，如图 8-15 所示。这一菜单的设置，为吸粉引流的实现从如下两个方面提供了便利。

图 8-15 头条号"私信"功能

想要发私信的用户，在发送之前必须关注头条号，这样才能在手机客户端的头条号首页通过点击"发私信"按钮发送私信，如图 8-16 所示。

图 8-16 "发私信"操作

　　这样，每一个发私信的人就会成为运营者的用户，当然，这只是它的第一个引流的便利之处。有些用户通过发私信获得了他（她）所需要的内容之后，就有可能取消关注，而"私信"菜单中的回复内容就能让运营者通过介绍自己的头条号来提供第二个便利，从而提升用户黏性。

　　在上述两重便利之下，用户成为头条号的粉丝以及忠实粉丝也就大体成功了，其吸粉引流的过程是容易操作的，而其结果也是可期的。因此，在头条号运营过程中，运营者可积极通过这一菜单来涨粉。

　　在吸粉的过程中还有一个关键点，即什么原因让用户给运营者发送私信。一般来说，能让用户发私信的原因，无非就是该头条号有他（她）所需要的优质资源或独家文章，其能通过发私信的方式获取，因此才推动了这一关注头条号行为的发生。

8.2.8　利用外链分享内容

　　在今日头条平台上，运营者在发布文章之后，除了可以通过头条号平台来推广内容外，还可以通过头条号平台的外链推广，把内容分享到其他引流渠道中，扩大内容的推广范围，例如前面介绍的利用"转发"功能分享到微头条上。

　　其实，除了微头条这一头条号内部的分享渠道之外，"转发"功能还包括"分享到新浪微博"和"分享到 QQ 空间"两种。图 8-17 和图 8-18 所示分别为头条号内容分享到新浪微博和 QQ 空间的内容设置页面。

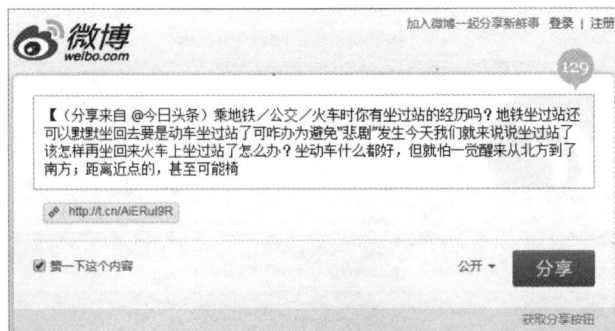

图 8-17　头条号内容分享到新浪微博的内容设置页面

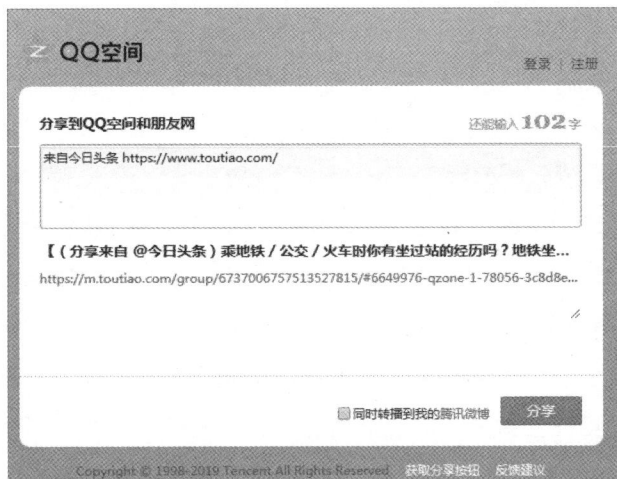

图 8-18　头条号内容分享到 QQ 空间的内容设置页面

新浪微博和 QQ 空间作为知名的社交平台，是用户都比较关注的，如果有用户对分享的内容感兴趣，那么极有可能是在分享人的社交圈子引起病毒式传播的。特别是当运营者在分享时加入一些与热点事件和人物有关的话题，或者与内容的垂直领域相关的话题，就会更具传播性。

8.3　利用头条赚钱技巧大揭秘

掌握头条的引流方式之后，还有最重要的一步，即稳定粉丝，这样才能在平台获得收益。在头条平台赚钱、获取收益，实现变现的目的也是有一定技巧和方式的，接下来将从两个方面介绍头条的赚钱方法和变现方式，帮助读者能够收获自己的成果。

8.3.1　头条个人赚钱最简单的方法

笔者已经持续分享了 3 年的自媒体知识，遇见过很多想从事自媒体的新人，提出了各种各样的问题，比如：

"我想通过自媒体赚钱，但是我不知道自己擅长什么，我什么也不会！"

"我文笔不好，不会写文章，一个人能不能做自媒体？"

"我已经做了两年头条了，可是没有看见一分钱，利用今日头条到底怎么赚钱？"

读者是否也有这样的困惑？想做自媒体却不知道如何开始？做了很久却没有收益，很恼火，想放弃。

就拿怎么通过头条赚钱这件事来说，虽然自媒体行业已经持续火了好几年，但每天依然会有人问上述问题，这就是笔者常说的信息差。中国有十几亿人口，即使有很多众所周知的事情，也还有至少一亿人不知道是什么。一般情况下，对于一件事情至少有 10 亿人不知道是什么。所以，不要因为自己懂得少，感觉自己会得太少而放弃自媒体，人人都可以做自媒体，一个人也可以做好自媒体。

一个人的专业知识、社会经验、生活经历都可以分享出来，你认为非常简单、非常熟悉的事情，在外行看来可能非常复杂，你分享出来就很可能对他们有帮助。另外，在分享的过程中，还可以持续不断地学习新知识，不仅能赚钱还能非常快地提升自己的能力，这是一件多赢的事情，何乐而不为呢？

那么，利用今日头条想要赚钱，想要直接拿到广告收益分成，需要满足哪些条件呢？

1. 先注册头条号并通过实名认证

注意：不是 App 上的身份认证，而是身份认证，与头条开通收益没有关系。这里所说的头条号是指今日头条的自媒体平台，主要是给内容创作者使用的后台，区别于大多数人每天在看的今日头条 App。通过搜索引擎，搜索头条号，就可以找到，如图 8-19 所示。

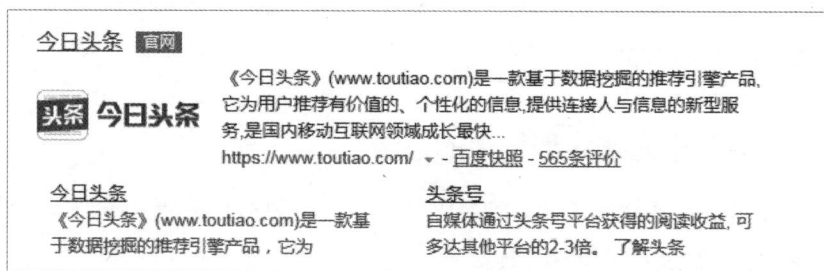

图 8-19 搜索头条号

2. 发布内容时一定要从网页版头条号后台发布文章或者视频

不要从今日头条 App 上发布。从今日头条 App 上发布的内容，无论是文字或者视频都是没有收益的，因为从这里发布的叫作微头条，类似于发微博或者朋友圈。

3. 尽量发布原创的内容

运营者自己编写文章或者拍摄视频，这样会获得更好的收益。但有的运营者可能会问："我不会做原创，怎么办呢？"答案是可以进行二次创作。把别人的内容用自己的话重新复述，或者把别人的视频进行剪辑，二次加工也算是原创。

4. 想办法增大阅读量，产生爆款内容，吸引粉丝

头条的收益是由粉丝和阅读量决定的，阅读量可分为粉丝阅读量和非粉丝阅读量。粉丝越多，粉丝产生的阅读量也就越大，收益也就越高。当然没有粉丝，头条也会有很大的阅读量，因为头条有一套算法推荐机制，只要运营者的内容能吸引到读者，就会得到系统的持续推荐，也可以获得非常大的阅读量和不错的收益。

因此，寻找热门话题点，让运营者的内容符合大众的需求，激起用户的共鸣，就可以获得比较高的阅读量，产生比较多的收益。

上述就是非常简单的能让运营者的头条产生收入的方法。除了头条，还有百家号、企鹅号、大鱼号、趣头条自媒体等平台也可以用这种方法产生收益。

8.3.2 6 种今日头条的变现方式

下面主要讲解在今日头条平台的赚钱方法，每个人、每个企业都可以根据自己的职业、特长、爱好或公司产品特点，来确定如何利用今日头条变现。

笔者将利用头条赚钱的方法大概划分为如下几种，包含目前常见的变现方式，每种方法都有非常的人在使用，每种方法都是可以执行操作的，并且有规律可循。

1. 头条广告收益 / 补贴

注册头条号后，在头条号平台发布文章或者视频，只要产生阅读量，就可以获得平台的广告收益分成。一个新号，刚开始收益比较少，如果运营者想获得比较高的收益，那么可以输出优质内容，开通原创功能。

一般来说，一个普通的账号，1W 阅读量或者播放量会有 1~3 元的收入。开通原创功能后，收入会提升到 10 元左右。运营者想要获得更多的收益，除了努力提高播放量外，还需要靠内容来吸引粉丝关注，因为粉丝收益非常高，1W 次粉丝阅读，收益在 100~600 元之间。

如果能坚持运营一段时间，那么广告收益是非常可观的。

除了广告收益外，针对图文内容，平台还有一个青云计划奖励，针对优质的图文内容，系统每天会评估筛选。如果能获得青云计划奖励，那么每月首次奖金 1000 元，之后每次奖金 300 元。

青云计划更喜欢干货类长文（2600 字左右）。因此，如果运营者擅长输出此类文章，每个月靠写作来赚青云计划的奖金，也能获得很不错的收入。

2. 电商变现

如果读者近期经常刷头条，就会发现头条已经在加大电商布局了，特别是微头条，有非常多的书籍、农产品在通过微头条销售。电商变现已经成为头条号自媒体作者非常重要的一个变现途径。

那么如何开通电商功能呢？持续输出优质内容，即可收到平台的商品功能开通邀请。有了商品功能，就可以在发布内容时插入淘宝、京东或者头条自家的值点商城内的商品，只要有人购买，就可以获得商家的佣金分成。

这是一个非常好的电商变现功能，不需要运营者自己有产品、有货源，只要不断发布内容，那么任何人都可以通过电商赚钱。

无论头条的电商布局最终能否成功，人们都能看出头条要做好电商的决心。因此，如果读者是淘宝或京东商家，那么笔者强烈建议入驻头条店铺，寻找头条、火山小视频、抖音的达人，给出高佣金分成，与他们合作进行推广，特别是抖音，一个爆款视频，可以带货几千单，效果非常好。

前面讲过：头条会把运营者发布的内容主动推送给感兴趣的用户，也就是说，运营者不用担心没有粉丝，也不用自己去找客户，只要持续不断发布内容，平台就会帮运营者找到相应的客户。目前头条主要有如下 3 种插入商品的途径。

（1）在微头条中插入商品。

（2）在文章中插入商品。

（3）在视频中插入商品。

3. 知识付费变现

什么叫知识付费呢？就是运营者把自己的知识梳理后，分享出来，如果可以帮助某一类人群提升技能或者缓解焦虑，就可以相应地收取一定的费用。

古人说"书中自有黄金屋"，而现在更简单，只要运营者能把琐碎的知识系统化总结，就可以利用知识来赚钱。那么应该怎样操作呢？这就用到了头条的专栏功能。

当运营者的头条号获得原创权益之后，就可以申请开通专栏功能。之后，就可以在头条号主页看到专栏标签。与头条的插入商品功能类似，对于头条的专栏内容，系统也会主动推荐。系统会将运营者发布的内容精准推送给对专栏内容感兴趣的用户群。因此，在没有粉丝的情况下，也可以获得不错的销售额。

目前，销量上千的专栏非常多，比如一个收费 299 元的专栏，销量如果为 1000+，那么运营者仅仅靠这个专栏，就可以获得将近 20 万元的收入（为什么不是 30 万元？因为平台会收取一定的服务费）。

这种知识付费专栏，很多人都是利用业余时间来兼职做的，通过分享一系列知识，就可以获得高额的回报。

4. 社群变现

头条近期推出的圈子具有非常好的功能，可以大幅度地帮助自媒体人进行社群变现，类似知识星球，可以分享知识、打卡学习、沉淀内容，以及和社群成员互动，只需拥有粉丝即可开通。

简单来说，用户加入圈子就相当于花钱办了一张会员卡，可以参加圈主的活动，查看、学习圈子内的分享，和有相同爱好的人一起交流，等等。那么如何推广自己的圈子，让更多人加入呢？主要有如下两个途径：

（1）通过微头条发布圈子信息，更新一些目标人群需要的知识，吸引他们加入进来。

（2）发布文章时，插入圈子信息，在文章中引导用户加入自己的圈子。

无论头条的哪种赚钱方法，都是系统主动根据运营者的内容，帮运营者来匹配客户。目前，所有企业或个人都需要流量，但流量越来越贵。通过头条自媒体，只要输出内容，就可以获取大量的免费流量，进行各种模式的变现。内容即流量，内容即收益。

5. 产品营销变现

头条上最不缺的就是流量，只要运营者发布内容，无论是微头条，还是文章或视频，就会得到平台的推送，各行各业都可以在头条找到自己的用户群。因此，无论运营者是销售产品还是服务，在头条上做推广营销，都是非常好的方法，有很多企业及个人都在利用头条的精准推送机制，获得了大量的客户群体。

很多新手刚刚入驻头条，就开始发硬广告，这是平台不喜欢、不允许的，并且用户也不喜欢看广告。那么，运营者该如何通过头条做营销推广呢？

运营者可以根据自己的产品特点和用户群体，分析用户群体的痛点，然后针对性地给出方法和解决方案。这样不仅能让用户学到知识，有收获，更能获取用户的信任，提高后期的成交率，这也是自媒体最大的优势。

另外，头条不允许在内容中直接留联系方式，但平台允许用如下 3 种方法与客户沟通。

（1）私信功能

运营者可以通过头条自身的私信功能，与客户沟通交流。

（2）扩展链接

运营者在发布内容时，会发现文末有一个扩展链接的功能，可以在这里插入自己的产品宣传页或者公司网站。

（3）评论功能

在评论区交流互动，进一步解答客户的疑问，也能更好地促进成交。

6. 打造品牌 IP，获得长期价值

运营者通过不断在头条发布内容，输出价值，展示自己，就可以在自己的领域小有名气，逐渐形成自己的品牌 IP，获得更多的话语权，各种优质人

脉都会主动找来，各种资源也会随之而来。

因此，无论是对个人，还是对企业来说，打造品牌 IP 都是非常值得去做，并且必须要做的事情。因为有了品牌 IP，不仅能增加品牌信任度，还可以帮助个人或企业快速变现，更重要的是，当品牌 IP 积累到一定粉丝量的时候，粉丝流量完全免费，粉丝还会帮运营者传播，形成天然的口碑信任。

打造 IP 是需要长期不断坚持的事情，运营者不用着急，制订一个目标计划，然后不断朝这个方向去努力就可以。

在如今这个时代，人们只要发发文章、发发视频，就可以把自己的观点传播给无数人，把自己的产品展示给无数人，获得海量的客户。没有比现在更容易赚钱、更容易成名的了。但运营者想要成功，关键是要跟得上这个时代的发展，对新生事物保持高度的兴趣，不断地研究学习，才能不被这个时代淘汰。

第 9 章

抖音，抓住时代打造
爆款视频

随着短视频的火爆，抖音平台的"抖商"也逐渐火热了起来，并且呈现出了强大的引流带货能力。

抖音制作成本低、门槛低，人人都能做，它让普通人一夜成名的梦想不再遥不可及，短视频时代，成为新的创业风口。本章主要从平台运营、引流、变现等 3 个方面详解抖音平台。

要点展示：
➤ 抖音运营的技巧和注意事项
➤ 关于抖音，你还需要知道这几件事
➤ 9 个方法，实现爆发式引流
➤ 6 种方式，抖音变现大盘点

9.1 抖音运营的技巧和注意事项

完成注册正式入驻抖音平台之后，对新手来说，在运营过程中还是会在很多地方感到疑惑，本节将从 5 个方面具体分析，帮助读者深入了解抖音及平台机制。

9.1.1 一份保姆级抖音教程

现在很多人都知道做抖音可以赚钱，却不知道怎样去做。下面分享如何从零开始运营一个赚钱的抖音账号。

1. 注册

很多新手根本不把注册当成一回事，以为随便用手机号接收一个验证码就可以了，结果无论怎么发播放量都不高。殊不知注册才是做好抖音的关键一步。

（1）清晰定位

首先运营者的抖音账号需要一个清晰的定位，可以根据产品定位内容，如果没有产品则可以通过自己的兴趣、爱好定位内容。互联网时代，小众就是大众，只要运营者能制作出优质的内容，一定能吸引到这个领域的用户。

（2）账号信息

注册完成抖音账号，运营者还要完善抖音主页信息；可以将账号名称设置成名字＋目的的形式，比如教练说车。也可以设置为名字＋领域的形式，比如厨娘做美食。头像可以是真人形象照片，也可以把账号名称设置成文字图片，但是图片一定要清晰。

背景图可以对账号名称进一步解释，也可以告诉用户关注运营者能带来什么价值。另外，很多作者会在个人介绍一栏放联系方式。但是笔者建议新人在账号做起来之前，不要放联系方式，可以对账号进行介绍，比如"资深吃货，每期介绍一种你没吃过的美食，等等"。

2. 7 天养号

刚注册的新号，如果一开始就发布大量视频，那么很可能会被系统判定为营销号而降低流量。养号则可以提升账号的权重，获得正常的推荐量。那么，如何正确地养号呢？

（1）保持活跃度

每天至少花费一个小时的时间，用新号刷抖音，看到喜欢的就点赞，看到有意思的内容就进行评论，保持账号的活跃度。

（2）关注同行和热点

在刷视频的过程中，最好刷一些与自己定位相关的视频以及热点视频，这样运营者不仅可以学习同行的制作方法，还会让系统认为运营者是正常用户。

3. 内容至关重要

（1）做好前 3 秒内容

用户在刷到运营者的视频时，前 3 秒的内容是决定用户是否观看的关键因素，如果不能在前 3 秒吸引用户，那么很可能运营者的视频会被无情地划走。

新号的前 10 个视频尤为重要，一定要垂直领域做内容，系统不仅会根据运营者的视频判定其领域，还会给予很好的推荐量。运营者千万要重视！

（2）学习模仿

在刚开始不知道怎么制作内容时，同行就是最好的老师，运营者可以学习他们的制作技巧，根据自己的需求制作出合适的作品。

（3）解决问题

大多数人在生活、工作中，总会遇到很多问题，运营者就可以把这些问题的解决方案制作成一个个视频，帮助用户解决问题，这样也会更容易吸引用户。比如家居装修、美食做法、Word 用法等，当用户正好需要装修房子时，打开抖音看到这样的视频，是不是就会感觉如虎添翼，立刻就关注作者呢？

（4）满足需求

人生来就有各种各样的需求，当一个人心情不好的时候，就希望看一些搞笑的视频，让自己变得开心起来。当一个人低落忧郁的时候，就希望看一些温暖和令人感动的视频，让自己充满信心。

运营者可以针对用户的需求制作视频。想要让用户的情绪上扬，就可以制作搞笑、剧情反转、意料之外、正能量的视频；想要让用户的情绪下降，就可以制作悲伤、感人、能产生共鸣的视频。

4. 变现方式

那么，做抖音如何实现变现呢？

（1）橱窗卖货

刷抖音的用户都应该看到过很多好物推荐类的视频，视频播放完毕就会出现一个链接，用户通过链接购买商品，作者就可以获得一部分佣金，这是抖音最快、最有效的变现方式。

目前抖音降低了开通橱窗的门槛，只需发布 10 个以上短视频，并且实名认证即可使用。运营者需要做的是，通过产品制造情景，从而做出优质内容。比如玩具，运营者就可以拍摄几个小朋友一起开心地玩玩具的情景，产品结合情景，可以促使用户更快速地下单。

（2）广告植入

其实，人们每天都在接触广告植入。观众在看综艺节目时，会看到主持人经常用一段时间来介绍产品，还有马路边、商场、电梯间的产品海报等，都是广告植入。抖音的广告植入，就是通过场景化的情景，带入产品，可以让用户有更加直观的感受。

比如运营者要植入服装品牌，就可以拍摄一段服装店的场景：店员在整理衣服，细节拉在衣服的标签，服装的品牌就很好地展现出来了。

（3）代言变现

利用代言变现这一方式最多的就是明星，观众经常可以看到明星今天代言了这个产品，明天又代言了那个产品。其实，在抖音平台也可以通过代言变现获得收益。

比如喜欢旅行的小小莎老师，她发布了很多有关旅行的视频，获得了几百万名粉丝，产生了很大的影响力。与此同时，她还代言了很多旅游景区，通过代言费的方式获得收益，而且她代言的景区很多一度成为网红打卡景点。

上述只是抖音变现的其中几种方式，运营者可以开拓自己的思维，举一反三。其实，通过抖音短视频赚钱非常简单，只要掌握了方法很快就可以上手。

9.1.2 这样做视频，快速上热门

现在的信息时代，几乎所有人都开始利用碎片化时间获取信息，而短视频通常能把时间控制在 2~5 分钟，甚至 15 秒，更好地满足了人们碎片化阅读的需求。

目前短视频的制作门槛非常低，只要有一部手机、一台计算机就可以拍摄视频、剪辑视频，所以越来越多的个人、机构开始加入短视频制作。然而在短视频如此泛滥的现在，所有的短视频内容对用户来说，都是稍纵即逝，如何制作出吸引读者眼球的爆款短视频，才是至关重要的。

1. 制作爆款短视频的 5 个原则

（1）有趣

不管是方言、段子，还是搞笑视频，只要能让用户在吃饭、午休、等车的空隙放松一下，在这压力越来越大的现实生活中，就是非常难得的。泛娱乐类的内容几乎对所有人都适用，找到一个有趣的段子，演绎出来就可以。只要能够让用户感受到轻松、搞笑，那么点赞就是顺其自然的事情。

（2）颜值高

人天生就是爱美的，都喜欢优秀、美好的事物。在抖音平台上，很多颜值高的小姐姐、小哥哥就能获得很高的点赞量。

利用短短的 15 秒，只要外表具有吸引力，就很容易给用户带来心动的感觉，很容易获得用户的好感。但是颜值类视频对天赋要求极高，对大多数人来说，还需要老老实实靠才华。

（3）有爱

正能量的、有爱心的事情以及可爱的宠物等，可以唤起用户的爱心，因此点赞、转发就变成了稀松平常的事情。

有爱的短视频很好制作，在传统媒体时代，记者的精力有限，很多好人好事没有机会被报道，而在短视频时代，人们看到这样的事情随手一拍，这些好人好事就被曝光了。这类正能量的视频也会获得很好的推荐量。

（4）有才华

每个人都会有这种感觉，看到别人跳舞跳得很好，就会感觉由衷敬佩，只有点赞才能表达自己的敬佩之意。

现在越来越多的职业、技能，开始通过短视频展现在用户的眼前，比如会跳舞的保安、会解题的外卖小哥、唱歌很好的小朋友等。一个有独特技能的视频，可以让用户看到从来没有看过的内容，同时也满足了其猎奇心理，更容易获得用户的关注。

（5）有用

锦上添花不是花，雪中送炭方是炭。当人们遇到问题不知道怎么办的时候，刚好刷到一个视频帮助自己解决了燃眉之急，就会感觉很贴心，顺手点赞。

生活小妙招、工作技能、学习方法等视频既可以让用户充分利用碎片化时间，又可以让用户学习技能，因此也会获得更多用户的关注和点赞。

2. 制作爆款短视频的注意事项

爆款的核心是带动用户的情绪，让用户互动分享。用户的情绪其实是一种盲从的情绪，用户往往不会深入思考，很容易被带动。抖音平台上就有很多引导情绪的高手，比如杜子建，就是利用犀利的语言点中用户的痛点，从而获得了一大批忠实的粉丝。

人生来就有七情六欲，表现为喜悦、愤怒、忧伤、恐惧、惊吓等。想要让用户的情绪上扬，就可以制作搞笑、温暖、正能量等充满温情的视频内容，比如人们在伤心的时候，刷到一个萌宠的视频，瞬间就会有被治愈的感觉。

想要让用户的情绪下降，就可以制作悲伤、感人、能产生共鸣的视频内容，比如人们正在激情满满的时候，突然看了一个很"丧"的视频，情绪瞬间就会受到影响。

另外，拍摄视频的时间、地点也很重要。如果能在白天拍摄就尽量不要在晚上拍摄，因为白天的光线更加充足。如果能在室外拍摄就尽量不要在室内拍摄，因为室内一成不变的背景会让用户觉得单调，在室外可以选择多种多样的背景，也会让用户感觉更加新奇。未来的短视频作者需要面临更多挑战，但也更能让运营者相信短视频是非常有前景的，因为挑战也就意味着机遇，运营者只有抓住机遇，面临挑战迎难而上，才能成为最后的赢家。

9.1.3 抖音运营的 8 个误区

随着 5G 时代即将到来，抖音短视频开始火爆，越来越多的个人、企业加入了抖音短视频制作的阵营。有些人觉得看了那么多短视频，靠发视频涨个几万、几十万粉丝不是问题，结果却相差甚远。有些人学习了很多短视频相关的课程，等到实际上手去做的时候，还是一头雾水。精心制作的短视频发布在平台上，播放量只有几次。

小白从接触到开始做一个新的领域，都会遇到很多问题。不过，只要运营者把前期可能会遇到的问题规划好，再去做短视频就会事半功倍。接下来，就来分析做抖音短视频的 8 个误区。

1. 不做规划

很多新手在做短视频之前，不做规划就进行下一步操作，这是误区之一。正确的做法是，一定要做好详细的规划，了解清楚平台的规则。

（1）弄清楚自己要达到什么目的，是为了出名，还是赚钱？做真人出镜视频还是图文图集视频？做美食领域还是体育领域？搞笑风格还是毒舌风格？通过产品变现还是流量变现？这些问题都是运营者在开始制作短视频之前，要思考清楚的内容。

（2）熟悉平台的规则。比如，什么内容可以发？什么内容是禁止的？平台的红线是什么？对平台的每一个功能怎么用？这些都是作为一个新手最起码要了解的。

2. 搬运抄袭

很多新手为了省事，就直接把别人或者其他平台的内容当作自己的内容发布，其实这就是搬运抄袭。短视频平台为了给用户带来更好的体验，在内容发布之后，会对视频进行检测，对于重复度过高的视频，平台是不会给予推荐的，而且对情况严重的账号还可能会降权。

3. 以自我为中心

每个新号的前 10 个短视频非常重要，因为平台会根据这 10 个视频对运营者的账号划分领域，贴上相符的标签。如果运营者做短视频就是随便发一发，想拍什么就拍什么，完全不考虑用户是否喜欢，就很容易对账号造成不良影响。

运营者做抖音短视频要有客户思维，只有关注用户的需求，知道用户想看什么，站在用户的角度思考，这样制作出来的短视频才会获得更多的关注，粉丝也才会更加精准。

4. 喜欢发长视频

抖音账号获得一千名粉丝，就可以开通长视频权限。很多人为了把视频内容表达得更清楚，会把视频的时间延长到 1 ~ 2 分钟，这样虽然可以把视频内容做得很完整，但是完全忽略了视频完播率。

当用户刷到运营者的视频时，最多会利用 3 秒来判断是否继续看视频，如果视频内容不能在 3 秒内吸引到用户的眼球，视频就很容易被划走。笔者建议新手最好把内容精简到 15 秒，只需将想要表达的精华内容提炼出来即可。如果内容太多，那么可以把其中一个精彩的点表达出来，直接进入高潮部分。

5. 不和用户互动

很多人做短视频从来不和用户互动，这样就很容易故步自封。不和外界接触，从不接受用户的意见，发布内容也是我行我素，不考虑用户的感受。

运营者做短视频需要面向各种各样的用户，有的用户会对作品提出针对性的意见，而且活跃的互动可以有效地吸引更多用户，获得更多流量。如果运营者一直不回复用户的评论，就会让用户认为其是一个冰冷的机器，运营者不用对每条消息都回复，挑出一些有意思的评论进行互动，即可带动作品的播放量。

6. 互粉刷粉

很多新手为了快点把粉丝涨上去，就与别人一起互粉刷粉，不过这样做，对账号本身伤害最大。比如运营者和别人刷了一万名粉丝，这一万名粉丝都是假的或者僵尸粉，运营者发布的内容没有一个粉丝点赞、评论，那么平台还会为运营者推荐吗？所以想要涨粉并且不影响账号，最好的方法就是通过自己输出有价值的内容来获得更加精准的粉丝。

7. 认为多发视频就能火

抖音平台上每天有很多爆款内容，吸引了很多想要上热门的运营者，很多运营者认为只要多发视频就能火。其实，每个短视频平台都有自己的规则，抖音也有自己的推荐逻辑，如果运营者不能制作出用户喜欢的内容，一味地发布视频，那么很难制作出爆款视频。

8. 不分析数据

很多新手从不分析数据。其实，分析数据是每一个运营者必须要做的功课，如果运营者的视频播放量一直很好，突然发生断崖式下滑，很可能就是哪个方面出现了问题。数据分析就可以很方便地帮运营者排查问题，但做数据分析不是短时间内就可以完成的，它是一件需要长期进行的事。

上述就是做抖音短视频的 8 个误区，运营者可以参照进行对号入座，有则改之无则加勉。当然，再好的平台和机会，运营者没有坚持不懈的内容输出，也很难做好短视频运营。再多的方法和技巧，运营者没有实际操作也很难真正体会。

9.1.4　4 个方法快速提升推荐量

为什么别人的账号随便一发就能获得几百万个点赞，而有的运营者精心准备的内容点赞量却不超过 10 个？为什么别人带货引流赚得盆满钵满，而有的运营者一发消息就会被关小黑屋？其实，抖音的算法机制是去中心化的，也就是说，每个人都有火的概率，但是到底能不能火？取决于其是否能掌握抖音的规则。

最基础的抖音规则就是账号权重。账号权重其实就像人们的信用记录，信用值越高的人得到的权限就越多。抖音也一样，运营者账号的信用值越高，其权重就越高，也就代表平台越喜欢该运营者。那么，该运营者获得的权限也会越多，推荐量、涨粉自然不在话下。很多新手就会疑惑，怎样才能提升账号的权重呢？

1. 信息完整

在抖音平台，信息越完整的账号越受系统喜欢。其实，把信息填写完整就像运营者在告诉平台自己是谁，当运营者毫无保留地展现在平台面前时，平台就会对其产生一定的信任。

首先要把头像、昵称、简介、学校、性别、生日、地区等个人信息填写完整，头像、昵称和简介也要一致。比如运营者是汽车领域的作者，那么头像也要选择汽车领域的高清图片，昵称也要与汽车相关，例如"小李谈汽车"，简介就是要对运营者自己和领域做一个简单的介绍。切记刚开始一定不要放引流方式，否则很容易被放进小黑屋。

其次是绑定账号，一机一卡一号是常识，重要的是第三方账号绑定，如微信、QQ、今日头条、微博等，只要是运营者具有的账号最好都绑定一遍，以增强平台的信任感。

2. 垂直领域

运营者如果想要提升账号的权重，在刚开始创作时，就要保持内容和领域的高度垂直。比如运营者是体育领域的作者，体育领域的范围很大，包括体育赛事、体育明星、体育器材、体育俱乐部等。如果运营者选择体育明星，则还有国内明星、国外明星之分；如果选择国内明星，则还会分为篮球明星、足球明星、游泳明星等。

太大的领域很难真正做好，很多运营者的目标很大，但是其做起来却力不从心。只有垂直细分的内容才会吸引来更加精准的粉丝，后面的变现也会随之变得更加简单。

3. 明确的主题

每一个视频都需要一个明确的主题，如果运营者的视频内容没有明确的意义，那么推荐量和播放量都不会太好。因为连运营者都不知道自己的视频讲的是什么内容，读者更加不会懂。总之，视频必须要言之有物，有明确的主题，主题可以多种多样。

比如，马上要过端午节了，那么视频主题可以是粽子，可以是划龙舟，可以是当地的习俗，也可以是当地的活动。同时可以设置一个醒目的封面，放在视频首帧，让用户第一眼就可以清楚其要讲的内容。

4. 平台认证

抖音平台官方主要有两种认证方式：个人认证和企业认证。进行官方认证不仅可以吸引更多的用户关注，还会让账号权重有很大的提升。

（1）个人认证：一个以上的视频、粉丝量大于 1W、绑定手机号，满足这 3 个条件就可以申请认证。个人认证比较适用于公众人物、领域专家和网络名人。另外，主播在提取收益时，也需要进行认证。

（2）企业认证：上传营业执照高清照片、认证公函、支付费用之后，等待审核就能完成认证。抖音的企业认证成功，将会实现今日头条、抖音、火山小视频 3 大平台的认证标识，并且抖音企业认证还有权威认证标识、营销工具、数据监测、粉丝管理等多项功能。

很多用户把自己推荐量不稳定的原因，都归结于用户或者平台，往往很难发现自己本身的问题。其实，只要运营者把内容做好了，推荐量、播放量等就都有了。

9.1.5　6 种抖音变现模式

经常有人向笔者咨询关于抖音的问题：

听说抖音很火，就想去做，但不知道该怎么赚钱。

做到了几十万粉丝，却不知道该如何变现。

现在人们普遍关注抖音，大概有如下几种情况：

（1）知道现在是抖音红利期，想通过抖音赚钱，却不知道该如何下手。

（2）没有学习、研究抖音规则，盲目开始却不见成效，自信心受到打击。

（3）没有做好内容定位，不了解抖音的变现模式，对自媒体运营理解不深。

想要靠抖音赚钱，必须弄懂抖音的底层逻辑：抖音和头条都来自一家公司，即字节跳动，它们有着一套相似的推荐算法机制。虽然笔者运营今日头条的时间已有几年，对头条非常熟悉，但抖音短视频和头条还是有非常大区别的。为了更系统地弄明白抖音的用法，帮助学员变现，笔者安排团队人员对抖音进行一系列的涨粉、变现测试。

笔者团队准备了 20 个账号，分别在育儿、教育、汽车这几个领域进行了测试，从引流微信成交到电商种草带货，从不同的角度尝试了变现的难易程度。两个多月时间，收获很多，除了 200 多万名粉丝外，还总结出了一些适合新人快速利用抖音赚钱的方法。

有了自己的实战数据做支撑，笔者可以很肯定地讲，普通人想玩好抖音，实现快速涨粉的秘诀，就 3 个字：撞爆款。通过数据分析可以发现，拥有几十万粉丝的账号必定是由某几个大爆款带起来的。

与做自媒体爆文类似，先做好数据分析，将已有爆款热门话题提炼后，二次加工，"以爆制爆"。这样做起来，成为爆款的概率非常大。笔者团队最好的数据是单个视频播放 3200W，涨粉 20W＋。

所以要玩好抖音并不难：从一开始就做好定位，规划好未来要变现的方向。这样奔着目标一步步去执行，成功概率很大。那么抖音都有哪些赚钱模式呢？下面详细拆解抖音的几大变现模式：

1. 引流销售

引流到微信，销售产品或者招募代理商，这是运营者比较熟悉的微商模式。

引流线下店铺，如果运营者有线下实体店，想增加客流量，那么直接拍摄其特色产品即可，如服装、美食展示等。可以自己拍，也可以让顾客拍摄，发布抖音时，注意带上店铺位置，抖音平台会优先展示给本地用户。

2. 广告收入

当有一定的粉丝量后，就会有很多广告商家主动找上门，至于广告费有多少，只需具体谈判即可。但要注意：广告内容不要太硬，不能直接出现联系方式之类。

关于广告收入，抖音本地美食号现在是一个很好的风口，帮助商家宣传特色美食，单条视频可收费几千元、上万元不等。在一二线城市，3 人的团队，两个月基本可以做到 10W＋ 的广告营收。根据笔者了解，很多做本地公众号的团队都已经开始了抖音的运作。

3. 知识变现

知识变现是自媒体人变现的一个重要途径：在抖音分享专业知识，吸引粉丝，然后通过销售课程或者相关服务赚钱。比如，有很多做情感内容的账号，通过解答粉丝的情感困惑来收费变现。

有人可能会说："这样的服务我做不来，怎么办呢？"答案是帮别人分销即可。没有哪个老板会拒绝多一个免费的推销员，谈好分成比例，然后就可以进行推广。

4. 电商变现

通过抖音的电商橱窗功能，在视频中插入商品，可跳转到淘宝成交。抖音的带货能力是毋庸置疑的，但大部分人刷抖音是为了消遣娱乐，并不是购物，那么如何增加转化率呢？笔者团队经过测试发现好物种草推荐类内容最易成交，因为这样能直接告诉粉丝："我就是来卖的，你快来买！不用藏着掖着。"

如果没有产品，那么如何通过抖音电商带货呢？运营者可以直接推广淘宝商品，赚商家给的佣金，这是一个非常适合自媒体人做的变现项目，类似头条号的商品功能。

根据笔者团队测试的数据可知，单账号每天可以产生几百元的淘客佣金：凯哥做过一个调查，一些已经月入几万元的学员仍然对淘宝联盟、淘客佣金等内容一窍不通，所以这里对新手来说还有很多机会。

做自媒体的人不懂淘宝客，玩淘客的人不懂自媒体和短视频，一旦能把两者结合起来，运营者就会发现一片崭新的天地。

5. 直播变现

粉丝打赏和直播电商是目前主要的直播变现模式。之前直播赚钱，主要靠粉丝打赏，现在做直播卖货，收益更高，已成为很多主播的首选。另外，通过直播与粉丝互动，对增加抖音粉丝的黏性有很大帮助。

6. 卖抖音号

涨粉、卖号也是不错的抖音变现途径，目前单个抖音粉丝的价格在 3 分左右，具体如图 9-1 所示。另外，常见的抖音号交易平台有 A5、鱼爪等。

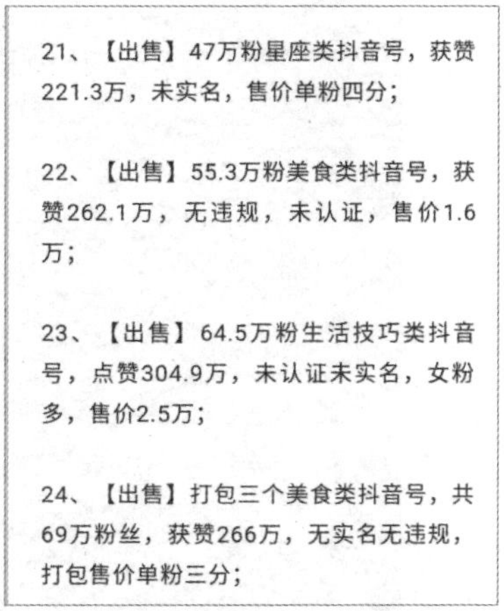

21、【出售】47万粉星座类抖音号，获赞 221.3万，未实名，售价单粉四分；

22、【出售】55.3万粉美食类抖音号，获赞 262.1万，无违规，未认证，售价1.6 万；

23、【出售】64.5万粉生活技巧类抖音号，点赞304.9万，未认证未实名，女粉多，售价2.5万；

24、【出售】打包三个美食类抖音号，共 69万粉丝，获赞266万，无实名无违规，打包售价单粉三分；

至此，抖音的赚钱模式大概讲完了。"纸上得来终觉浅，绝知此事要躬行"，下文将利用案例详细分析。无论人们是否承认，短视频自媒体的时代都已经来了，并且在悄无声息地改变人们的生活。

图 9-1 抖音卖号获得收益

9.1.6 在抖音玩手机摄影，就能轻松变现

最近，很多做自媒体撸广告收益的运营者都在问笔者一个问题：利用抖音怎样才能赚钱？其实商业的本质就是价值的交换。想要通过抖音赚钱，就需要和用户进行价值交换：销售产品获得收入，销售课程获得收入等。

理解了这一点，运营者针对自己潜在客户的需求，推荐相应的产品，就能赚钱。下面分享一个用抖音赚钱的非常简单的思路和方法：现在的抖音日活跃用户量超过 3.2 亿人，抖音的火爆带动了整个短视频行业的火爆，看视频的人越来越多，企业也需要通过视频来营销推广，就需要更多优质的视频拍摄和制作，需要更多的从业者进入短视频行业来创造更多的内容。

这是目前的行业背景，无论是个人的观看需求还是企业的营销需求，无论是个人 vlog 视频制作，还是企业短视频拍摄，相关人才的缺口都是非常大的。有需求的地方，就有赚钱机会。因此，做短视频相关的行业，目前是非常赚钱的，比如下面这两种短视频变现模式：

1. 做摄影服务变现

做摄影服务变现的婚纱摄影类账号非常多，并且很有资源优势，完全可以把用户做成内容，把自己的摄影工作室做成一个网红店，吸引更多的用户，如图 9-2 所示。

图 9-2　利用摄影服务变现案例

2. 摄影剪辑教学类案例

摄影剪辑教学类的账号，其内容和变现模式非常类似，都是通过分享摄影技巧，吸引大量的想学习摄影的粉丝，如图 9-3 所示。

图 9-3　摄影教学类案例

下面重点讲解这类分享摄影或剪辑知识类的抖音号是怎么赢利变现的。如果读者认真看笔者上述分享的截图，就会发现它们都有一个共同点，即在主页中明确说明了运营者的目的，有摄影培训和课程。

这种类型的账号，大多是由一个人来运营的，并且基本是兼职完成的。一个人做，仅通过销售视频相关的摄影剪辑课程（课程可以自己录制，也可以从淘宝购买），每个月就可以有几万元的收入。

再加上一些其他方面的收入，比如给粉丝推荐相关的设备获取佣金等，如果做得好，那么一个月收入 10W+，是完全没有问题的。

是不是很震惊？没错！这就是短视频时代的超级红利！在抖音平台上搜索手机摄影、手机拍摄、手机摄影技巧等关键词会发现，很多摄影教学的抖音号通过分享知识的形式积累粉丝，并通过销售教程或者一对一辅导培训的形式进行变现。

不需要任何投资，仅仅花费时间，制作教学类的相关视频，然后通过销售相关的课程就能赚钱，利用这种操作方法即可实现很多上班族遥不可及的收入。

另外，运营者持续分享相关的知识，因此会有非常多的有视频拍摄需求的客户找到运营者，付费以满足需求，这也是一个非常大的赢利点。不仅是摄影剪辑类教学，其他类似的行业还有很多，任何可以作为知识传播的领域，都可以用这个思路来运作。

想利用短视频赚钱的思路和方法非常简单，但对一个新人而言，还需要根据自己的职业、兴趣、资源等，先做好定位、选择好适合自己的方向，这样才能更容易成功。

读者是否发现，无论是图文类型还是短视频类型，自媒体最核心的本质没有变化：持续分享价值，不断利他，赚钱就会水到渠成。

9.2　关于抖音，你还需要知道这几件事

了解抖音平台机制、掌握运营的基本技巧之后，运营者还需要知道如下6 件事，才能获取更多的推荐量，快速获取流量。

9.2.1　dou+ 不能投放的原因你知道吗

笔者团队研究抖音已经近半年，也吸引了近 1000W 粉丝。在笔者团队做带货种草类账号时，重点研究了 dou+ 功能，利用 dou+ 来测试过很多产品的转化率。抖音的 dou+ 推广是抖音平台在大力宣传的一个付费推广产品，作用是通过付费，获得更多的系统推荐量和播放量。

因此很多商家都看好 dou+ 的功能，想通过付费做好 dou+，但运营者经常遇到一个问题：dou+ 审核不通过，抖音视频无法通过 dou+ 推广。很多人在投放时，就会收到抖音的提示："该视频不符合 dou+ 投放规范，请选择其他视频进行投放。"

为什么运营者的视频无法投放 dou+ 呢？ dou+ 投放时要注意如下 3 点：

（1）把握底线，不能含有违法违规、引人不适等内容。

（2）坚持原创，不能搬运别人的视频。

（3）营销有道，不能长时间展示商品及品牌。

另外，如果单个视频不能投放 dou+，则是因为内容涉嫌违规，触犯了抖音规则；如果一个账号的全部视频都不能投放 dou+，则一般是因为账号之前的内容或风格被系统判断违规，建议运营者将账号的内容换一种风格进行创作。

9.2.2　抖音橱窗添加淘宝链接很简单

随着抖音短视频的流行，越来越多的人想在抖音上赚钱，越来越多的淘宝商家也想在抖音上宣传推广自己的产品。那么如何在抖音上插入淘宝链接，给店铺增加流量或者通过分享淘宝上的产品来赚取佣金呢？

笔者经过测试发现，抖音带货能力极强，很多产品都能在抖音爆得一塌糊涂，通过商品分享功能，给淘宝店铺带来了巨大的销量，这是目前做电商必备的一个神器。

那么在抖音平台怎么放淘宝链接？其实在抖音橱窗添加淘宝链接很简单！下面介绍在抖音插入淘宝链接的方法。首先运营者要弄懂一个思路：想要在抖音插入淘宝链接，就要先开通抖音的商品分享功能，也就是人们常说的橱窗功能。

开通商品分享功能即获取在抖音插入商品链接的权限，开通成功后，抖音首页会出现一个橱窗功能，并且发布播放视频的时间，在视频中可以插入商品链接，在播放视频的时间点击这个链接，即可直接跳转到淘宝。

那么在抖音插入淘宝链接的关键点是什么呢？现在抖音开通橱窗的方法很简单，只要满足如下两个条件就可以在视频中插入淘宝链接：发布 10 条视频；抖音通过实名认证。接下来看一下具体操作：打开抖音，点击"我→设置→商品分享功能"，就会显示"商品分享功能申请"页面，如图 9-4 所示。

图 9-4　"商品分享功能申请"页面

当满足条件后，申请开通商品分享，然后通过电商工具箱，添加 10 个商品，完成新手任务，即可解锁视频电商功能。

9.2.3　抖音的这 3 个功能你知道吗

从抖音上线到火爆，只用了短短几个月的时间。虽然每个视频播放时间只有短短的 15 秒，但经常有人一刷起抖音来，就是几个小时。这不禁令人感叹：抖音有毒！

随着短视频红利期的到来，用户黏性如此之强，很多人每天都在想"抖音怎么玩？利用抖音怎么赚钱？"众所周知，抖音有自己的客户端，然而为了不断优化用户体验，抖音短视频也推出了很多功能。其实，只要运营者好好利用这些功能，就会提高被系统推荐的可能性。

1. 巧用热搜榜上热门

运营者在发布视频之前，应该提前查看热搜榜，在热搜榜可以找到最热门的话题和内容，根据这些热门话题和内容制作出爆款内容。热搜榜有如下 3 个至关重要的排名：

（1）热搜榜

热搜榜中有当下热门的话题，根据排名高低决定话题的火爆程度，运营者可以根据爆款话题，拍摄相关的视频，也可以在发布内容时，添加热门主题，从而增加视频的曝光度。

（2）视频榜

在抖音上发布的视频中，最近一段时间具有百万个点赞的视频，都可以在视频榜看到，运营者可以在视频榜中找需要的素材，也可以在爆款视频下面评论，其评论一旦被作者回复，就会增加很大的曝光量。

（3）音乐榜

热门的 BGM 都在这里，运营者可以看到别人是在什么场景下用这个音乐的，也可以收藏近期火爆的音乐，为以后发布视频做准备。

2. 同城分类

经常刷抖音的用户都知道，在用户刷抖音的界面上方有"推荐"和"同城"两个选项，选择"推荐"，平台就会根据用户所喜欢的推荐相关的内容，而且不分地区；选择"同城"，平台就会向用户推荐当地的视频，比如美食、景点、文化、游玩等，且仅限于当地的视频。

当用户到某个城市游玩时，平台会自动切换到新的城市，当用户想要知道有哪些好玩的景点、好吃的食物时，平台就会向用户推荐当地好玩的视频。与此同时，运营者在发布视频时，可以增加位置选择，这样也会增加其视频出现在本地观众面前的机会。

很多店家为了增加客流量，会邀请作者到店拍摄作品。他们在发布视频时添加了店铺的位置，如果拍摄的视频非常吸引人，那么对客流量会有很大的提升。如果运营者有线下店铺，在发布视频时，也可以将店铺的位置添加在视频中。

3. 直播功能

很多用户在抖音上看到过直播。一个直播就能把口红卖脱销的李佳琦更是传说般的存在。在抖音平台直播没有在首页显示，所以很多运营者就对直播功能不是很重视。直播虽然不是最主要的功能，却是变现最快的方式。

（1）直播打赏

在直播的过程中，用户可以和主播进行互动，也可以根据主播的表现进行打赏。靠打赏就能轻松实现月入过万元。

（2）直播购物车

直播购物车是很多主播一个重要的变现方式。在直播过程中，可以在直播视频下方放上商品链接，与此同时，也可以在直播时更加详细地展示商品。直播的时效性更强，不仅可以做抽奖活动，还可以做限时秒杀等互动，促进用户购买。不过，想要通过直播有效地卖出商品，还需要有趣的内容和方式来留住用户。

了解了上述 3 个功能，读者是不是感觉如获至宝呢？随着 5G 时代即将到来，短视频也会更加火爆。时代在发展，无论你是否加入，它都不会停下脚步。运营者只有不断地学习，不断地进步，掌握新的技术，才不会被时代淘汰！

9.2.4 抖音排名算法和推荐机制

个性化推荐、人工智能图像识别技术是抖音的技术支撑，挑战赛、小道具、丰富多彩的 BGM 则为用户提供了各种各样的玩法，让人既能刷到有趣的视频，又可以快速创作出自己的作品。

在笔者看来，抖音的算法极具魅力，因为抖音的流量分配是去中心化的，它的算法让每一个有能力产出优质内容的人，都能得到与"大 V"公平竞争的机会，实现了人人都能当明星的可能性。

例如，2018 年 6 月，抖音上突然冒出一个昵称为"王北车"的达人，他不仅年轻帅气，而且唱歌很好听，迅速在抖音走红。目前为止，已经吸引了800 多万名粉丝关注，同时获赞数达到 3700 多万个，如图 9-5 所示。

"王北车"之所以能够与"摩登兄弟""连音社"等坐拥千万粉丝的抖音大咖公平竞争，还要得益于抖音的推荐算法机制。抖音算法机制的好处有如下 4 点：

（1）扶持优质运营者，提供各种福利政策。

（2）只要能够产出优质内容，就可以与大号公平竞争。

（3）优待垂直领域的优质视频，给予更多推荐。

（4）自动淘汰那些内容差的垃圾视频。

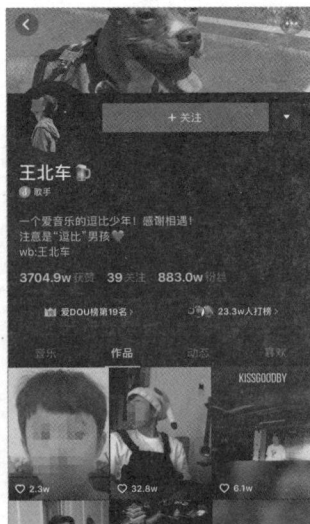

图 9-5 "王北车"的抖音主页

同时，运营者还必须清楚抖音的推荐算法逻辑，如图 9-6 所示。如果运营者想在一个平台上成功吸粉，就要先了解这个平台喜欢什么内容，排斥什么内容。运营者在抖音发布作品后，抖音对作品会有一个审核过程，其目的就是筛选优质内容进行推荐，同时杜绝垃圾内容的展示。

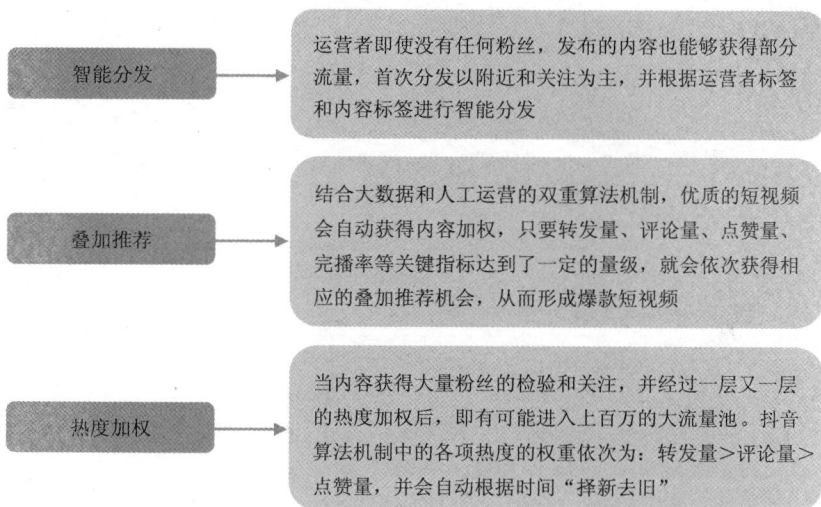

智能分发 → 运营者即使没有任何粉丝，发布的内容也能够获得部分流量，首次分发以附近和关注为主，并根据运营者标签和内容标签进行智能分发

叠加推荐 → 结合大数据和人工运营的双重算法机制，优质的短视频会自动获得内容加权，只要转发量、评论量、点赞量、完播率等关键指标达到了一定的量级，就会依次获得相应的叠加推荐机会，从而形成爆款短视频

热度加权 → 当内容获得大量粉丝的检验和关注，并经过一层又一层的热度加权后，即有可能进入上百万的大流量池。抖音算法机制中的各项热度的权重依次为：转发量＞评论量＞点赞量，并会自动根据时间"择新去旧"

图 9-6　抖音的推荐算法逻辑

抖音的推荐算法与百度等搜索引擎不同，搜索引擎的推荐算法主要依靠外链和高权重等，而抖音则采用循环排名算法，根据作品的热度进行排名，其公式如下：

热度＝播放次数＋喜欢次数＋评论次数

那么机器人如何判断视频是否受用户的喜欢呢？已知的规律有如下两条：

（1）用户观看视频时间的长短。

（2）视频评论数的多少。

抖音给每一个作品都提供了一个流量池，无论是不是大号、作品质量如何，每个短视频发布后的传播效果，都取决于作品在这个流量池里的表现。因此，运营者要珍惜这个流量池，想办法让其作品在这个流量池中有突出的表现。

一般新拍的抖音短视频作品，获得点赞数和评论越多，用户观看时间越长，那么其被推荐的次数也就越多，自然获得的曝光量就会很好，从而会增加获得推荐的概率。基于已知的算法机制，笔者总结了如下 3 条经验，以此来提高抖音号的价值。

（1）想办法延长用户停留时间。运营者可以美化短视频封面，设置一个悬疑式开头，或者打造一个惊人的出场方式，都是非常有效的方法。

（2）有效的评论区互动法。这个方法是运营者最容易忽略的，用户在视频底部进行评论，是运营者了解用户对视频看法的最直接方式。

（3）尽快建立自己的抖音社群或抖友社群。社群已经成为用户增长有效的方式之一，建立社群的目的是增强普通用户之间的黏性，基于同一习惯或者基于某一类人生观，聚合同一类行为的人群，提高粉丝留存率，然后利用这部分用户去影响更多的用户。

9.2.5 抖音算法的核心参数是什么

影响抖音账号权重的核心参数主要包括如下几点。

（1）粉丝数。粉丝数是最直观的隐性账号权重，粉丝的数量和增长速度反映了运营者的账号被认可的程度。

（2）完播率。简单来说就是，运营者发布的视频有多少比例的用户是完全看完的，有多少比例的用户是在刚打开三五秒就直接跳出的。这个比率与传统 Web 时代网站的跳出率类似，据此可以看到用户是在什么位置流失，有多少用户是全部看完的。完播率也是衡量短视频质量的一个指标，毕竟没有人对于不好看的内容，还会坚持看完。

（3）传统的转发率、点赞率等基础数据。因为抖音与今日头条的推荐机制是一脉相承的，会根据用户的过往使用习惯，相对精准地把新内容推送到用户面前，所以那些优秀的短视频内容通常都会获得比较高的转发率和点赞率。

（4）活跃度。抖音的活跃度主要指运营者在线时长以及内容发布频次。例如，某位女性运营者，苦练了几个抖音上热门的手势舞后发布相应视频，虽然技巧和相貌都很出众，但是她的视频点赞量只有寥寥几个。原因很简单，在第一次没有被抖音小助手推荐后，她就错失了最初获得流量的机会。同时，她以每周更新一个短视频的频次进行创作，这种更新频次显然会影响权重。

（5）评论量。评论短视频的用户越多，说明该视频的内容越好，话题性越强，可以激起用户想要发表看法的欲望。

如果一个视频的上述几个指标都很高，系统就会把视频推荐给更多的用户看。在实际运营抖音时，运营者还可以通过一些技巧来提高这些关键指标的权重，具体方法如下：

- 通过其他渠道让朋友帮忙点赞、评论和转发，使短视频能够满足获得叠加推荐的要求。
- 在标题上做一些引导性的文案，如话题挑战或送福利等，引发用户互动，并对运营者的作品进行评论。
- 利用自己的小号在评论区进行自评，同时对其他人进行评论引导。
- 积极认真地回复用户给予的评论，吸引他们再次对短视频进行评论。
- 内容要有新意和"槽点"，尤其是结尾的策划，要能够激起观众的点赞和评论欲望。

当然，除了上述核心参数会影响抖音账号权重外，运营者还可以从一些内容方面来增加作品的隐性权重，比如拍摄户外场景的短视频内容，拍摄多人的场景画面，坚持输出优质的个性化内容，尽量使用原创音乐和原创创意，积极参与平台上的各种活动，等等。当然，算法机制只是为爆款指明了方向，内容才是通向成功的大道，好的内容才能带来更多的流量。

9.2.6　3个"蓝 V"获取流量的技巧

抖音巨大的流量是吸引所有企业目光的核心。企业开通"蓝 V"认证，并好好运营抖音，研究好抖音的流量规则，即可获得高性价比的流量。除了一些传统的投放做法，下面从"蓝 V"企业号的角度来介绍获取流量的技巧。

（1）真正地去中心化。抖音的推荐机制更多地强调"每一个互动行为都会对推荐产生影响"，所以内容是否受用户喜欢是第一位的，而不是仅仅靠"大 V"转发或者数量众多的粉丝。

（2）#挑战赛#聚合。挑战赛是抖音平台上非常重要的鼓励用户产生内容的手段，拥有高级"蓝 V"认证的企业号可以把自己发起的多个#抖音挑战赛#展示在主页中，作为一个流量的聚合。例如，在"美团外卖"的企业号主页中就可以看到多个 # 挑战赛 # 聚合，以及整体的播放和参与次数，如图 9-7 所示。

图 9-7 "美团外卖"的企业号主页

挑战赛 # 聚合可以将原来零碎和分散的内容形成强关联的聚合，让内容和流量进一步集中，同时用户的信息抓取和参与度更加明确。

（3）KOL 推广。大部分的抖音企业号采用过 KOL 推广的方法，通过与具有百万千万粉丝数量级别的抖音红人合作，邀请他们来拍摄视频，实现流量的爆发。同时，KOL 推广的转化率也非常高，能够对企业产品和服务的销量起到很大的推动作用。当然，企业号在选择 KOL 时，也需要结合其本身所擅长的表现形式，只有 KOL 发挥其所在领域最擅长的表现手法，才能生产出最优质的营销内容，获得最好的呈现效果。

企业号可以通过星图平台来寻找合适的 KOL，星图平台连接了品牌主、达人和 MCN 机构，可以帮助品牌主高效找到与品牌匹配的达人，也帮助达人高效找到合适的品牌。

9.3　9 个方法，实现爆发式引流

抖音聚合了大量的短视频信息，同时也聚合了很多流量。对"抖商"来说，

如何通过抖音引流，让它为己所用才是关键。本节将介绍一些非常简单的抖音引流方法，手把手教运营者通过抖音获取大量粉丝。

9.3.1　硬广告引流法

硬广告引流法是指在短视频中直接进行产品或品牌展示。建议运营者可以购买一个摄像棚，将平时在朋友圈发的反馈图全部整理出来，然后制作成照片电影来发布视频，如减肥的前后效果对比图、美白的前后效果对比图等。

例如，华为荣耀手机的抖音官方账号就联合众多明星达人，如李现、胡歌以及贾玲等打造各种原创类高清短视频，同时结合手机产品自身的优势功能特点来推广产品，吸引粉丝关注，如图 9-8 所示。

图 9-8　华为荣耀手机的短视频广告引流

9.3.2　巧妙利用热搜

对短视频的创作者来说，蹭热词已经成为一项重要的技能。运营者可以利用抖音热搜寻找当下的热词，并让自己的短视频高度匹配这些热词，从而得到更多的曝光。

利用抖音热搜引流有如下 4 个方法。

1. 视频标题文案紧扣热词

如果某个热词的搜索结果只有相关的视频内容，这时视频标题文案的编辑就尤为重要。运营者可以在文案中完整地写出这些关键词，提升搜索匹配度的优先级别。

2. 视频话题与热词吻合

以"当看到诛仙吻戏时"的热词为例，搜索结果返回的是关注人数超2700 多万人的 # 诛仙吻戏 # 话题，如图 9-9 所示。从视频搜索结果中的热门作品来看，视频的标题文案中并无"当看到诛仙吻戏时"关键词，之所以获得 100 多万个点赞量，是因为它带有包含热词的话题，如图 9-10 所示。

图 9-9　"当看到诛仙吻戏时"的搜索结果　　图 9-10　视频话题与热词吻合

3. 视频选用 BGM 与热词关联度高

例如，从"体面"这一热搜词返回的搜索结果来看，部分短视频从文案到标签，都没有"体面"字样。这些短视频能得到曝光机会，是因为 BGM使用了"体面钢琴版（剪辑版）"这首歌。因此，通过使用与热词关联度高的 BGM，同样可以提高视频的曝光率。

4. 账号命名踩中热词

这种方法比较取巧，甚至需要一些运气，但对于与热词相关的垂直账号来说，一旦账号命名踩中热词，曝光概率就会大幅增加。比如，热词"减肥操"，真正带火这个词的可能只是排在首位的那条获得93万个点赞的视频，但是"减肥操达人""减肥操666"等抖音号因为命名踩中了热词，也搭上了热榜的顺风车，曝光得到大幅增加，如图9-11所示。

图 9-11　账号命名踩中热词

9.3.3　多拍原创短视频

有短视频制作能力的运营者，原创引流是最好的选择。运营者可以把制作好的原创短视频发布到抖音平台，同时在账号资料部分进行引流，如昵称、个人简介等，都可以在其中留下微信等联系方式。

抖音平台上的年轻运营者偏爱热门和创意有趣的内容，同时在抖音官方介绍中，抖音鼓励的视频是：场景、画面清晰；记录自己的日常生活，内容健康向上，多人类、剧情类、才艺类、心得分享、搞笑等多样化内容，不拘于一种风格。运营者在制作原创短视频内容时，可以记住上述原则，让作品获得更多推荐。

9.3.4　评论区互动引流

在抖音短视频的评论区进行评论的用户基本上是抖音的精准受众，而且是活跃用户。运营者可以先编辑好一些引流话术，话术中带有微信等联系方式。在自己发布的视频的评论区回复其他人的评论，评论的内容可直接复制粘贴引流话术。

1. 评论热门作品引流法

精准粉丝引流法主要通过关注同行业或同领域的相关账号，评论他们的热门作品，并在评论中打广告，给自己的账号或者产品引流。例如，卖女性产品的运营者可以多关注一些护肤、美容等相关账号，因为关注这些账号的粉丝大多是女性群体。

运营者可以到"网红大咖"或者同行发布的短视频评论区进行评论，评论的内容可直接复制粘贴引流话术。评论热门作品引流主要有如下两种方法。

● 直接评论热门作品：特点是流量大、竞争大。
● 评论同行的作品：特点是流量小但粉丝精准。

例如，做减肥产品的运营者，可以在抖音搜索减肥类的关键词，即可找到很多同行的热门作品。运营者可以将这两种方法结合在一起做，同时注意评论的频率。另外，评论的内容不能千篇一律，不能带有敏感词。

评论热门作品引流法有两个如下小诀窍。

● 用小号到当前热门作品中进行评论，评论内容可以按如下方式写：想看更多精彩视频请点击→@ 运营者的大号。另外，小号的头像和个人简介等资料都是用户能第一眼看到的内容，因此要尽量做得专业。
● 直接用大号去热门作品中回复："想看更多好玩视频请点我。"注意：大号不要频繁进行这种操作，建议每小时评论 2 ~ 3 次即可，太频繁的评论可能会被系统禁言。这么做的目的是直接引流，把别人热门作品中的用户流量引入运营者的作品中。

2. 抖音评论区软件引流

网络上有很多专业的抖音评论区引流软件，可以 24 小时在多个平台同时工作，源源不断地帮运营者进行引流。运营者只要把编辑好的引流话术填写到软件中，然后打开开关，软件就会自动不停地在抖音等平台的评论区评论，为运营者带来大量流量。

需要注意的是，仅通过软件自动评论进行引流还不是很完美，运营者还需要上传一些真实的视频，对抖音运营多用点心，这样吸引来的粉丝黏性会更高，流量也更加精准。

9.3.5　通过矩阵实现引流

抖音矩阵是指通过同时做不同的账号运营，来打造一个稳定的粉丝流量池。道理很简单，做一个抖音号是做，做 10 个抖音号也是做，同时做可以为运营者带来更多的收益。打造抖音矩阵需要团队的支持，至少要配置两名主播、1 名拍摄人员、1 名后期剪辑人员以及 1 名推广营销人员，从而保证多账号矩阵的顺利运营。

抖音矩阵的好处很多，可以全方位地展现品牌特点，扩大影响力，还可以形成链式传播来进行内部引流，大幅度提升粉丝数量。

例如，被抖音带火的城市西安，就是在抖音矩阵的帮助下获得成功的。据悉，西安已经有 70 多个政府机构开通了官方抖音号，这些账号通过互推合作引流，同时搭配 KOL 引流策略，让西安成为"网红"打卡城市。通过打造抖音矩阵可以大幅度提升城市的形象，同时为旅游行业引流。当然，不同抖音号的角色定位也有很大差别。

抖音矩阵可以最大限度地降低单账号运营风险，这与投资理财强调的"不把鸡蛋放在同一个篮子里"的道理是一样的。多账号一起运营，无论是做活动，还是引流吸粉都可以达到很好的效果。但是，在打造抖音矩阵时，还有很多注意事项，即：

（1）注意账号的行为，遵守抖音规则。

（2）一个账号一个定位，每个账号都有相应的目标人群。

（3）内容不要跨界，小而美的内容是主流形式。

这里再次强调抖音矩阵的账号定位，这一点非常重要，每个账号角色的定位不能过高或者过低，更不能错位，既要保证主账号的发展，也要让子账号能够得到很好的成长。

例如，华为公司的抖音主账号为"华为"，粉丝数量达到了 228 万人，其定位主要是品牌宣传，子账号包括"华为终端""华为 5G""华为手机技

巧""华为玩机技巧""华为企业服务"等，分管不同领域的短视频内容推
广引流，如图 9-12 所示。

图 9-12　华为公司的抖音矩阵

9.3.6　私信进行引流

抖音支持"发送消息"功能，一些粉丝可能会通过该功能给运营者发信息，
运营者可以时不时看一下，并利用私信回复来进行引流，如图 9-13 所示。

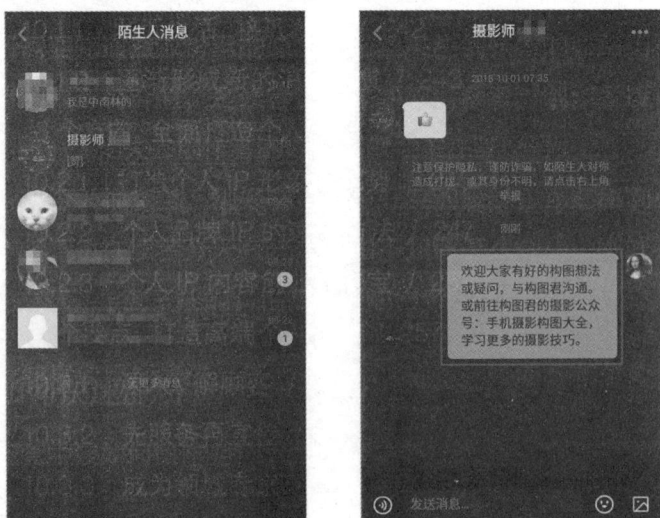

图 9-13　利用抖音私信进行引流

9.3.7　关联各大平台

目前来说，除了那些拥有几百上千万名粉丝的抖音达人账号外，其他只有百十来万名粉丝的大号跨平台能力都很弱。这一点从微博的转化率就能看出来，普遍都是 100 ∶ 1，也就是说，抖音涨 100 万名粉丝，微博只能涨 1 万名粉丝，跨平台的转化率非常低。

微博是中心化平台，如今已经很难获得优质粉丝，而抖音则是去中心化平台，虽然可以快速获得粉丝，但粉丝的实际黏性非常低，转化率还不如直播平台高。其实，直播平台也是去中心化的流量平台，而且可以人为控制流量，同时粉丝黏性比较高，因此转化到微博的粉丝比例也要更高一些。

抖音粉丝超过 50 万人即可参与"微博故事红人招募计划"，享受更多专属的涨粉和曝光资源。除了微博引流外，抖音的内容分享机制也进行了重大调整，拥有更好的跨平台引流能力。此前，将抖音短视频分享到微信和 QQ 后，被分享者只能收到被分享的短视频链接。但现在，将作品分享到朋友圈、微信好友、QQ 空间和 QQ 好友，抖音就会自动将该视频保存到本地。保存成功后，抖音界面会出现一个"继续分享"的分享提示。

只要用户点击相应按钮就会自动跳转到微信，这时只需选择好友即可实现单条视频分享。点开即可观看，不用再手动复制链接到浏览器上观看。抖音分享机制的改变，无疑是对微信分享限制的一种突破，此举对抖音的跨平台引流和自身发展都起到了一些推动作用，如图 9-14 所示。

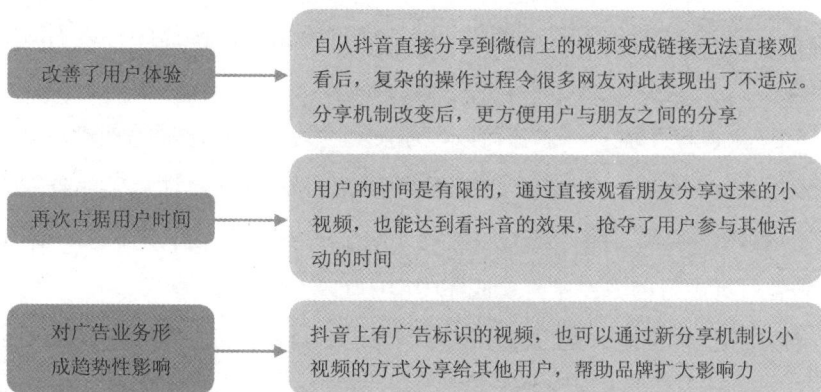

改善了用户体验	自从抖音直接分享到微信上的视频变成链接无法直接观看后，复杂的操作过程令很多网友对此表现出了不适应。分享机制改变后，更方便用户与朋友之间的分享
再次占据用户时间	用户的时间是有限的，通过直接观看朋友分享过来的小视频，也能达到看抖音的效果，抢夺了用户参与其他活动的时间
对广告业务形成趋势性影响	抖音上有广告标识的视频，也可以通过新分享机制以小视频的方式分享给其他用户，帮助品牌扩大影响力

图 9-14　抖音改变分享机制的作用

加深抖音影响力	→	目前的微信朋友圈和微信群已被乏味的电商小程序所霸占，有趣的抖音视频在这时与之形成鲜明的对比，吸引更多用户开始使用抖音

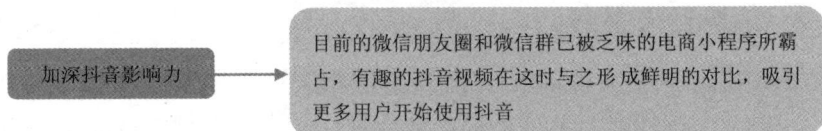

图 9-14 抖音改变分享机制的作用（续）

抖音账号流量不高的原因有两个方面，一是内容不够好，二是受众范围太窄。例如，一个新注册的抖音账号，内容定位为"家装"，这就相当于把那些没买房和没在装修的人群全部过滤掉了。

这种账号的受众范围就非常窄，流量自然不会高。抖音平台给新号的流量不多，运营者一定要合理利用，内容覆盖的受众范围越大越好。

还有一点，"颜值"很重要，可以用帅气的男演员或漂亮的女演员，提升视频自身的吸引力，从而增加播放量。抖音的首要原则就是"帅和漂亮"，其他因素都可以往后排，除非运营者的才华特别出众，可以不用"颜值"来吸引用户。

9.3.8 社交平台引流

跨平台引流最重要的就是各种社交平台，除了微博外，微信、QQ 和各种音乐平台都拥有大量的用户群体，是抖音引流不能错过的平台。

1. 微信引流

微信及 WeChat 的合并月活跃账户已实现对国内移动互联网用户的大面积覆盖，成为国内最大的移动流量平台。下面介绍使用微信为抖音引流的具体方法。

（1）朋友圈引流：运营者可以在朋友圈中发布抖音上的短视频作品，同时视频中会显示相应的抖音账号，吸引朋友圈好友关注。注意：朋友圈只能发布 10 秒内的视频，而抖音的短视频通常都在 15 秒以上，所以发布时运营者还需要对其进行剪辑，尽可能选择内容中的关键部分。

（2）微信群引流：通过微信群发布自己的抖音作品，其他群用户点击视频后可以直接查看内容，增加内容的曝光率。注意：发布的时间应尽量与抖音上的同步，也就是说，发完抖音的短视频后立刻将其分享到微信群，但不能太频繁。

（3）公众号引流：公众号也可以定期发布抖音短视频，将公众号中的粉丝引流到抖音平台上，从而提高抖音号的曝光率。

2. QQ 引流

作为最早的网络通信平台，QQ 拥有强大的资源优势和底蕴，以及庞大的用户群，是抖音运营者必须巩固的引流阵地。

（1）QQ 签名引流：运营者可以自由编辑或修改"签名"的内容，在其中引导 QQ 好友关注抖音号。

（2）QQ 头像和昵称引流：QQ 头像和昵称是 QQ 号的首要流量入口，运营者可以将其设置为抖音的头像和昵称，增加抖音号的曝光率。

（3）QQ 空间引流：QQ 空间是抖音运营者可以充分利用起来进行引流的一个好地方，运营者可以在此发布抖音短视频作品。注意：要将 QQ 空间权限设置为所有人都可以访问，如果不想有垃圾评论，那么可以开启评论审核。

（4）QQ 群引流：运营者可以多创建和加入一些与抖音号定位相关的 QQ 群，多与群友进行交流互动，让他们对其产生信任感，此时再发布抖音作品来引流自然就会水到渠成。

（5）QQ 兴趣部落引流：QQ 兴趣部落是一个基于兴趣的公开主题社区，这一点与抖音的用户标签非常类似，能够帮助运营者获得更加精准的流量。运营者也可以关注 QQ 兴趣部落中的同行业达人，多评论他们的热门帖子，可以在其中添加自己的抖音号等相关信息，吸引到更加精准的受众。

3. 音乐平台引流

抖音短视频与音乐是分不开的，因此运营者还可以借助各种音乐平台来给自己的抖音号引流，常用的有网易云音乐、虾米音乐和酷狗音乐。以网易云音乐为例，这是一款专注于发现与分享的音乐产品，依托专业音乐人、DJ（Disc Jockey，打碟工作者）、好友推荐及社交功能，为用户打造全新的音乐生活。网易云音乐的目标受众是一群有一定音乐素养、较高教育水平、较高收入水平的年轻人，这和抖音的目标受众重合度非常高，因此成为了抖音引流的最佳音乐平台。

运营者可以利用网易云音乐的音乐社区和评论功能，对自己的抖音号进行宣传和推广。除此之外，运营者还可以利用音乐平台的主页动态进行引流。

例如，网易云音乐推出了一个类似微信朋友圈的功能，运营者可以发布歌曲动态，上传照片和发布 140 字的文字内容，同时还可以发布抖音短视频，可以非常直接地推广自己的抖音号。

9.3.9　线下进行引流

抖音的引流是多方向的，既可以从抖音或者跨平台引流到抖音号本身，也可以将抖音流量引导至其他的线上平台。尤其是本地化的抖音号，还可以通过抖音给自己的线下实体店铺引流。例如，"答案茶""土耳其冰淇淋""CoCo 奶茶""宜家冰淇淋"等线下店通过抖音吸引了大量粉丝前往消费。特别是"答案茶"，仅凭抖音短短几个月就招收了几百家代理加盟店。

利用抖音给线下店铺引流最好的方式就是开通企业号，利用"认领 POI 地址"功能，在 POI 地址页展示店铺的基本信息，实现线上到线下的流量转化。当然，要想成功引流，运营者还必须持续输出优质的内容、保证稳定的更新频率以及与用户多互动，并打造好自身的产品。做到这些就可以为店铺带来长期的流量保证。

9.4　6 种方式，抖音变现大盘点

作为今日头条的当红"花旦"，抖音同时背负着"相应"的商业化指标。目前来看，无论是抖音开屏页、信息流，还是贴纸、挑战赛等，都没有超出广告变现的范畴。

前面提到过，目前变现的主要渠道有广告、电商和用户付费。本节主要介绍抖音的 6 种主要变现方式，包括广告变现、电商变现、知识付费变现、精准流量变现、通过直播变现和打造个人 IP 变现。

9.4.1　广告变现

广告是所有抖音达人最直接的一种变现方式，如果达人没有自己的店铺、产品或者品牌，那么接广告来变现是最合适的。目前，抖音已上线对接广告资源合作的星图平台，主要接广告的方式有广告公司派单、广告主主动找到

达人、达人主动寻找广告主和签约 MCN 机构等。

运营者的抖音号有一定数量的粉丝和稳定的播放量后，广告主就会主动找上门来，运营者可以通过帮他们发软广、硬广的方式来变现。

细心的运营者可能会发现，曾一度备受追捧的抖音精选标签已经悄然消失，取而代之的是为商家打开的软广大门——"精彩推荐"。抖音小助手的官方抖音账号每周都会发出一条"抖音 1 周精品"的视频合辑，向看抖音视频的用户展示既彰显个性又创意十足的精选视频。

抖音精选标签下线后，新发布的视频不再加"精选"字样，当然以前"加精"的视频图标也不会被去掉。

随着精选标签的下线，抖音在消息页面的入口处增加了一个新消息模块——"精彩推荐"，每天更新 1 条官推的精彩视频。点入官推的视频后，页面与正常刷首页推荐流展示的视频一样，无广告标签，但所有官推视频都与软广植入有关。下面通过案例来进行分析。

- 案例一：如图 9-15 所示，这条软广植入视频的文案是"这个猫为什么这么丑"。视频内容其实是在推广一个头条号，主要展现手工木制品制作过程，充满创意，整个软广植入毫无违和感。
- 案例二：如图 9-16 所示，这是一个以温情故事情节为主题的视频，模拟当代年轻人在都市中的恋爱故事，实际上是推广视频中展示的同款衣服，充满温情和美感的格调让观看者更容易接受软广的植入。

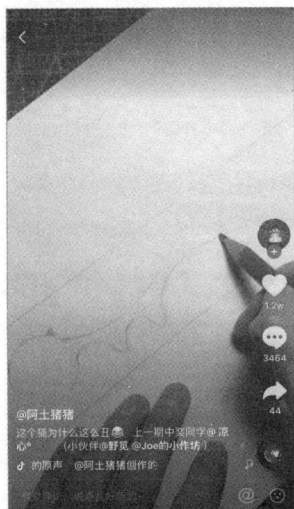

图 9-15　短视频软广案例一　　图 9-16　短视频软广案例二

● 案例三：如图 9-17 所示，这条视频是懂车帝 App 官方抖音账号发布的与汽车有关的知识，以科普的形式推广品牌认知度，但由于创意与其他"精彩推荐"的短视频比起来稍显不足，点赞数并没有过万。相反，在懂车帝的官方抖音号首页，置顶的 3 条视频点赞量都已过万，视频是与汽车有关的 3 条反转式剧情微电影，讲述的内容传播了社会正能量，且剧情有趣，更受用户喜爱。

图 9-17　短视频软广案例三

● 案例四：如图 9-18 所示，这条有关云南丽江景点的软广视频，利用原创作拍摄的令人惊叹的经典 Vlog 来吸引用户，实则是在推广携程旅行的软件。

● 案例五：如图 9-19 所示，这条推广肯德基小吃拼盘的软广，在评论区的反响比较好，视频的原创作者擅长用流利的英语和搞笑口吻，加以风趣幽默的演绎逐渐引出肯德基套餐。在视频内容的创作上，创作者从"80 后""90 后"的英语课堂授课方式开始调侃，以回忆激起观众的好奇心，最后以搞笑的方式引出与众不同的新式英语教学方式，给人以"广告来得猝不及防"之感。

图 9-18　短视频软广案例四　　图 9-19　短视频软广案例五

从上述 5 个案例中可以发现，"精彩推荐"中官方每日推送的抖音视频虽然都是以软广植入为主，但内容不乏新意。品牌调性与达人风格高度契合，让关注的粉丝因为其对达人的信任，从而对品牌有更好的印象，达到投放预期效果。

随着越来越多的品牌主开始在抖音平台上寻找契合的达人进行广告投放，大量的软广植入视频也出现了内容良莠不齐的现状，甚至招致粉丝的反感，这对达人和品牌双方来说都是一种伤害。抖音官方上线的"精彩推荐"无疑为达人和品牌主树立了一个广告内容植入的风向标，促进了品牌内容生产，保证了视频质量。

9.4.2　电商变现

相比于更加成熟的广告变现，抖音的电商变现模式还处于摸索阶段，目前主要有如下两种方式。

（1）平台电商变现：如果达人有自己的产品和电商店铺，就可以申请开通抖音购物车功能，拍摄具有创意的"带货"视频，为店铺产品带动销量。例如，在"苏宁易购"官方抖音号主页，点击官网链接，即可进入苏宁易购的网上商城下单购物，如图 9-20 所示。

图 9-20　"苏宁易购"官方抖音号可以直通网上商城

（2）微商引流变现：达人也可以通过微商变现，主要是把抖音用户导流转化到社交软件中，比如用内容引导、个性签名引导、评论引导、直播引导等方式，通过给自己的产品和店铺引流实现变现。

从现有电商变现模式分类来看，交易型电商（淘宝、京东等）主要是"给你想要的商品和服务"，而内容型电商更多的是"告诉你应该买什么来提高生活质量"，即所谓的"种草"。随着算法技术等因素的发展，电商平台对用户的商品推荐也会变得更精准。

作为新崛起的巨型流量池，抖音于 2018 年 3 月底正式试水电商，开始在大号中添加购物车链接。一款能有效占用大量用户时长的内容应用，以平台身份进军电商，其可能带来的行业连锁反应自然引发关注。

对内容平台来说，电商为其商品化、货币化提供了可能途径，那么遵循零售的思路，品类的拓展、人群的泛化、涉及商品从标准向非标形态延伸都成为了未来可预见的变化。对这些变化而言，"内容"的作用更像是强力的催化剂，能有效地提升转化的效率。

在抖音平台上，一方面是大量不同领域企业的入驻带来各自的商品；另一方面偏向于年轻、城市范围的使用者属性，本身就热衷于记录生活中碰到的新奇特广商品，或将自己的消费行为做展示化，所以品类的拓展和人群的泛化趋势已然明显。而在以往被认为是非标准化的服务，也得以借助短视频的表现力，成为"种草"的标的，为未来进一步的服务电商化奠定了基础。

无论是短视频，还是直播，在同样的消费时长内都可以记录更多的客观信息，因此其在表达所售卖商品的客观属性等信息时，具有图文所不具备的优势。这种客观信息的表达能力，将商品信息尽可能全面地展示在用户面前，消除了线上购物时的信息不对称和随之产生的消费疑虑。进一步来讲，内容通过唤起用户个人体验中的关联记忆或想象，激发用户做出消费决策。

不仅短视频平台开始瞄准电商领域，电商平台也曾尝试利用短视频天然的强娱乐性和话题性，以及快速吸引流量的特点打开销路。2016 年，淘宝二楼上线并推出短视频节目《一千零一夜》，节目中有温情的故事，还有美食和购买链接。同样，在京东的"发现"频道中，也设有"直播"和"视频"两个栏目。业内专家分析，目前从短视频平台、电商平台和商家多方的需求来看，其都寄希望于两端的结合。在多方的刺激下，短视频通过电商变现的市场还会增长。

9.4.3　知识付费变现

知识付费顾名思义是达人的粉丝愿意为他们的知识买单。例如，抖音很火的"老杜"杜子建，就是采用这种知识付费的变现模式。知识付费变现不需要太多的粉丝，如果运营者有一万名粉丝，并且其全都愿意为运营者付费，那么价值要比有 500 万名泛娱乐粉丝都大。

9.4.4　精准流量变现

抖音上的精准流量板块较大，例如美妆类账号，可以用来做美妆产品变现，也可以用来做教程知识付费。精准流量主要分为两部分内容，下面分别进行介绍。

1.　线上精准流量

粉丝如果认为运营者的内容对自己有价值，就愿意为内容付费，因此精准流量是内容变现的重要前提。"抖音＋微信"就是线上精准流量变现的最佳方式，运营者可以将自己的抖音粉丝引流至个人微信号、微信公众号、微信小店、微信商城以及微信小程序等渠道，更好地让流量快速变现。

2. 线下精准流量

在抖音平台，凡是某些企业方想做线下流量带动产品销量的，都叫作线下精准流量。比如，用户熟悉的"答案茶"和"海底捞底料新吃法"等，都是抖音带来的线下精准流量。如图 9-21 所示，在抖音搜索"海底捞抖音吃法"出来的视频，都有上万甚至几十万个点赞量。

图 9-21　海底捞网红吃法抖音视频

9.4.5　通过直播变现

抖音官方曾表示："很多达人已经积累了大量的粉丝，他们也有变现的需要，而直播是一种已被验证的变现方式。此外，抖音的用户主要分布在一二线城市，消费能力也比较强。"

开屏广告、信息流广告、贴纸产品、达人合作产品等广告形式在抖音平台上已很常见，购物车功能也展现了抖音平台电商流量转化的可能性。对于正在尝试各种变现方式的抖音来说，已被验证有效的直播不可错过。

在抖音平台开直播对变现的主要意义在于布局内容电商，直播平台本身的盈利模式无非是广告和礼物，这两个盈利点都需要流量的支撑。抖音利用短视频在前期累积的大量粉丝，将凸显变现优势。

目前，抖音直播的抖币和人民币的兑换比例为 10 ：1，也就是说一元钱可以购买 10 个抖币，如图 9-22 所示。

主播分成在不签约的情况下是 3 ：7，可以通过银行卡和支付宝进行提现，如图 9-23 所示。除了抖币收入，抖音开通直播功能以后，导购可以变得更加简单。

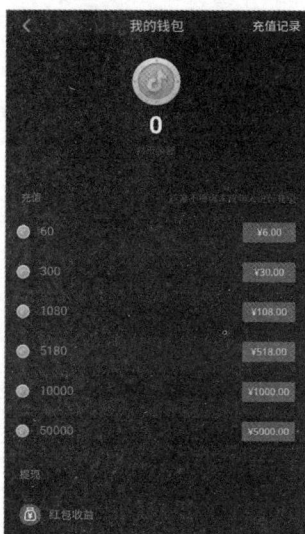

图 9-22　兑换比例

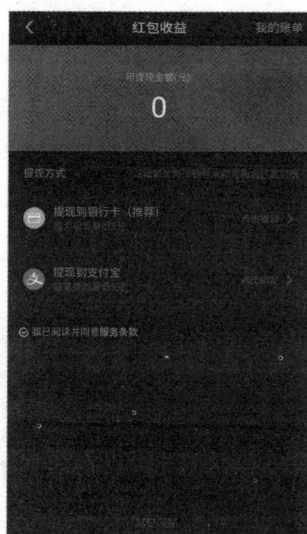

图 9-23　提现方式

抖音从提供外链淘宝购物车、上线自有店铺入口，到开通关注直播、热门直播，为"网红"达人入驻，进行电商的落地和交易铺平了道路，在内容电商的路上不断埋下伏笔。笔者猜测，"头腾大战"（今日头条与腾讯）硝烟弥漫，拥抱淘宝加速内容电商，或许是抖音将长久布局的发展方向。

9.4.6　打造个人 IP 变现

很多坚持原创的抖音号都成为"超级 IP"，并且衍生出了很多 IP 附加值来实现变现，这也是内容变现的比较好的方式，而 IP 衍生变现主要包括如下内容：

（1）推出自己的品牌产品。

（2）接广告，做品牌代言人。

（3）拍电视剧，上综艺节目。

（4）成为歌手，出唱片或制作付费音乐下载。

例如，凭借"男友脸"走红的费启鸣，在抖音上吸粉达 1900 多万人，而且短视频的点赞量大部分在百万个以上，如图 9-24 所示。

成名后的费启鸣开始踏上星途来变现，出演了薛凌执导的电视剧《我在未来等你》，还作为实习老师参加了爱奇艺推出的亲子实验真人秀节目《超能幼稚园》。

抖音的短视频信息传播方式可以帮助 IP 吸引具有相同价值观的粉丝，实现大范围的精准营销变现。

随着泛娱乐时代的到来，IP 全产业链价值正在被深度挖掘，那些成名的抖音达人变现机会也会越来越多。

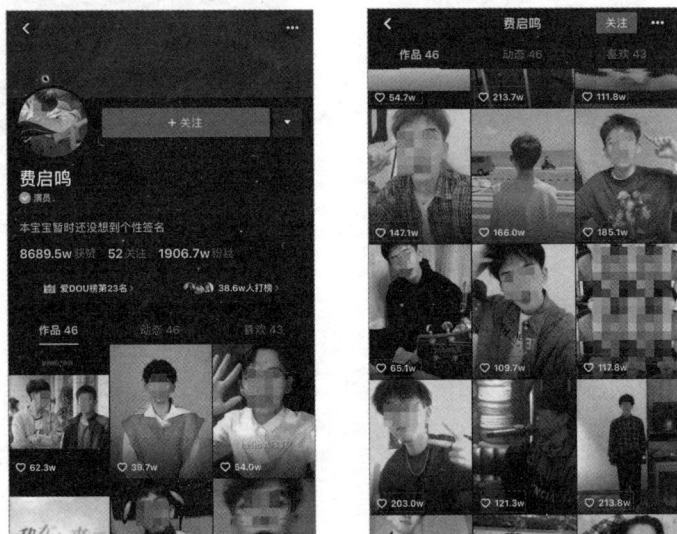

图 9-24　费启鸣的抖音主页和作品

第 10 章

个人 IP，快速打造
自媒体品牌

○————————————○

　　互联网的成熟不仅降低了创业者的创业成本，也让很多普通人的梦想得以实现。在以粉丝经济为基础的红人经济时代，成本会更低，回报也会更大，而这需要具备一定量级的粉丝，并能对粉丝产生明星效应。

　　本章主要介绍红人经济的现状、优势与相关案例，帮助创作者将 ID 升级为 IP。

要点展示：

➤ 个人 IP 的影响力为什么越来越大

➤ 3 个方向，全面打造个人 IP

➤ 7 个要点，打造高端个人品牌

➤ 3 个利器，打造超级爆红 IP

➤ 超级 IP 内容营销的 4 个痛点

➤ 规避认知误区与个人品牌的打造

10.1 个人 IP 的影响力为什么越来越大

移动互联网带来去中心化的商业模式，一大批网红跳过了"中心"的门槛，直接展现在人们面前。

这里的"中心"主要是指传统造星培养模式，过去的明星通常要经过漫长的成长、宣传等，才能通过有限的电视、报纸、杂志等媒体渠道被人们看到，而且基本上是单方面、固定的内容形式，他们与粉丝之间缺乏互动交流，无法知晓粉丝的需求。

如今，网红式的人物 IP 将传统的成名和吸金机制进行了彻底的颠覆，并且使很多行业的生态链发生了变化。那么，网红人物 IP 为何具有如此大的影响力呢？本节将揭晓答案。

10.1.1 贴近生活，接近粉丝

在互联网中创业，粉丝是最关键的因素，要想运营好这些珍贵的粉丝，创业者就需要用难以抵抗的价值和极致的体验来打动他们，用优质内容来吸引他们持续关注自己。

那么，怎样才能做好粉丝运营呢？其实，与粉丝分享真实的生活状态，并保持良好的互动，就是增加人气和留住忠实粉丝的最简单有效的方法。如图 10-1 所示为常用的与粉丝互动的方法。

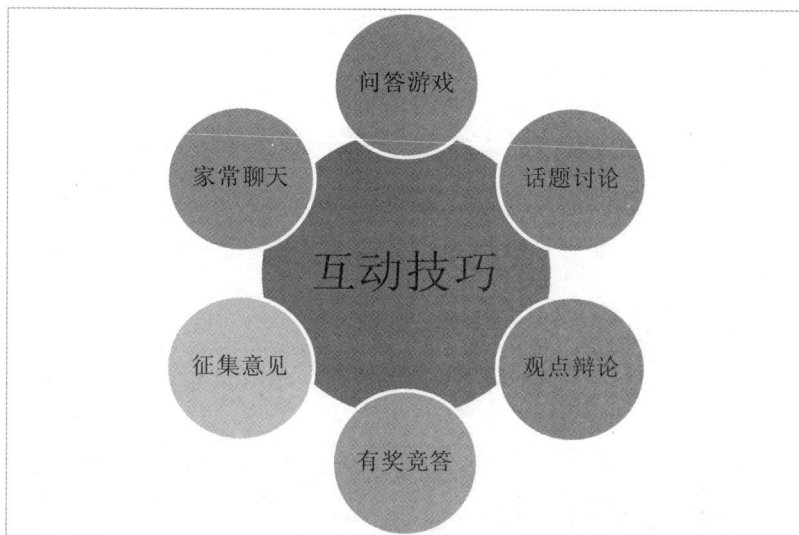

图 10-1　常用的与粉丝互动的方法

在进行互动时，还要注意如图 10-2 所示的事项。

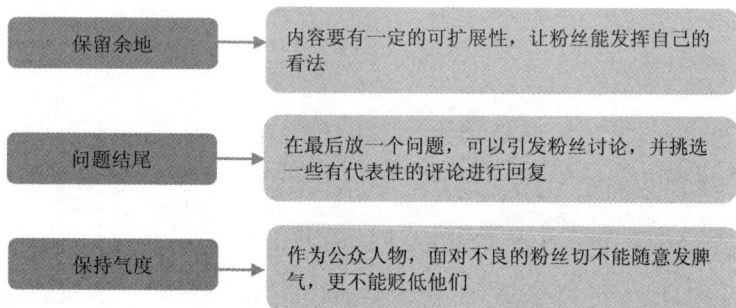

图 10-2　与粉丝互动的注意事项

对互联网创业者而言，把握每一次与粉丝互动的机会，了解他们的心理，并且尽可能地满足他们的需求，都是内容策略定位的表现。与粉丝的互动也是互联网内容的主要来源之一，更是体现粉丝价值的重要方面。

10.1.2　逐渐形成新的消费习惯

如今，"70 后"和"80 后"已经渐渐淡出人们的视野，"90 后"逐渐成为互联网尤其是移动互联网的"主力军"，也是一群具有鲜活生命力的用户。

同时，网络消费人群的主体逐渐被"90 后"所占据，互联网发展的趋势也受到"90 后"的极大影响，他们关注的内容往往代表了新的市场和盈利方向。

如图 10-3 所示为"90 后"的主要网络特征。

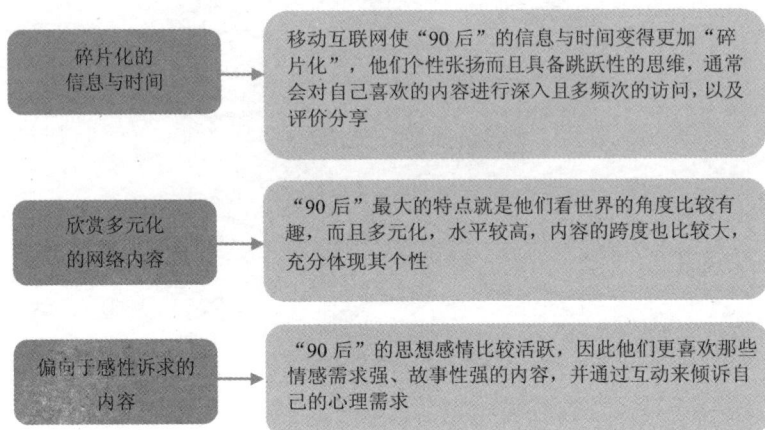

碎片化的信息与时间	移动互联网使"90 后"的信息与时间变得更加"碎片化"，他们个性张扬而且具备跳跃性的思维，通常会对自己喜欢的内容进行深入且多频次的访问，以及评价分享
欣赏多元化的网络内容	"90 后"最大的特点就是他们看世界的角度比较有趣，而且多元化，水平较高，内容的跨度也比较大，充分体现其个性
偏向于感性诉求的内容	"90 后"的思想感情比较活跃，因此他们更喜欢那些情感需求强、故事性强的内容，并通过互动来倾诉自己的心理需求

图 10-3 "90 后"的主要网络特征

由于"90 后"的成长过程比较特殊，他们从小便在电视中受到了日剧、韩剧、美剧的熏陶，眼界比较开阔，所以其对互联网内容的追求极为个性化。

如图 10-4 所示为"90 后"的消费特征。"90 后"是与社交网络共同成长的一代人，因此在社交网络上展示自己成为他们的一种爱好，而且他们更喜欢新鲜事物，以及进行自我思索和探索新知识，这也是创作各种内容的网红被他们所关注的主要原因。

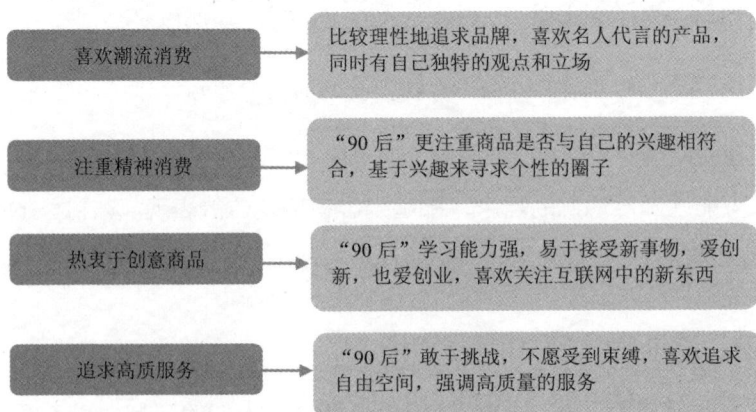

喜欢潮流消费	比较理性地追求品牌，喜欢名人代言的产品，同时有自己独特的观点和立场
注重精神消费	"90 后"更注重商品是否与自己的兴趣相符合，基于兴趣来寻求个性的圈子
热衷于创意商品	"90 后"学习能力强，易于接受新事物，爱创新，也爱创业，喜欢关注互联网中的新东西
追求高质服务	"90 后"敢于挑战，不愿受到束缚，喜欢追求自由空间，强调高质量的服务

图 10-4 "90 后"的消费特征

认识到"90 后"这个广大互联网群体的消费特征后，互联网创业者应该学会理解"90 后"，生产一些符合其特征的互联网内容和产品，为其带来良性的责任引导，加强其社会责任心。

10.2　3 个方向，全面打造个人 IP

IP 已进入了火爆的个人化时代，让人人都有可能成为爆款 IP，自媒体运营者可以好好利用 IP 这一新时代的商业模式进行运营。本节将立足品牌的建设与发展，介绍品牌是运营的核心，品牌是增值的资本，品牌是个人或企业追求的地位，以及塑造个人品牌的方法。

10.2.1　打造个人 IP 形象的优势

品牌是现在企业发展的高端目标，之所以这么说，是因为尽管品牌与品牌之间还有高低之分，但拥有品牌才能够拥有行业内的话语权。所谓的高端目标当然是指高端市场，拥有了品牌才有进入这个高端市场的通行证。下面主要介绍进入高端市场后，品牌在运营、增值和地位上给运营者带来的优势。

1. 品牌是运营核心

一般来说，品牌是企业或个人经营进入高端市场的通行证，品牌的树立为经营带来了很多优势，比如提供了说服力、公信力和竞争力等优势，使得企业或个人能够进入高端市场，但进入高端市场之后，依旧要以品牌为运营的核心。以品牌为核心的运营表现在如下两个方面：

（1）运营更加完善，让品牌有说服力和公信力。

（2）运营不断升级，让品牌有竞争力和影响力。

2. 品牌是增值资本

大部分个人经营实现增值的方式是引进商业融资，但是融资方需要看到运营者的融资价值才会考虑投钱，而品牌就是最值钱的原始资本。在商业融资中，好的品牌有如下 5 大价值。

（1）品牌具有用户影响力。

（2）品牌具有用户号召力。

（3）品牌具有用户公信力。

（4）品牌本身就是资本。

（5）品牌能使资本升值。

在商业融资中品牌的 5 大价值中，用户影响力、用户号召力、用户公信力都是隐性的价值，品牌自身资本和资本升值才是直接可利用的价值。品牌的自身资本价值和品牌的资本升值价值的作用也表现在如下两个方面：

（1）品牌自身的专利价值和商标价值，是可以直接变现的价值。

（2）品牌的文化价值升值和服务价值升值，是可以直接转化的价值。

品牌具有自己的产品专利和商标冠名，这些都是可以直接进行专卖变现的，比如英国的某汽车公司曾经将自己的技术、商标和专利分别卖给中国的 3 家汽车公司，由此可见品牌是可以直接进行售卖，并且单独售卖的。

品牌的文化价值和服务价值虽然不能直接售卖，但同样有自己的专利权，比如品牌名称、品牌广告等文化范畴的东西都是不容许抄袭的，因此品牌的资本升值价值只需要稍稍进行转化一下，同样能获得直接的物质价值。

3. 品牌是地位追求

品牌是企业或个人经营追求的地位，是能够获得商业融资进入高端市场的通行证和价值资本，有了品牌在业内才有地位。品牌的价值资本支撑企业在行业内的地位主要体现在如下 5 个方面：

（1）品牌是企业以及个人的经济砥柱。

（2）品牌是企业以及个人的信用支柱。

（3）品牌是企业以及个人的实力证明。

（4）品牌是企业以及个人的竞争武器。

（5）品牌是企业以及个人的商业基础。

虽然品牌是运营者对地位的追求，但这种追求并不是一次性的，而是持续不断的，并且是努力往更高更远的地位攀登的。

在任何行业，品牌之间的竞争都是很激烈的，并且有等级之分，运营者虽然拿到了品牌这张通行证，顺利进入高端市场发展，但这个市场是呈塔状，一层一层有阶级之分的。所以运营者更需要对品牌不断地进行完善、提升，打造更好的品牌，追求更高的地位。

10.2.2　个人品牌 IP 的速成方法

打造人物 IP 的本质其实还是内容，因为吸引粉丝要靠内容。那些能够沉淀大量粉丝的人物 IP 除了拥有优质的内容外，还有如下特点：

1. 灵活把握社交网络媒体的发展

人物 IP 的兴起并不是偶然现象，而是社交网络媒体发展过程中的一种新产品，其中网红就是最直接的体现，网红也因此成为最大的受益者。例如，新浪微博 2015 年的广告与营销收入占总收入的 80%，微博也从中看到了新的商机，因此重点打造了"红人淘"移动平台，以社交电商模式来将强大的社交关系实现变现。

"红人淘"是微博与淘宝合作推出的移动产品，实现了红人经济与电商平台的结合。其中，淘宝带来了庞大的商品库，而微博则提供了优质的内容，从而将"红人淘"打造成为一个有价值的购物社区和分享平台。

同时，平台还基于红人经济推出了内容合作模式，只要创业者有独创的、拥有版权的内容，或者丰富的导购经验，擅长搭配、有个性、有品位、有颜值等，就可以加盟"红人淘"平台。

从目前来说，正是微博、微信等社交网络媒体的环境迭代催生了网红，同时刮起了"IP"营销风潮。那些被粉丝追捧的人物 IP，他们在社交网络媒体上都拥有良好的用户基础，所以才能取得好的成绩，尤其是一些热点 IP，更是成为内容营销的争抢目标。产生于社交网络媒体的人物 IP 的主要特点有如下 3 个：

（1）随着社交网络媒体的集体爆发，产生了网红遍地的现象。

（2）在社交网络媒体的大环境下，网红类人物 IP 更加大众化。

（3）将互联网创业者的起点拉低，人人都可能成为 IP。

社交网络媒体的流行，尤其是移动社交平台的火爆，让很多能够创造优质内容的互联网创业者成为自媒体网红，这个趋势还将进一步延续。

2．提升商业变现能力

当然，要想获得真正的成功，一个重要的考量就是"变现"，运营者具备很强的实力，如果赚不到一分钱，那么其价值就没有得到真正地体现。如今，人物 IP 的变现方式越来越多，如广告、游戏、拍片、主播、社群、网店、微商、商业服务、卖会员、VIP 以及粉丝打赏等。

3．生产年轻、有个性的内容

作为打造人物 IP 的重要条件，创造的内容如今也呈现年轻化、个性化等趋势。要创作出与众不同的内容，不要求运营者有多么高的学历，只要能体现出有价值的东西。从某些方面来看，读书和阅历的多少，直接决定了运营者的内容创造水平。

例如，根据中国民间传说《白蛇传》拍摄的电视剧俘获了一批粉丝而成为超级 IP，这也是其内容的吸引力表现所在。

其中，创作者保留了民间传说的基本人物和重要情节元素，更多地对整个故事进行重新创作，故事围绕人间的各种情感展开，着重描写了许仙和白素贞的爱情。通过一种全新的电视剧方式来展现爱情故事，可以引起观众对美好爱情的共鸣，以及对真挚感情的认可。

2019 年，再添一部动画电影——《白蛇缘起》，如图 10-5 所示。

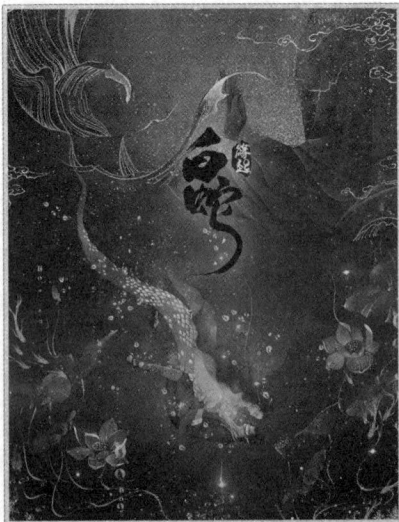

图 10-5　《白蛇缘起》剧照

这部影片在中国民间传说《白蛇传》的基础上有所创新，通过漫画的形式讲述白素贞在五百年前与许仙的前身阿宣之间的一段刻骨铭心的爱情故事。深受观众的喜爱和追捧。总之，在互联网内容创业中，内容不能太简单，平铺直叙或自卖自夸都不可取，运营者要用更新颖有趣的方式进行创意营销。

4. 跨越平台延伸领域

运营者在进行内容传播时，切不可只依赖单一的平台，在互联网中讲究的是"泛娱乐"战略，企业可以围绕 IP 为核心，将内容向游戏、文学、音乐、影视等互联网产业延伸，用 IP 来连接和聚合粉丝情感。

企业可以借助各种新媒体平台，与粉丝真正建立联系。同时，这些新媒体还具有互动性和不受时间、空间限制的特点。

5. 明确核心价值观

要想成为超级 IP，首先运营者需要一个明确的核心价值观，即通常所说的产品定位，也就是运营者能为用户带来什么价值。

例如，2019 年问世的动画电影《哪吒之魔童降世》是由霍尔果斯彩条屋影业有限公司出品的动画电影，如图 10-6 所示。

图 10-6 《哪吒之魔童降世》剧照

《哪吒之魔童降世》改编自中国神话故事，自 2019 年 7 月 26 日上映以来，反响极好，两个月的时间就累积了约 50 亿票房，并获得最佳动画长片奖金奖、最佳动画导演奖、最佳动画编剧奖、最佳动画配音奖四大奖项。

当然，霍尔果斯彩条屋影业有限公司的精心策划是《哪吒之魔童降世》获得成功的主要原因之一，但更多的原因是《哪吒之魔童降世》的 IP 抓住了差异化定位，有明确的核心价值观，即在青少年、儿童人群中塑造了一个英雄式的强势 IP，"我命由我不由天"这句霸气台词更是火爆朋友圈。

总之，企业在打造 IP 的过程中，明确了价值观，才能轻松作出决定，对内容和产品进行定位，才能突出自身独特的魅力，从而快速吸引用户关注。

6. 高频次的节目内容

如今，大部分超级 IP 经营的时间在 3 年以上，正是有其运用连续性、高频次的内容输出，才抓住了这样的机会，而其产品供应链和服务体系并不输于一些大规模的企业。例如，1997 年就开办的综艺节目——《快乐大本营》，一直是湖南卫视保持的品牌节目，如图 10-7 所示。

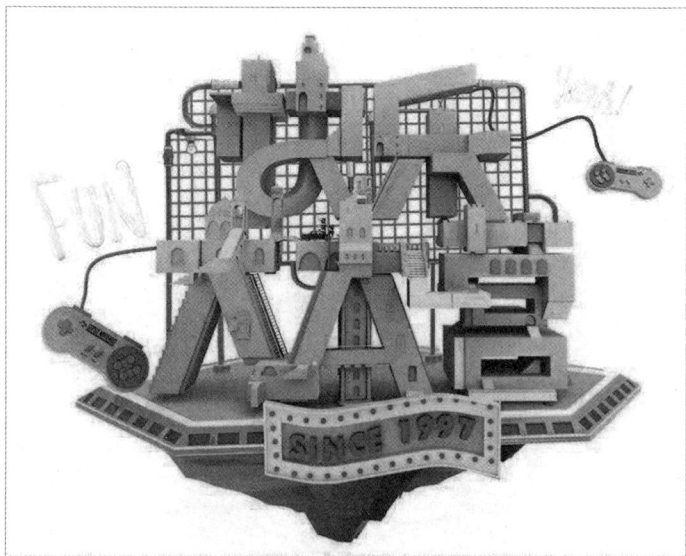

图 10-7　《快乐大本营》节目

《快乐大本营》坚持内容为王，采用全民娱乐的方式，经常邀请各大当红明星来访谈、游戏，深受观众喜爱，并且每周一次，频次比较高，这也是其成功吸引住粉丝的要点所在。

7. 培养人格化的偶像气质

在打造人物 IP 的过程中，运营者需要培养自身的正能量和亲和力，可以将一些正面、时尚的内容以比较温暖的形式第一时间传递给粉丝，让粉丝产生信任感，在其心中产生一种具备人格化的偶像气质。有人说，在过分追求"颜值"的年代，"主要看气质"的流行蕴含着"正能量"。不过，对互联网创业者来说，要想达到气质偶像的级别，首先还是要培养人格化的魅力，具体有如下几个方法：

（1）发表的观点要独特，不平凡，不肤浅。

（2）对自己的粉丝真诚。

（3）搞清楚粉丝的喜好是什么，然后成为粉丝喜欢的那种人。

俗话说"小胜在于技巧，中胜在于实力，大胜在于人格"，在互联网中这句话同样有分量，那些超级 IP 之所以能受到用户的欢迎、容纳，是因为其具备了有魅力的人格。

10.2.3　个人 IP 内容创业的法宝

在超级 IP 内容创业过程中，使用 IP 营销可以更好地提高超级 IP 的知名度，也能收获大量的用户，这些都是将来变现的基础。那么，超级 IP 内容创业的主要路径是什么呢？下面讲解一些玩转超级 IP 的策略，可以让运营者一步步走上超级 IP 内容创业的道路，让运营者的 IP 变得更有吸引力，更有营销价值。

1. 学会表达自己

在自媒体时代普通人要想成名并不是一件简单的事情，如果找不到正确的套路，只是一味地想引人注目，这样也是红不长久的。因此，要想成为超级 IP 就需要根据自己的特点，选择适合自己的套路（内容）来包装自己、表达自己，让更多人看到自己的特色，从而关注自己。

例如，运营者想像很多明星那样靠颜值成名，但长相是天生的，如果运营者的自然条件并不出众，那么此时可以借用软件来后期修一修。其中，"美颜相机"App 就是一个不错的手机自拍应用，可以帮助用户一秒变美，效果非常自然，让照片中的肤质更白、润、透。"美颜相机"App 成为超级 IP 常用的修图工具。

"美颜相机"App 的一键美颜功能比化妆品还神奇，内置十多种美颜风格，用户可以任意地选择。进入"美颜相机"App 后现场拍摄从或手机相册选择照片，然后点击"进入高级美颜"按钮即可。

进入高级美颜模式后，点击左下角的"一键美颜"按钮，即可快速美化照片，还可以左右滑动屏幕，切换美颜风格，让照片瞬间变得高大上。

需要注意的是，在表达自己时不能单纯只靠颜值，这个时代讲究的是"明明可以靠脸吃饭，却偏偏要靠才华"，美丽只是展示自己吸引用户关注的第一步，在创造 IP 时还需要学会配合其他条件，如最美教师、最美清洁工、最美医生等，将美貌与才华、正能量等结合在一起，才能红得更长久。

2. 重视价值输出

当运营者的 IP 开始崭露头角时，此时已经获得了一些用户，如何来巩固这些用户就是接下来要做的重要工作。运营者可以输出一些有价值的内容，来加强用户的忠诚度。

例如，在网络时代，文字的真实性越来越受到人们怀疑，而主打真实声音的 App 却开始流行起来。一个标榜微博式电台的名为"喜马拉雅 FM"的 App 吸引了数亿人的目光，其所凭借的就是真实的声音，利用声音作为内容为用户带来价值。

为了进一步让用户认可 App，"喜马拉雅 FM"推出了微博主题活动"对 1.2 亿人说"。一个以用户为中心的微博主题活动吸引了 3500 万的阅读量，充分体现了用户对真实声音的渴望。

另外，从 IP 的定位来讲，"喜马拉雅 FM"就较为成功，它为用户提供了有声小说、相声评书、新闻、音乐、脱口秀、段子、笑话、英语、儿歌、儿童故事等多方面内容，满足了不同用户群体的需求。在 App 的功能上，"喜马拉雅 FM"也以真实性的声音为中心，得到了很多用户的关注。

无论何时何地，IP 内容营销最重要的一点，就是聚焦用户的痛点、痒点，即他们最关心的问题、他们的兴趣点和刚需，超级 IP 可以从这些方面为用户带来更有价值的内容。寻找痛点是一个长期挖掘的过程，超级 IP 在寻找用户痛点的过程中，必须要注意 3 个事项，如图 10-8 所示。

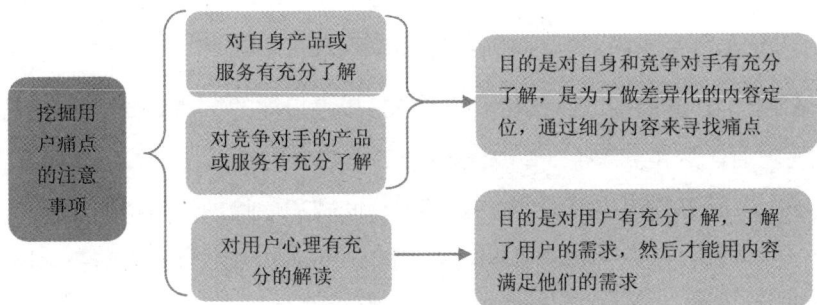

图 10-8　挖掘用户痛点的注意事项

那么在超级 IP 的内容营销中，用户的主要痛点有哪些呢？笔者总结为如下 8 点：

（1）安全感。

（2）价值感。

（3）自我满足感。

（4）支配感。

（5）亲情。

（6）爱情。

（7）满足感。

（8）不朽感。

这些痛点都是与用户切身相关的，超级 IP 在创作内容的过程中，可以以这些痛点为标题，直击用户心理，吸引用户关注，并以此弥补用户在社会生活中的各种心理落差。

3. 引起用户共鸣

超级 IP 需要特别注意的一个关键点，就是自己的内容如何引起共鸣。只有引起用户共鸣或者打动他们才能让用户对内容过目不忘。总的来说，能引起共鸣的内容需要遵循如下 4 个原则：

（1）采用的内容形式必须要适合超级、品牌或产品，还要符合内容所投放媒体的特点。

（2）内容要有趣、新鲜，可以体现 IP 的品位。

（3）语言必须简单明了、通俗上口，不能让用户难以理解，或者招致用户的反感。

（4）内容要尽可能地具备艺术感染力和情感因素。

在超级 IP 营销中，情感营销的共鸣效果是最佳的。情感的抒发和表达已经成为新时代的重要媒介，有情感价值的自媒体内容往往能够引起很多用户的共鸣，从而提高用户对 IP 的归属感、认同感和依赖感。情感消费，是一种心理上的认同，是一种情感上的需求，因此也可以称之为感性消费，相关介绍如图 10-9 所示。

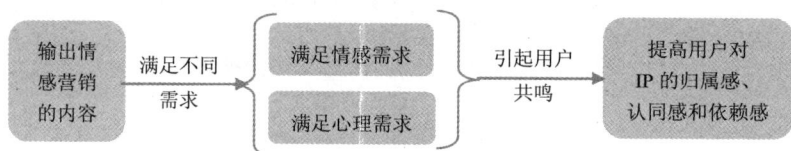

图 10-9 情感营销的要点

情感营销与用户的情绪挂钩，超级 IP 可以通过文字、图片的组合，打造出一篇动人的故事，然后通过故事激发用户的情绪。可以说，情感营销是一种基于个人主观想法的营销方式，这部分人群最关注自己两个方面的需求：精神世界的内容和情感的需要。

因此，运营者在创作情感类的文案时，需要富有感染力，尽量做到以下3 个方面：

（1）与用户有相同的思想感情。

（2）能启发用户的智慧和思考。

（3）具备能够产生激励用户感情的作用。

那么应该从哪些方面挖掘情感呢？笔者给出如下 4 个方面的建议。

（1）爱情：主要指人与人之间的一种强烈的情感关系，如夫妻、情侣等。

（2）亲情：主要指亲属之间的情感，如父子、兄弟、姐妹等。

（3）友情：主要指朋友之间的情感，能够给人带来温暖的情怀。

（4）情感需求：满足人们精神上的享受。

爱情、亲情、友情是人们习惯谈论的 3 种感情，而情感需求是指除了爱情、亲情、友情之外的所有情感因素。人的情感非常复杂，不论满足人的哪种情感或情绪需求，都能打动人心，走进其内心，实现 IP 营销的目的。

例如，一篇发表在百度"情感吧"名为《我和校花一起的日子》的文章，标题和文章开头都是在纯粹地讲故事，在吸引了用户足够的目光后，才将店铺链接推出来。

故事类创作内容多为通过故事来表达情感，通常被发布在公众号或微博等自媒体平台上，便于用户与自媒体运营者进行互动。这种内容具有非常大的发挥空间，因为其表现形式不受拘束。

在情感消费时代，质量和价格已经不是消费者唯一看重的东西，情感和心灵上的共鸣也是他们所追求的东西。

所以，超级 IP 在进行 IP 营销时，不仅要重视 IP 和用户之间简单的内容输出关系，还要关注其相互之间的情感交流，需要通过自媒体平台的版面设计、图片选择和文字描述来满足用户追求舒适、美感、品位的需求，通过情感营销来满足用户的精神需求，这对超级 IP 实现长远目标是非常重要的。

例如，2019 年 1 月 5 日，湖南卫视推出《我家那闺女》，这是一档以"独居"为主题的大型明星观察类节目，由一些明星与父母共同参与，每期通过 4 位闺女的真实生活将现实女性的生活困惑、代际关系的矛盾、职业、社会交际等现实问题充分地凸显出来，引发社会讨论与观众共鸣。《我家那闺女》以明星来包装 IP，以亲情、爱情作为主要内容，引发了一场"好好去生活"的理念的传播。此外，在新浪微博中，很多用户也积极参与了 # 我家那闺女 # 的话题互动。

对超级 IP 来说，情感是一个很重要的特征和属性，任何有情感的事物都能引起人们内心的共鸣，从而为超级 IP 提供一个必要的良好发展条件。

4. 学会圈粉拉新

拥有用户的创业者或企业才能越做越好、越做越大，才有可能成为爆款 IP，用户数量和质量决定了 IP 的未来。没有用户的 IP 就没有影响力，"圈粉拉新"吸引流量是超级 IP 的生存之本。下面介绍一个超级 IP 吸引流量的经典案例。

"伟大的安妮"用真实漫画故事打动用户。

在微信上，很多人通过真人真事感动了一大批用户。例如，在微信公众号上发布的文章《对不起，我只过 1% 的生活》，讲述的就是一个真实的故事，作者是陈安妮（笔名：伟大的安妮）。

该作者是一名 90 后微创业女生，出版了多个作品，故事讲述的是作者的奋斗历程，里面充满了心酸和感动。该文章一经发布，瞬间吸引了众多用户的关注，在一天内引发了超过 40 万的惊人转发量，而通过这篇文章，陈安妮推出了一款 App——"快看漫画"，也获得了巨大成功。

早在 2012 年，陈安妮就在微博上连载根据自己和男友真实故事改编的《安妮和王小明》系列漫画，获得了大量用户的关注和喜爱，一步步积累了超高人气，甚至创下过"一周增粉 76 万"的记录。

由此可见，当一个 IP 概念生成后，就需要用户的交流，并不断迭代同人化的内容作品。通过这种方式积累一定的原始用户后，利用各种社交平台来与用户互动，了解他们的需求，并以此来创造新内容，从而实现超级 IP 营销。

5. 引导形成品牌

当一个 IP 走完上述"道路"后，接下来就要引导形成品牌，只有这样才能获得用户的认可，才能形成持久的驱动力，将 IP 的力量推向最高处。

例如，美国著名漫画公司漫威就是在优质 IP 的基础上加大创新力度，成长为漫画巨头品牌。漫威的品牌形成之路走得比较长久，通过几十年的经营，创造了一批批完整的英雄、反派、团体组织等漫画超级，而且这些超级从出生、成长到战斗都被描述得很详细，仿佛活在人们身边一样，给用户带来了非常刺激的体验，如图 10-10 所示。

图 10-10 漫威创造的部分漫画超级代表

在这些超级漫画的基础上，漫威将 IP 进一步延伸，发展成动画片、电影、美剧、手机游戏等多种衍生产品，如图 10-11 所示，使其 IP 具有循环性、系列性、创新力等品牌优势。

图 10-11　漫威品牌的部分衍生产品

从国内来看，也有很多 IP 从最初的买手制到后来的自建工厂，这些小而美的 IP 店铺也正在向品牌化方向发展，充分说明了品牌是大 IP 和小 IP 的共同方向。

10.3　7 个要点，打造高端个人品牌

俗话说，"有了金刚钻，才敢揽瓷器活"。这里的"金刚钻"是指微商的能力和素质，而"瓷器活"是指卖微商产品。本节主要介绍打造优质个人微商品牌的 7 个注意事项，帮助运营者迅速成为微商行业的佼佼者。

10.3.1　深入了解顾客

运营者遇到任何顾客，都要先了解顾客是哪种类型的人，他们的需求和痛点是什么，购买运营者的产品主要用来解决什么问题，用在哪些方面，给什么人购买，等等。只有了解了这些问题，运营者才能根据顾客的实际需求，推荐最合适的产品。这样的微商才是真正为顾客着想的，顾客也能感觉到运营者的真诚。

即使这一次顾客没有购买运营者的产品，运营者也要以友好的态度来面对顾客，真诚为顾客服务，说不定下次这位顾客就会主动上门来购买产品。如果顾客一上来，运营者不了解自己的顾客就直接推销对自己来说利润最大的产品，那么这时大部分顾客是不会买账的。做微商需要注意这一点。

10.3.2 先服务再宣传

虽然卖出去的是产品，是货物，但运营者要有非常贴心的产品售后服务。这样才能让顾客二次购买，打造出优质的口碑形象。

例如，运营者卖给某位顾客一盒护肤品，过一段时间一定要问一下这位顾客的使用情况，肤质有没有改善，皮肤舒适度怎么样，有没有不良反应，等等。像关心朋友一样去真正关心顾客，多花些时间与顾客互动。服务，可以让运营者与顾客的关系更加紧密，使顾客二次购买运营者的产品，并主动进行宣传。

10.3.3 成为领域专家

其实，每一个运营者都可以成为自己细分领域的专家——对某一事物精通，或者说有自己独到的见解，能给用户中肯的建议，帮助他们创造财富，成为用户的人生导师。当然，这需要时间、经验的积累，也需要运营者有一定的学识基础，以及后天的勤奋与努力。

图 10-12 所示为摄影构图细分领域的专家构图君的相关页面。构图君现在已成为一名出色的摄影图书作家，在腾讯、千聊、网易等平台组织过多次摄影微课，粉丝数量已上百万人，是"手机摄影构图大全"微信公众号的创始人。

图 10-12 摄影构图细分领域的专家构图君的相关页面

10.3.4　给予安全保障

近年来，安全健康方面的信息广受消费者关注。随着人们消费水平的不断提高，对产品质量要求也越来越高，如产品是否是真货、对身体有没有副作用等。

关于安全健康的词汇频繁出现在人们眼前，如"无矾油条""一次性汤锅的火锅""绿色无污染的蔬菜""无添加剂零食"等。这就意味着运营者要从观念和行动上对产品做出高质量的要求，给予顾客安全保障。

10.3.5　消费群体覆盖要广

微商面对的大多是终端用户，直接面对的是消费者本人。因此出售的产品所覆盖的消费群体范围一定要广，覆盖人群越广，产品的使用量就越大，销量就越高。

在刚刚出现微商这一职业时，在朋友圈卖面膜的微商很多，十个微商有八个都在卖面膜，而且价格比较贵，均为 198 元一套。这是因为面膜覆盖的消费群体很大，几乎覆盖了所有女性和部分男性群体，市场很强大。到 2018 年，虽然卖面膜的微商减少了很多，但面膜的销量依然很大。

10.3.6　打造独特卖点

产品的卖点要独特是指产品拥有让人尖叫的优势，意思就是能够为消费者提供良好的消费体验，有产品独特的个性。

这种体验就是消费者在使用产品的过程中对产品和其相关服务产生的一种认知和感受。这种体验的好坏直接影响了消费者是否会对产品产生好感，从而进行二次购买。

很多微商都无法提供让消费者满意的消费体验，原因就在于他们没有站在消费者的角度为其考虑。那么，爆品的成功打造为什么要展现优势，替消费者考虑呢？笔者将这个原因总结为如下 3 点：

（1）用户体验决定产品或服务的价值。

（2）用户体验决定是否值得传播。

（3）用户体验决定是否二次购买。

以茵曼品牌服饰店为例，它不仅全面体现出了自身优势，还全心全意为消费者考虑，做到了把消费者的体验放在第一位。

如图 10-13 所示为茵曼品牌服饰在微信中开设的微店店铺，粉丝数量过百万，其火爆受欢迎程度可想而知。

茵曼品牌服饰店特别注重产品的细节方面带给消费者的体验。以店铺的一款女式大衣为例，在产品的各方面设计上，尤其专注于细节方面的打造：

- 经典的圆领设计，简单大方，时尚百搭。
- 绑带的镂空设计，注重时尚体验。
- 不规则的下摆设计，注重个性体验。
- 口袋设计独特，没有束缚感，时尚自由。
- 立体收腰的设计，贴合人体曲线，提升视觉效果。
- 采用双排扣设计，精致帅气，更显时尚美感。

图 10-13　茵曼品牌服饰在微信中开设的微店店铺

10.3.7　打造良好口碑

随着时代的不断发展进步，一个产品的口碑变得越来重要，口碑营销也在市场中占据着举足轻重的地位。如何有效打造口碑，获得消费者的一致好评，已经成为每个运营者需要重视的问题。

在以前，口碑传播的途径比较单一，主要依靠人们的口头传播。在移动互联网飞速发展的现在，口碑的传播方式发生了翻天覆地的变化，从口头传播到通过各种移动设备互相交流、传播，口碑的传播方式越来越丰富。

消费者可以利用移动端设备，随时登录微信、QQ、豆瓣、天涯、贴吧等社交软件，通过各种"空间"和"圈子"把自己对产品的使用感想发布出去，以供其他消费者借鉴和参考。这样一来，口碑传播的渠道就更加广泛，因为所有用来交流的平台都可以为口碑的传播出力。

因此，口碑传播的速度不仅更快，影响的人群范围也更广。所以，处在移动互联网这个特殊的时代下，产品的口碑已经变得愈加重要，消费者会根据口碑来对产品进行选择。

以知名火锅"海底捞"为例，如图 10-14 所示为口碑网的网友对"海底捞"的评价。该企业就是依靠高质量和无微不至的服务来获得消费者的一致好评的，并因此声名远扬，拥有很好的口碑，已经成为业界的典范。"海底捞"从自身着手，所有流程的打造，都是本着顾客第一的原则，尽最大的努力让顾客满意，这样顾客就会自愿帮助企业宣传品牌、打造口碑。

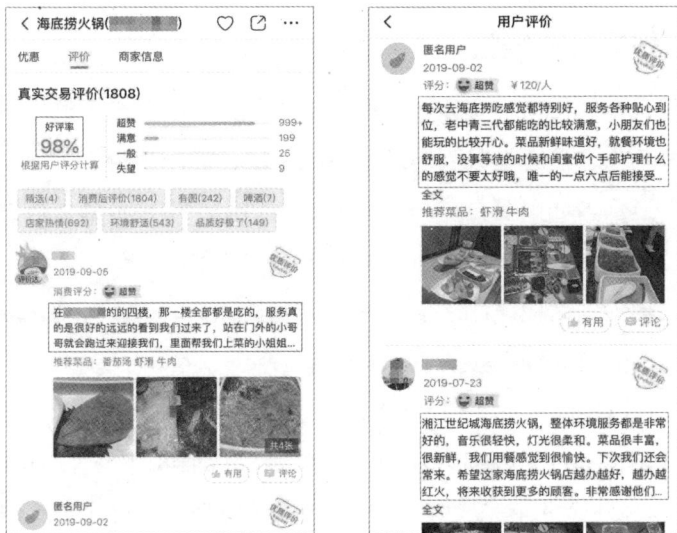

图 10-14　口碑网的网友对"海底捞"的评价

"海底捞"的例子告诉每一个企业，要树立品牌，打造口碑，就得从顾客的角度出发，为顾客着想，一心一意为客户提供最优质的产品和服务。如果只是为了将产品销售出去，却全然不顾客户的感受，那么企业多半是不会成功的。

10.4　3 个利器，打造超级爆红 IP

创意是内容营销的一种重要方式，如雷人颠覆、巧用明星热点、解密事件、亲密互动、原创个性、夸张运用等。运营者只要灵活运用这些元素来打造优质内容，就一定能够吸引用户关注自己的产品或服务，进而实现购买行为。可以说，高质量的创意与内容是让超级 IP 爆红的利器。

10.4.1　拥有好的创意

创意不但是超级 IP 发展的一个重要元素，同时也是必不可少的"营养剂"。超级 IP 如果想通过 IP 营销来打造自己或品牌知名度，就需要懂得"好的创意是王道"的重要性，在注重内容的基础上更要发挥创意。

10.4.2　积累行业经验

如果只是单纯地对自媒体内容强调"新"，那么对当下的用户来说可能实用价值并不大，创意是吸引用户关注的入口，而内在价值才能牢牢拴住用户的内心。运营者如果要在一个内容形式上为用户带来价值，首先就需要积累丰富的行业经验，这样的 IP 才能具备极强的前景性。

例如，热播古装权谋剧《琅琊榜之风起长林》取得了成功，就离不开其背后的著名电视剧导演孔笙。

孔笙担任过摄像、演员、导演等多重工作，曾执导《狩猎者》《茶马古道》《闯关东》《绝密押运》《极限救援》《生死线》《钢铁年代》《北川重生》《战长沙》《欢乐颂》《北平无战事》《父母爱情》以及《鬼吹灯》等多部影视剧，拥有丰富的导演经验以及过硬的专业技能，这些都是成就《琅琊榜之风起长林》的不可或缺的重要因素。

10.4.3　掌握专业技能

专业技能与行业经验一样，也是打造超级 IP 内容的关键要点。尤其是直播内容中，如才艺、电竞、音乐、舞蹈、绘画、教学、财经等，专业性显得十分重要，可以为 IP 吸引用户增添筹码。

那么到底什么才是专业的技能呢？例如，papi 酱的视频在拍摄、剪辑上都是很专业的。她在还没有毕业时，便掌握了拍摄机位、视频剪辑、表演等专业能力，还能把上海话、东北话、英语等玩转得很流畅，这些都是她专业的表现。

在过去，也许运营者可以通过一张搞笑、漂亮的图片而出名，如今却难以用这种简单的方式让用户买账。运营者要想比别人更胜一筹，就一定要比过去的品类内容做得更好、更专业。

10.5　超级 IP 内容营销的 4 个痛点

在正确价值观的引导下，很多超级 IP 在时时刻刻为社会服务，它们这类"网红"却"红"出了精彩，同时"红"得了社会的尊重，而且"红"来了持续的用户群。当然，要成为这样的 IP 并不容易，要持续下去就更难。超级 IP 的内容营销存在 4 大痛点，是所有超级 IP 以及相关 ID 应该引起重视和亟须解决的问题。

10.5.1　低俗文化倾向

虽然超级 IP 拥有很强的吸金能力，但其最明显的痛点就是随时可能遭遇封杀的低俗文化倾向。

超级 IP 的火爆让政府部门十分关注，他们进一步加强了对超级 IP 的行业管理。同时，文化部也针对主流超级 IP 进行彻底检查，查封了其中的涉嫌提供含宣扬淫秽、暴力、教唆犯罪等内容的互联网文化产品。

例如，针对超级 IP 的直播管理，文化部制定了《关于加强网络表演管理工作的通知》，主要内容有如下 3 点：

（1）督促网络表演经营单位和表演者落实责任。

（2）加强内容管理，依法查处违法违规网络表演活动。

（3）对网络表演市场全面实施"双随机一公开"（随机抽查工作实施方案和事项清单，公开黑名单和警示名单）。

相关从业者很有必要去了解其中的详细内容。该通知的推出，可以有效加强网络表演的管理，使网络文化的市场秩序更加规范。

因此，各个自媒体平台，尤其是网络表演的相关企业都要加强自身的管理，打造合法的内容、有序的经营，为用户带来更多拥有正确价值观的产品和服务。

10.5.2　运作模式相似

自媒体平台上的内容平台虽然很多，但其运营模式和内容形式千篇一律，同质化现象十分严重，这样容易让观众产生审美疲劳。

在超级 IP 市场中，同质化竞争的表现主要体现在内容层次方面，典型特点是同一类型的自媒体内容重复，而且内容替代性强。也许你今天红了，但明天很快就被别人复制并取代了。因此，超级 IP 在做内容营销时，不能一味地模仿和抄袭别人用过的内容，必须学会发散思维，摆脱老套噱头模式。运营者可以从生活、学习、工作中寻找发散思维，这样才能制作出有持续吸引力的内容。

当然，随着超级 IP 市场的进一步成熟，会出现更多优质的原创内容，这也是市场发展的大势所趋。超级 IP 必须持续地将生产内容衍生到各个领域，这样才可以实现更多渠道的流量变现，也才能拥有更强劲的生命力。

10.5.3　资本制约影响

超级 IP 市场引来了大量的资本关注和资金注入，这虽然为市场发展提供了强大的动力，但资本一般会对被投资人有一定的要求，这对超级 IP 的内容创作也形成了一定的影响和制约。

因此，运营者可以尽量寻找与自己内容观点相符合的投资商来合作，这样才能在内容中更好地体现出个人、产品、企业或品牌的内涵特点。

10.5.4　用户维护难度加大

随着自媒体时代的发展，每个人都可能拥有不同的社交平台、直播平台以及各种新媒体平台的账号，同时也会在不同平台之间游走。

例如，对直播主播来说，直播的时间一般不会太长，用户可以随意地打开一个网页平台或者关闭一个网页平台。这也意味着，主播的受众群体的转化成本实际上是非常低的。

在这种情况下，对超级 IP 来说，要维护好一个稳定的用户群体就变得更难。由于受众群体转移成本在自媒体平台中会变得很低，他们可以随心所欲地换各种自己喜欢的平台或内容，也许会被其他平台的内容所吸引，而抛弃以前关注的对象，这对超级 IP 来说就容易出现用户的流失。

因此，超级 IP 在进行 IP 营销的过程中，可以通过微博、微信等自媒体社交平台与用户进行深度互动，让用户在这个平台上投入一定的时间和精力，付出更多的成本，这样用户在转移时也会考虑转移成本的问题。

10.6　规避认知误区与个人品牌的打造

对于是不是自明星，其判断标准只有一个，即营销水平。虽然运营者的文字写作及音频、视频剪辑的水平决定了内容的质量和层次，但是运营者如果缺少了营销，就不能算得上一个自明星，而只是单纯的作家、剪辑师和制作师。自明星重在修炼和提升。本节主要介绍自明星在营销方面需要规避的认知误区和要具备的能力。

10.6.1　规避 IP 的认知误区

IP 经济可持续发展的空间是不可估量的。当然，IP 营销也有很多认知误区，需要经营者有深入的了解。下面主要介绍 3 个需要规避的 IP 认知误区。

1. IP 等于网红经济

一个优质的 IP 肯定有不少忠实粉丝，不过有粉丝并不意味着其是 IP，比如一些网络红人，通过在网络渠道发布自己的观点或进行直播等形式收获了一批粉丝，具备了一定的影响力。现在一些企业也会找这类网红合作销售产品。

如图 10-15 所示为抖音网红销售产品的视频。其实有一部分网红是可以打造成 IP 的，不过运营者在加深对 IP 的认知时，当然不能只关注网红这个领域。

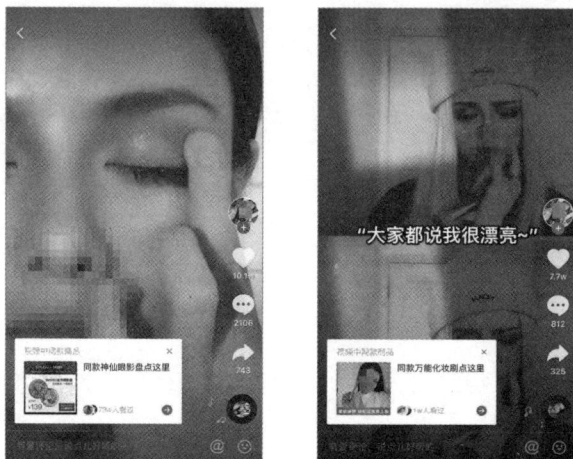

图 10-15　抖音网红销售产品的视频

2. IP 做广告就是借势营销

其实，现在人们很容易看到 IP 进行营销，比如"罗辑思维"火了之后就有了自己销售商城的链接，如图 10-16 所示。

图 10-16　"罗辑思维商城"界面

papi 酱火了之后也会转广告，或在自己的短视频中放广告，如图 10-17 所示。

正是由于这种 IP 做营销的情况很多，让很多人混淆了 IP 的授权营销和借势营销，其实这两者之间是有区别的。比如，微博上很火的美食博主"李子柒"，她在微博上推送的一些产品就有很多粉丝乐意买单。

图 10-17 papi 酱的微博广告

因为这个微博 IP 所销售的更多是一种生活态度，且已经有了足够影响力的 IP 才能形成这样的营销。因此 IP 的授权营销核心在于内涵，而不是简单地借某个热门或红人的关注度来进行营销。

3. IP 等于知识产权

IP 是由知识产权的概念发展来的，且多数以文章、小说的形式呈现，但如果运营者只将 IP 的概念理解为文章或小说等知识版权，就会让 IP 的含义变得单调。举一个简单的例子，一篇非常火爆的文章或许并没有得到知识产权的保护，不是法律意义上的 IP，但因为其有影响力、有价值，在大众看来就是 IP。

比如，几年前作家周宏翔写的文章《地铁姑娘》，就温暖了很多人，在《见字如面》的节目中也被念到，虽然是几年前发表在公众号上的很短的一篇文章，但其价值和影响力依然存在。

10.6.2　10 个自明星个人品牌塑造的关键

其实无论什么模式的创业都需要运营者具备相应的能力，才能顺利地进行下去，做自明星也一样需要具备 10 大能力。下面对自明星需要具备的 10 大能力进行具体介绍。

1. 必须具备专一的能力

专一是现在大部分想做 IP 的运营者不具备的能力，所以在打造自明星过程中很少有人能坚持只做某个领域，常常是每个领域都想试一试，最后哪个领域都做不好。做自明星必须要具备专一的能力，坚持做自己擅长的垂直领域，才能增加自身的竞争力。比如微博大号"同道大叔"，如图 10-18 所示。

图 10-18　"同道大叔"发布的微博

在一开始发微博时"同道大叔"只是一个普通的漫画微博号，微博粉丝并不多，直到其找准自己吐槽星座的定位后就没有再变过，现在每发布一条吐槽星座的微博依旧有不错的点赞量和转发量。

2. 必须具备独立思考的能力

那些只知道埋头苦干而不注重思考的人很容易错过一些机会，甚至机会到了他们面前，他们都不会在意。因为没有独立思考过，所以也不会去思考自己做什么才是有意义的。自明星想要抓住机会，首先要具备独立思考的能力。

3. 必须具备接受新事物的能力

互联网是一个非常有意思的地方，就是哪怕你错过了一个机会，也会有下一个机会出现，就看你能不能抓住。比如最初微博火起来的时候运营者没有抓住机会，后面还有微信，如果还是没有抓住机会，那么还有现在比较火的短视频。

然而互联网平台层出不穷，同样要求自明星必须具备接受新事物的能力，因为即使运营者抓住了一个机遇，如果不坚持学，那么在下一个机遇出现的时候也还是会被别人超越。

4. 必须具备较强的心理承受能力

自明星作为一个公众人物，必然会受到外界或好或差的评价，所以做自明星必须要内心强大，尤其是自明星粉丝数量越多，其承受的打击和压力就会越大，因为粉丝会对自明星有各种要求，如果自明星心理承受能力不够，就会坚持不下去。

除了粉丝以外，一些传统行业的人士很可能也会打击自明星，因为自明星的模式其实是有点侵犯到传统行业人士的，比较像一种竞争关系。

5. 必须具备商业化的能力

一般用自明星模式创业的目的就是商业化，通俗来讲也就是赢利、赚钱，因为这个行业竞争激烈，如果不商业化根本就做不长久，所以自明星必须具备商业化的能力。

6. 具有打造自己风格的能力

任何一个真正的自明星都有自己鲜明的风格，只有这样才能被用户记住，所以自明星应该敢于去突破、创新，在这个过程中打造属于自己的风格，将打造风格修炼成能力，就能吸引用户关注。

7. 具有营销能力

自明星的营销能力是指营销自己和产品，也就是吸引更多用户关注自己。有了一定的粉丝基础以后，自明星就要开始进行产品营销，无论产品是自己的知识课程还是会员、书等，自明星都要能够将产品推广给自己的粉丝。

8. 具有沟通能力

沟通能力其实在每个行业中都同样重要，对自明星来说也一样，不仅要有表达能力，更要具备与他人进行有效沟通的能力，因为打造自明星一般需要一个团队，如果自明星不具备有效沟通的能力，那么如何吸纳合作伙伴或团队成员？

9. 具有公众演讲能力

公众演讲能力是指敢于面对大众进行演说的能力，有不少自明星是通过公众演讲取得成功的。公众演讲在最初用于发布会、企业演讲、主持、采访、培训等，而现在想要打造成功的自明星，就离不开公众演讲能力的加持。

10. 具有知识提升的能力

作为一个自明星，需要有非常丰富的知识和高强度的大脑，知识是自明星创作的核心力量，也是一切文化事业的动力源泉，如果缺少知识的储备，那么自明星的内容创作将缺少一个动力基础，即使勉强创作出来，也很难做到有说服力和吸引力。

自明星的内容创作是一项高强度的脑力输出，并且是硬性的定期、持续输出，这经常困扰着创作者，让他们感觉自己二三十年的学习积累和人生感悟，被十几篇软文就掏空了，然后创作者就会失去后续创作的灵感和动力。自明星需要注意，发布的软文如果广告性太强，就容易被用户屏蔽信息，所以软文需要带有感情，让用户有想看的冲动和欲望。

套用 OPPO 手机的一句广告语，做内容创作在知识学习和知识输出上，就要具有"充电 5 分钟，通话两小时"的能力，做到看别人一篇文章自己能想出 4 篇文章的写法。但是达到这种能力需要长时间的修炼和积累，对一般的创作者来说，还是处于"学习两小时，写作 5 分钟"的能力水平，所以创作者更需要坚持学习，不断提升。